国富论（上）

The Wealth of Nations

[英] 亚当·斯密◎著　王　乐◎译

天津出版传媒集团
天津人民出版社

图书在版编目（CIP）数据

国富论：全2册 /（英）亚当·斯密著；王乐译.
-- 天津：天津人民出版社，2016.9（2018.9 重印）
ISBN 978-7-201-10886-5

Ⅰ. ①国… Ⅱ. ①亚… ②王… Ⅲ. ①古典资产阶级政治经济学 Ⅳ. ①F091.33

中国版本图书馆CIP数据核字(2016)第236827号

国富论
GUO FU LUN

出　　版　天津人民出版社
出 版 人　黄　沛
地　　址　天津市和平区西康路35号康岳大厦
邮政编码　300051
邮购电话　（022）23332469
网　　址　http: //www.tjrmcbs.com
电子信箱　tjrmcbs@126.com
责任编辑　刘子伯
印　　刷　三河市京兰印务有限公司
经　　销　新华书店
开　　本　880×1230　1/32
印　　张　24.5
字　　数　784千字
版次印次　2016年9月第1版　2018年9月第2次印刷
定　　价　68.00元

前言

《国富论》的作者是亚当·斯密（1723—1790），他是英国著名经济学家、伦理学家，他的代表作有《国富论》《道德情操论》。

在《国富论》中，亚当·斯密认为，许多工作只有在分工的基础上才可能完成，分工能促进劳动生产力。如果工人们独立工作，各干各的，而不是由每个人专门负责一项工作的一部分，那么谁也不可能完成工作的百分之一。因为当人由一种工作转换到另一种工作时，通常需要浪费许多时间，而进行分工合作，就能大大提高效率。另外，劳动者的专业技术，也会因为各自分工而日益精进。

亚当·斯密的分配论，包括劳动工资、资本利润等。他明确指出，假定工厂对工人的需求量增加，那么工资将会高于最低水平。换个角度来说，一个国家如果变得富裕了、各种资源有所增加，工资将会自动上涨，而工资的上涨，会促进人口的增加。

资本利润的高低变化，也同劳动工资一样，会随着国家财富而增加或减少，国家财富的增加会促使工资上涨，反而会使劳动利润下降。他进一步指出，假如社会上的商人们投资同一行业，因为彼此间的激烈竞争，会致使利润率降低。

亚当·斯密还提出了四大赋税原则，即公平、确定、便利、经济。

《国富论》一书的核心之一，是“自由市场”理论。自由市场表面上看来，似乎异常混乱，毫无约束，实际上却是由一双“无形之手”所掌控，它将会对市场进行调节，引导市场生产出正确的产品、合适的数量。

在市场中，假如某种产品由于稀少而极好销售，那么产品的价格就会上涨，将获得更多的利润；这会促使更多的人投入这种产品的生产中；如果许多产品进入了市场，最后便供大于求，产品的价格将不断降低，所获利润自然也降了下来。但是即使产品的利润接近于零，生产者也不会停止工作，因为产品的所有成本也包括了薪水。如果零利润后仍继续下跌，生产者将会放弃生产；但时机好转，价格高于零利润时，生产者将会再次进入市场。

斯密认为，由于人都具有贪婪逐利的本性，所以会一拥而上地生产某种获利高的产品，自由市场的激烈竞争，将会自动地降低产品价格，进而造福于民众。斯密对商人持有戒心，并且反对垄断的形成。

亚当·斯密生在英国工场手工业和机械大工业的过渡时期。当时的经济学说虽已成型，但是较为零散、片断化。1764年，斯密受朋友之邀，到欧洲大陆旅行。旅行期间，他同许多著名的经济学者有许多交流、碰撞，这加深了斯密的经济学理论。三年后，斯密归来，开始潜心撰写经济学著作。他凭借精深的经济学造诣，对已存的经济学说进行了完善与整理。1776年，经过多次修改的《国富论》终于完成。

《国富论》中，亚当·斯密首次提出了全面系统的经济学说，使经济学成为一门独立的学科。因此《国富论》可以说是经济学研究的起点，为现代经济学的发展做出了极大贡献。

初版序

一个国家常年的劳动，都是以供给这个国家每年消费的全部生活必需品及便利品为目的。而这些物品总是由这个国家的人民直接生产，或是由本国生产物从其他国家通过产品交换，而购得的物品构成。

因此，一个国家的国民所需的全部生活必需品及便利品的供应情况，要依照本国生产的产品或用以商品交换得来的产品与消费者人数的比例而定。但就每一个国家而言，这个比例受制于两个条件：第一，一般社会劳动熟练程度；其次，从事有用劳动者所占国民比例。无论一个国家的土壤、气候或面积怎样，该国每年的物产供应的丰富与否都要依照上诉两种情况而定。

而物品供应的丰富或欠缺程度，更多地取决于前者。在较落后的渔猎国家中，每一个具备劳动能力的人，都可以从事有用的生产劳动，尽其所能为自己、家庭成员及其部落中的老人、小孩，以及那些没有劳动能力的人提供生活必需品。但是这样的国家都是极其贫困的，也正是因为物品的匮乏，使得他们不得不直接杀死老人、小孩以及长期病重的人，或者将他们遗弃在野外任其自生自灭。反之在文明发达的国家，虽然有很多人不从事生产劳动，而且这些人中，许多人消费的劳动产品，相当于从事劳动的人所消耗的劳动产物的十倍甚至一百倍。但是由于社会劳动产物极其丰富，所有人都能得到充足的产品供应，即使是最低级的贫苦劳动者，只要他勤俭节约，也能得到比任何一个野蛮人更多的生活必需品。

劳动生产力的改良，以及劳动产品在社会不同阶级的人们之间自然分配的顺序，构成了本书第一篇的主题。

无论一个国家的劳动技能、劳动熟练程度和判断力的实际状况怎样，在该国持续发展期间，国家的年供应充足与否，必定取决于它从事有用劳动的人数，和不从事这种劳动的人数之间的比例。所以我们将在本书的第二篇探讨资金的性质、资金的积累方式以及根据资金投入的不同途径，怎样把不同数量的劳动投入运转。

劳动中运用的熟练技巧和判断力以及对劳动的支配和指导，在相当进步的国家中，都持有不同的方法。这些方法对其巨大的劳动产量并不是完全有效的。一些国家鼓励农业生产；一些国家支持城镇产业，却没有一个国家能够平等地对待所有产业。自罗马帝国灭亡以来，欧洲的政策对艺术、制造业和商业以及城镇劳动的重视程度，远远高于农业以及农村劳动的发展。我将在第三篇中专门阐述：是什么原因，使得这种政策发生并且最终确立。

也许，这些方案最初是某些阶层出于一己私利而实施的，并未考虑或预见到它们对一般社会福利的影响，但是它们促成了十分迥异的政治经济学理论——有的人特别强调城市产业的重要性；而有些人则强调农村产业的重要性。这些学说不单对学者们的意见产生了很大影响，同时还左右着各国王公贵族的政治行为。我力图在第四篇中，尽我所能地对这些理论，以及它们在各个时代、各个国家产生的主要影响，加以详细的论述。总之，本书前四篇的目的，就在于说明广大人民的收入构成，并说明各个时代，各个国家供人民每年消费的财富的性质。

第五卷即最后一篇，探讨君主或者国家的收入。在这篇中，我试图说明下面三个问题：

第一，什么是君主或国家的必要经费，这中间，哪些应出自社会的一般赋税，哪些该由社会某些阶层或成员的赋税来支付；

第二，对社会税赋以供应整个社会支出的各种不同方法，以及各种方法的主要利弊并加以探讨；

第三，为什么各国政府常常把本年收入的一部分，作为担保发行公债，这种债券对于现实财富，即社会的土地和劳动的年产品有何影响。

亚当·斯密

目录 Contents

（上）

※ 卷一　论劳动生产力增进的原因及劳动生产物自然分配给各阶级人民的顺序

※ 卷二　论财富的性质及蓄积和用途

※ 卷三　论不同国家中财富的不同发展

卷一　论劳动生产力增进的原因及劳动生产物自然分配给各阶级人民的顺序

第一章　论劳动分工

劳动生产力的改进，还有劳动在任何地方运作或者运用中所体现的技能、熟练程度以及判断的大部分，都是劳动分工的结果。

经过考察劳动分工在一些具体的制造业中是怎样起作用的，可以更为容易地懂得它在社会一般业务中所产生的后果。人们大多认为，在一些微不足道的制造业中，劳动分工最为细致；这或许并不是由于这些制造业要比其他制造业分工更加细致，而是为了少数人的小量需求做出供应的微小制造业，雇佣的工人总数非常少，每一个不同工作部门中雇佣的工人常常可以集中在同一个工场当中，让观者一眼就能看到。

相反，大型制造业为了大多数人供应巨大的需求，每一个不同的工作部门都雇佣大量的工人，不可能把他们全都集中在同一个工场之中。我们在同一时间可以看到的，只是在一个小部门当中所雇佣的工人。所以，种制造业中比起那些细小的制造业，工作事实上分成了更多的部门，分工反而不显著，较少被人注意到。

所以，要从一个微不足道的但它的劳动分工常常被人注意的制造业来举一个事例，那就是制针业。一个并没有受过这样业务（劳动分工已经让它成为一个独立的行业）训练，同时又不熟悉它所运用的机器（同样的劳动分工让这种机器的发明成为可能）的工人，用他最大的努力，可能一天也无法制造一枚针，更别说20枚了。不过按照这种业务现在进行的方式，不仅仅整个工作是一个专门的行业，同时它所分成的若干部门大多也是专门的职业。一个人管抽丝，另外一个人管拉直，第三个人负责切断，第四个人削尖，第五个人进行磨光顶端安装针头；制作针头要求有两三道不同的工序；装针头是一项专业的业务，将针刷白是另外一项；甚而将针装进纸盒中也是一项专业的职业。

如此，制针这一重要的业务就分为了大概18道不同的工序，在某些工厂中，每一道工序都由不同的人担任，在其他的工厂中则有时由一个人担任两三道工序。我见过一个这样的小厂，那里只雇佣了10个人，所以有一些人担任两三道不同的工序。他们即使非常穷，必要的机器也装备不足，在尽力而为的情况下，却能每天制造价值12英镑的针。每英镑都有中等大小的针4000枚。所以，10个人每天能够制针48000枚。每一个人制作48000枚针的1/10，就相当于每天制针4800枚。不过假如他们全都独自分别工作，并且没有一个人接受过这种专门业务的训练，那么他们肯定无法每人每天制造出20枚针，甚至连一枚也制造不出来；也就是说，肯定无法完成他们现在因为适当分工以及各种不同操作的结合所能够完成的工作量的1/240，或者无法完成其中的1/4800。

每一种另外的工艺以及制造业，劳动分工的效果也和这种微不足道的制造业一样。虽然在它们之中的许多行业，劳动无法如此细分，每项工序也无法变得如此简单。不过在每一种工艺中，只要能用劳动分工，劳动生产力就能够成比例地增长。各种不同的行业以及职业的彼此划分，好像也是由这种好处造成的。在享有最发达的产业以及效率增进的那一些国家中，分工也进行得最为彻底；在尚未开化社会中一人从事的工作，在进步的社会中一般是由几个人担任。在每一个先进的社会中，农民一般就仅仅是一个农民，制造业者一般就仅仅是一个制造业者。为了生产任何一种完全的制造品所需要的劳动，也几近于在大量的人手之中划分。在麻织业以及毛织业的每一个部门当中，有多少不同的手艺人正在从事工作啊：从亚麻以及羊毛的生产，到麻布的漂白以及烫平，或者是到呢绒的染色以及整理，都由不相同的人担任！确实，农业的性质和制造业不同，不允许做那么细化的劳动分工，也不允许将一种业务和另一种业务截然分开。不可能将畜牧人的业务和谷农的业务彻底划分，就像把木匠的行业和铁匠的行业分开那样。纺纱工和织布工几乎总是两个不同的人；但犁地、耙地、播种以及收获则经常由同一个人担任。伴随着一年季节的变化就会需要进行一些不同类型的劳动，不可能让一个人固定从事中间的任何一种，这也是不可能将农业中使用的所有不同类型的劳动做完全的彻底的划分，或者是在这种技艺中劳动生产力的改进以及制造业中的改进保证相同步伐的原因。

确实，最富裕的国家在农业方面也像在制造业方面那样，一般都超过其他的邻国；不过它们普遍都以制造业的优越性却不是农业的优越性而闻名。富国的土地一般耕种得更为好一些，用在土地上的劳动以及支出更多一些。产量按照土地的面积以及天然肥沃程度的要比例来说也更巨大一些。不过这种产量方面的高，用在劳动以及支出方面的比例也大。

在农业当中，富国的劳动并不总是要比穷国的劳动有更大的生产力；或者最起码的是，从来并没有像普通制造业中那样有更加大的优越性。所以，富国的谷物，就品质而言，在市场上并不总是要比穷国的谷物价格便宜。同样品种的波兰谷物和法国的谷物一样低廉，即使法国的富裕以及劳动生产力改进优于波兰。就在产谷的省份，法国的谷物和英格兰的谷物同样好，在大多数年份大概是同一价格，即使在富裕以及生产力改进方面，法国可能不及英格兰。不过，英格兰的谷地要比法国的谷地耕种得好一些，同时法国的谷地听说要比波兰的谷地耕种得更好一些。穷国尽管在耕种上处于劣势，但能够在某种程度上以其谷物的价廉物美来和富国竞争，在制造业方面它是无法这样竞争的。最起码的是，假如这一些制造业适合于富国的土壤、气候以及地理位置的话，法国的丝绸要比英格兰的更好一些、更便宜一些。这是由于丝织业，在现在对于生丝进口课征高关税的情况之下，不那么适合英格兰的气候，并不像在法国那样。不过英格兰的铁器以及粗毛织物却远远优于法国，就相同的品质而言价格也低廉得多。对于波兰，听说极少有什么制造品，除了国家存在所必不可少的少数粗糙的家用制造品。

这种由劳动分工而使同一数量的人所能够完成的工作数量获得巨大增长，是因为三种不同的情况：第一，每一个工人的熟练程度的提高；第二，节约了从一种工作转向另一种工作所丧失的时间；最后，发明了非常多的机器，便利以及简单化了劳动，让一个人可以干许多人的活。

具体来说，首先工人熟练程度的进步肯定使他所能完成的工作数量增加；同时劳动分工，通过使每一个人的业务降低为某种简单的操作并让这种操作成为他终生的唯一职业，肯定使工人的熟练程度提高很多。一个普通的铁匠，尽管习惯于运用铁锤，但从来没有做过钉子，一旦有必要让他去试图做钉子，我肯定他一天做不出两三百枚，同时质量也不过关。一个习惯做钉子的铁匠，但他的唯一的或者主要的职业并不是钉匠，用他最大的努力，每天制造出要比800枚或者1000枚更多的钉子非常难。我看到几个20岁以下的青年，他们除了做钉子以外并没有做过任何其他的手艺，每当他们奋力而为的时候，每人每天能制造2300枚钉子。不过，造钉绝对不是一种最简单的操作。就像一个人要拉动鼓风炉，有的时候要搅动或者调整火力，将铁烧热，锤打钉子的每一个部分；在锻造钉头的时候，他还必须改变他的工具：制造一枚针或者一个金属纽扣所划分的不同操作都要简单得多，一生唯一的工作就是从事这种操作的人，其熟练程度经常要大得多。做完这些制造品的某些操作的速度，在那些并没有亲眼目睹的人的想法中，好像是人手无法达到的。

然后，从节省由一种工作转到另外一种工作所丧失的时间得来的好处，要比我们乍看起来所能想象的更大。不可能非常快地从一种工作转到另外一种在不同地点、用不同工具进行的工作。一个农村的织布匠，同时也耕种一小块土地，从他的织布机走到地里，又从地里回到织布机跟前，肯定要损失大量的时间。当两种手艺能在同一个工场内进行的时候，损失的时间无疑要少得多。不过即使在这种场合，损失也是非常大的。一个人将他的手从一种业务转移到另一种业务的时候，普遍都要闲逛一会儿。当他要开始新的工作的时候，极少是全神贯注的；他就像他们所说的，心不在焉，有些时候磨磨蹭蹭，并不认真干活。每一个农村劳动者，每隔半个小时就得改变他的工作以及工具，一辈子几乎每天要干20种不同的活，自然而然地或者说肯定地会养成闲荡以及漫不经心的习惯，让他几乎生活在懒懒散散中，就算在最紧迫的场合，也无法使劲儿冲击。所以，除了他在熟练方面的缺失，单是这个因素，也肯定都要大大减少他所能够完成的工作量。

最后，正如我们所知道的那样，应用适当的机器能在很大程度上便利以及简化劳动。没必要举例了。我们仅仅想说，让劳动得以如此便利以及简化的所有那些机器的发明，最开始似乎都是因为劳动分工。每当人们的全部注意力集中在单独一个目标之上，而并不是分散在许多的事物上的时候，他们就更有可能发现较容易以及较为迅捷地达到任何目的的方式。不过由于劳动分工，每一个人的全部注意力自然而然地集中在某一个非常简单的目的上。所以，自然可以预测，从事每一个具体劳动部门的那些人，总是有某一个人不久就会找出做完他自己的具体工作的较为容易以及较为迅速的方法，只要工作的性质允许做出这种改进。在劳动分工最细致的那一些制造业中所运用的机器，大多最初都是普通工人的发明，他们每一个人都从事十分简单的操作，自然要用心去找出完成工作的较为容易以及较为迅速的方法。习惯去参观这一些制造业的人，经常会看到一些非常美妙的机器，这就是这一类工人的发明，用来便利以及简化他们自己担任的那部分工作的。最开始的蒸汽机经常要雇佣一个男孩，当活塞上升或者下降的时候，就去打开或者关闭汽锅和汽缸之间的通道。有一个贪玩的小孩注意到，用绳子把开闭这个通道的活门的柄系在机器的另外一部分上，活门就可以自动开闭，所以他可以自由地去和同伴玩耍。自从这种机器发明以来，最大的改动就这样被一个希望节约自己劳动的儿童创造了。

不过，机器的改进决非全都是有机会运用机器的人的发明。非常多改进是出于机器制造者的聪明才华，当制作机器变成了一个专门行业时，也有一些是出于所谓哲学家或者思想家的聪明才华，他们的职业就是要观察每一件事情；所以，他们常常能把相距遥远以及极不相同的事物联系在一起。

在社会进步的进程中，哲学家或者思想家也像其他的从业人那样，将所从事的职业变为唯一的行业以及职业；而在哲学当中的这种职业细分，也好像在每一种其他的业务中那样，提高了熟练的程度，节约了时间。每一个人都对他自己的那部分工作十分内行，整个说来完成了更加多的工作，而科学的数量亦因此大大增多了。

由于实行劳动分工的所有不相同的行业的产量成倍增长，在一个治理得非常好的社会里出现许多的富裕，将其推广到了最下层的人民。每个工人自己劳动的产品，除了供给自己的需要，还可以大量出售；其他的工人也都一样，能用自己的大量产物去交换他人的大量产物或者其等价品。他对于他们的需要做出各种的供应，他们也对于他的需要做出相同丰富的供应，所以社会的所有不同的阶级都变得普遍富裕起来。

看一个文明的以及兴旺发达的国家中最普通的工匠或者日工的生活用品，你就会知道，为了让他们能享受这种生活用品，能提供其自己工作的一部分（即使是一小部分）的人是多得不可枚举的。比如，日工所穿的毛织品的上衣，即使看起来非常粗糙，却是大量的工人联合劳动的成果。牧羊人、选毛人、梳毛人、染工、梳理工、纺织工、蒸洗工，缝工以及许许多多其他的人，应当全都结合他们不同的手艺，来完成这种家常产品。

另外，把这些材料运送到国内最远的其他工人的手中，需要有多少商人以及运输人啊！特别是，需要多少商业以及航运，需要有多少造船人、航海人、制帆人和制绳人，来把染匠所使用的不同染料集中到一块，这些染料来自于世界各个遥远的角落！想要生产这些最粗糙产品的工人所使用的工具，也需要有多种不同的劳动啊！

暂且不要谈那些复杂的机器，譬如航海人的船只、蒸洗工的磨坊，或者是织布匠的织机，让我们来看看牧羊人用来剪羊毛的剪刀这个非常简单的机械，它就有着各种不同的劳动。采矿工，熔矿炉的制造工，伐木工，熔矿炉所用焦炭的烧炭工，制砖人，泥水匠，护炉工，磨坊设计以及建筑人，锻工，铁匠，全都需要把他们的不同手艺结合起来，才能够生产出来剪刀。假如我们用同样的方式来考察一下他的衣着以及家用器具的所有不同部分，他贴身所穿的粗麻衬衫，他脚上穿的鞋子，他睡的床，还有组成床的所有不同部件，他准备晚餐的厨房炉灶，做饭菜所使用的煤炭，这也许是通过遥远的海路以及陆路运送到他那里的，他厨房之中所有其他的器皿，所有的餐桌上的用品，用来盛上以及分送饭菜的陶瓷盘子以及锡锻盘子，为了他制作面包以及啤酒所使用的人工，用来放进热气以及光线并且抵御风雨的玻璃窗户，为了准备玻璃这一种美妙的幸运的发明所必要的知识以及技艺，假如没有玻璃，世界上北方国土就不可能有十分舒适的住所，还有在生产这些不同的便利品之中所使用的所有不同工人手中的工具；哎呀，假如我们考察一下所有的这些东西，看一下每一种都要使用不同的劳动，我们就可以了解到，如果没有多人的帮助以及合作，就不能够获得平日的简单的生活用品。

第二章　论劳动分工的原因

劳动的分工提供了如此多的好处，它最初的产生却不是因为人类的智慧预测到并想要获得分工所带来的普遍富裕。它是人性当中某种倾向的肯定结果，即使是非常缓慢的以及逐渐形成的结果，这是种互通有无、实行物物交换、彼此交易的方向，它不考虑广泛的功利性。这种倾向是人性中无法给予进一步解释的最原始本能之一；或者更有可能的是，它是理性以及言语这种才能的肯定结果，这并不是我们现在所要研究的主题。

这是人类普遍都有的倾向，但其他的动物则没有，一般的动物似乎不懂这种交换或者任何其他种类的约定。两只猎犬追逐同样一只兔子，有的时候似乎是在协同行动，每一只狗都将兔子赶向它的同伴；或者是在同伴把兔子赶向它的时候力图予以拦截。不过，这并不是什么契约的效果，而仅仅是在某一时刻出于对同一目标的欲望的偶然切合。并没有人看到过两只狗用两根骨头相互进行公平的有意识的交换。并没有人看到过，一只动物用姿势或者自然嚎叫朝着另一只动物表示：这是我的，而那是你的，我愿意用这个交换那个。每当一只动物想要从人或者另一只动物那里获得什么东西的时候，它除了获得它所乞求的对方的好感以外，并没有其余的说服劝诱的手段。一只小狗向母狗摇尾乞怜，一只长毛垂耳狗摆出千般姿态，去吸引餐桌之上主人的注意，然后获得食物。人对于他的同胞有的时候也使用相同的手腕，当他没法使他们按照自己的意愿行事的时候，就百般卑躬屈膝、阿谀奉承，试图博取他们的欢心。不过，他并没有每一次都这样去做。在文明社会当中，他在任何的时候都需要有大量的人的合作以及帮助，但他的整个一生，不足以交上几个好友，在几乎所有动物中，每一个体长到成年的时候，都是独立的，在这种自然状态之中不需要有其他动物的帮助。不过人总是需要有其他同胞的帮助，仅凭他们的善意，他是无法获得这种帮助的。他假如利用他们的自私自利，朝他们表明，他需要他们所做的事情是对于他们自己有好处的，那么他就更加有可能如愿以偿。

所有想要和他人做买卖的人，都是如此提议的。给我那个我需要的东西，就能够得到这个你需要的东西，这就是每笔交易的意义。正是用这种方式，我们相互获得自己所需要的绝大多数帮助。我们希望获得自己的饭食，并不是从屠夫、酿酒师以及面包师的恩惠，而是从他们自私的打算。我们并不是向他们奢求仁慈，而是控诉他们的自利之心，从来不向他们谈论自己的需要，仅仅是谈论对他们的好处。除了乞丐以外，并没有人完完全全依靠自己的同胞们的慈悲来生活。就算乞丐，也并不完全依赖他人的仁慈。乐善好施的人的施舍行为，自然为他提供了生存资源。不过即使从这里最后为他提供了他所必要的全部生活必需品，但并没有也不可能随时随地满足他的平日的需要。他的大多日常需要是通过其他人相同的方式去满足的，即契约、交换和买卖：他用一个人给他的钱财去购买食物。他用另外一个人给他的旧衣服来交换较适合于他的其他的旧衣服，或者住所，或者食物，或者钱。用这些钱他又可以购买食物、衣服或者住所，能够随心所欲。

就好像我们通过契约、交易、购买相互获得我们所需要的大多数的帮助那样，劳动分工最开始也是从这种交换倾向获得的。在一个以狩猎或者游牧为生的部落中，某一个人可以比其他的人更为迅捷、更为熟练地制造弓箭。他经常用弓箭来和他的同伴交换牲畜以及鹿肉。他最后发现，他这样获得的牲畜及鹿肉，要比他自己到野地里去捉到的要多。所以，考虑到他自己的利益，他将制造弓箭变成了他的主要工作，成为一个制造武器的人。另外一个人长于建造他们的小茅屋或者移动房屋的框架以及屋顶。他习惯于用这种方式来为他的邻居们服务，邻居们也按同样的方式，用牲畜以及鹿肉报酬他，最后他发现，完完全全从事这种职业，做造房木匠，是符合自身的利益的。依照同样的方式，第三个人成为铁匠或者铜匠；第四个人成为毛皮或者皮革的硝皮人或者鞣革人，毛皮或者皮革是一些人衣服的主要组成部分。如此，因为肯定能把自己产品的所有的剩余部分（这是他自身消费不了的），用来交换自己所需要的他人劳动商品的剩余部分，这就鼓励了每一个人去从事一个专门的职业，并培养以及完善他所具有的从事这一个职业的才能或者天资。

不同的人所拥有的天赋才能的差异在事实上要比我们所想象的小得多，成年人从事着不同的职业所显现出来的十分不同的才能，在非常多场合，与其说是劳动分工的因素，不如说是劳动分工的后果。最不同的人物中间的差异，比如一个哲学家和一个普通的街头搬运夫中间的差异，好像并不是由于天赋，而是因习惯、风俗以及教育所产生的。

当他们来到这个世界上，在六岁或者八岁之前，他们也许非常相像，他们的父母或者游戏伙伴看不出他们有什么明显的不同。大概在那个年龄，或者随后不久，他们开始从事十分不同的职业。才华的不同开始被注意到，并逐渐扩大，一直到最后，哲学家的虚荣心就不愿意承认有任何的相似之处。不过假如并没有互通有无、以物易物、相互交换的倾向，每一个人就必须为自己备办自己必要的每一种必需品以及便利品。每一个人都有相同的责任要履行，都有一样的工作要做，那就不会有什么职业上的不同，也就不会有任何重大的才华上的差异。

好像交换倾向形成了不同职业的人们中间的才能上的差异一样，交换倾向也让这种才能差异变得有用。许多被看作全都属于同一族的动物，它们的资历比起人们在未受到风俗以及教育的熏陶之前所表现出的天资来，要明显得多。在天资以及天性方面，一个哲学家的天赋和一个街道搬运工的天赋的不同，远远比不上大猛犬与猎犬，或猎犬与长毛垂耳犬，或长毛垂耳犬与牧羊犬。但是这些不同种类的动物，即使属于相同一族，对于彼此也并没有任何用处。大猛犬的气力，比不上猎犬的迅速、长毛垂耳犬的伶俐或者是牧羊对犬的驯良而有一点的增益；几种不相同的天资以及才能的效果，因为缺乏交易以及交换的能力，无法变成一种共同财富，让同种动物获得较好的供应以及方便。每一种动物仍然只好自己独立地维持自己、保卫自己，丝毫无法得到自然赋予它的同伙的那种不同才能的好处。

相反，在人中间最不相同的才能对于彼此都有用处；他们的彼此才能的产品，经过互通有无、交易以及交换的一般天性，仿佛变成了一种共有的财富，在这里每一个人都可以购买到他所必要的其他人的才能的商品的一部分。

第三章　论市场范围对分工的限制

交换能力引发了劳动分工，因此分工的程度就肯定总是要受到交换能力大小的限制。换言之，要受到市场大小的限制。当市场非常小的时候，没有人会全身心地投入一种生产。由于市场小，它不具备把一个人消费后所剩余的全部劳动产物任意换取他所需要的其他人的劳动产物的剩下部分的交换能力。

有一些工种，甚而最低下的工种，也仅仅在大城镇里才能存在。比如说，挑夫除了在大型的城镇，他就不能够在其他地方找到工作以及维持生活。因为村庄对于他来说活动的范围太过狭窄了。甚而一个普通的小镇都不足以保证他的日常工作。

分散在苏格兰高地如此荒凉的小小村落以及孤零零的小屋，那里的每一个农夫都需要既是自己家中的屠夫、面包师，又是自己家中的酿酒师。由于在那种条件下，我们难以指望在方圆20里之内再找到另外一个铁匠、木匠或者泥瓦匠。这些分散的家庭相隔最近的也有8~10里路。他们都需要自己学会做非常多的工作。而在人口较为稠密的乡村，这些事情他们就可以请工人帮忙了。乡村工人差不多总是需要学会做同一材料相关的许多工作。一个乡村木匠要学会做一切用木制作的活计。一个铁匠要学会做一切用铁制作的活计。前者不仅仅只是一个木匠，同时是一个细木工人，一个造家具的木工，甚而一个木雕工；同时他还需制造车轮、木犁、手推车以及四轮车。但后者的职业则更为多样化了。

在苏格兰高地的偏远地区以及内陆地区就不可能有制造钉子这样的专门的行业。由于一个工人一天平均能够生产1000颗钉子，一年中工作300天，总共就能够生产30万颗钉子。但是在那样一个偏远的地区根本无法消费1000颗钉子，也就是一年当中一天的产品。

因为水运为各行各业打开了一个要比单一陆运能提供广阔得多的市场，所以在沿海以及可以通航河流的沿岸，各个行业自然而然地开始了分工，并且不断改进，而且通常是要过一段时间以后那些改良才可以推广到国家的内陆地区。由两个男子驾驭的8匹马拉的大四轮马车，在约6周的时间内就可以运载近4吨货物从伦敦到爱丁堡。用大约同样的时间。一只由6~8人驾驶的帆船就能够从伦敦到利斯往返一次，而它所装载的货物则常常可达到200吨。所以，通过水运只需6人或者8人在同样的时间内就可将由100人驾驭400匹马拉的50辆大四轮马车所运载的相同数量的货物从伦敦运送到爱丁堡往返一次。从伦敦到爱丁堡运输200吨货物，陆运最为便宜的运费也必须是维持100人3个礼拜的生活费用以及400匹马和50辆大车的路途费用以及与之相等的损耗费。

但是，相同数量的货物假如用水运，则只需要负担6至8人的生活费还有一艘载重200吨货位的船只的耗损，再加上较高的保险金，或者说加水陆运输之间的保险差额。假如在那两个地方中间除了陆运之外并没有其他的运输工具，那么，除了极少数价格高而重量又轻便的货物之外，其他货物需要从一个地方运输到另外一个地方就成为不可能。所以，两地之间的商业就只会有现今所有的一小部分。而对于这两地相互间各个行业发展所提供的刺激也仅仅是现今所有的一部分。在世界上距离遥远的地区之间也就仅仅能够极少，甚而无任何商业活动了。什么货物能承担得起从伦敦到加尔各答的陆运费用呢？即使有，可以承担得起这种费用的如此贵重的货物又如何能够安全地通过这样众多的未开化的国家呢？但是，如今这两个城市间都进行着非常大规模的商业往来，互相提供市场，极大地促进了两地工业的快速发展。

既然水运有如此大的好处，非常自然地对于各种各样劳动产品有广阔市场的那一些地方的工艺以及工业就首先获得发展。并且这些发展也总是要经过相当一段时间以后才会延伸推广到国家的内陆区域。内陆地区可能有非常长一段时间为它们的大多数货物找到市场，由于它们的市场只能位于它们的周围并且把它们和沿海以及大的通航河流隔开的地方。所以他们的市场的大小在非常长一段时间之内必须和那一些邻近地区的财富和人口相互适应，因而他们的发展也肯定总是滞后于那一些航运通畅的地区。

依据最可靠的历史记载，开化得最早的国家是位于地中海四周沿岸的各国。地中海是世界著名的最大港湾，它并没有潮汐，除了由风引发的一点波浪外，没有大风浪。并且它海面平滑，星罗棋布的岛屿，相邻海岸相互靠近，极其有利于世界新近产生的航运。因为那个时候人们还对于罗盘一无所知，他们恐怕航行远了看不到海岸。同时由于造船术的不成熟，人们也不敢把自己投身到汹涌的波涛中去。

在古代非常长一个时期航海都被认为是最惊人以及最危险的英雄行为。甚而在古代最善于航海以及造船的腓尼基人和迦太基人都是非常晚的时候才敢于进行尝试，并且在非常长一段时间内他们都是绝无仅有的敢于尝试的国家。

在地中海沿海的所有国家中，埃及的农业以及制造业发展得最早，并且发展到了非常高的程度。由于上埃及延伸到离尼罗河只有几里的距离，而尼罗河在下埃及又分为许多支流。那些支流只需稍加改造就可以通航。不仅仅在两岸的大城镇间，在所有大的村落间都可通航；甚至可以通航到乡村非常多的农户，这种内陆航运的规模以及方便或许是埃及早期进步的主要原因之一。

在孟加拉各个省份以及中国东部的一些省份，农业以及制造业好像发展得也非常早。孟加拉的恒河以及几条其他的大河与尼罗河一样形成了非常多的通航运河。在中国东部许多的省份也是如此，几条大河经过它们不同的支流形成了非常多的通航运河。它们的互相沟通提供了充足的内陆航运。其航运线之长远远超过尼罗河或者恒河，甚至两者之和。值得一提的是无论是古埃及人，印度人，抑或中国人都不鼓励对外贸易，他们的富裕好像全都来自于内地的航运。

第四章　论货币的起源和作用

当劳动分工完完全全建立起来之后，一个人自己劳动的产品仅仅只能满足自身需要的极小部分。他大多的需要是通过将自己劳动产品的余下部分，就是超过自己消费能力的部分在他需要其他的产品的时候和别人的劳动产品的剩余部分相交换而获得满足的。如此一来，每一个人都是依靠交换而生活，或者在某种程度上是一个商人，而社会自身也变成了一个正宗的商业世界。

不过当劳动分工最开始发生的时候，这个交换能力在其运行当中肯定常常会遇到非常多的阻碍以及困难。我们可以如此假设，一个人掌握着多于他个人所需的商品，而另外一个人却缺乏他个人所需的商品，那么前者肯定会乐于卖掉他剩余的部分，而后者也肯定会乐于购买前者的剩余部分。不过假如后者恰好并没有前者所需要的物品，两者之间就不可能进行交换。

比如说，屠夫店里的肉超出他自己所能消费的，酿酒师以及面包师也都乐于购买中间的一部分，不过他们并没有东西可以交换。他们仅仅有各自不同行业的不同产品，但屠夫所急需的面包以及啤酒已经没有了。在这样的情况下，他们中间就不可能进行交换。屠夫既不会成为他们的商人，酿酒师以及面包师也不会成为他的顾客，所以他们三者之间就不会相互帮助。为避免这种不便，在社会的每一时期第一个深谋远虑的人在分工最开始建立之后都肯定会在自身的劳动产品之外随时随地储备一定数量的这种或者那种他觉得任何人都不会拒绝和他交换的商品。

为达到这个目的非常多的不同的商品都被其他人先后想到过以及使用过。在原始时代，传说牲畜充当过商业的共同传媒。即使牲畜肯定是一种非常不方便的媒介，但是我们发现在古代货物交换的时候常常是根据所使用牲畜的数目来衡量其价格的。荷马曾说：迪奥米德的铠甲仅仅价值9头牛，而格罗卡斯的铠甲却价值100头牛。听说盐在阿要比西尼亚是商业以及交换的媒介；印度一些沿海地区以某些贝壳为媒介，纽芬兰以干鳕鱼做媒介，弗吉尼亚以烟草作为媒介。一些国家则用兽皮或者鞣皮为媒介。听说直到今日在苏格兰有一个村落，那儿的工人仍常常携带钉子代替货币以交换面包或者淡色啤酒。

但是，在所有国家看来人们因为一些无法抗拒的理由最终决定放弃其他的商品而采用金属作为这个媒介了。由于金属不仅仅像其他任何商品一样能够保存毫无磨损，并且不易腐烂。这一点几乎是任何东西都不能与之相比较的。同时金属还可以毫无损失地被分割成任何数目的小块。经过熔化这些小块又能够非常容易地重新组合在一起。金属的这些属性是任何其他耐久性商品所不具备的，所以这些特性使金属更适合于用作商业以及流通的媒介。

比如说一个人想买盐，他并没有其他的东西只有牲畜可以与之交换的时候，他就需要一次购买价值1头牛或者1头羊的盐，他不可以少买，因为他与之交换的东西不能够分割。假如他想多买一些盐，因为同样的原因他也应当购买2倍或者3倍分量的盐；也就是说相等于2头或者3头牛，也就是2头或者3头羊的价值的盐。相反，假如他用金属，而并不是用羊以及牛去交换，那么他就可以轻而易举地将金属分割出他所需要的商品价值的准确数目。

不相同的国家曾使用过不同的金属作为交换的媒介。铁曾经是古斯巴达人的商业共同媒介；铜曾经是古罗马人的商业共同媒介；黄金以及白银曾是所有富裕以及商业国家的共同的媒介。

这些金属在开始用来作为交换媒介的时候似乎都是粗糙的锭

条，并没有加任何标记或者铸造。依据普林尼引用古代历史学家蒂米阿斯的话，知道瑟维阿斯·图利阿斯的时代，罗马人并没有铸造的货币，而是使用未加任何标记的铜锭购买他们所想要的东西。如此看来，那些粗糙的铜锭在那个时候就履行着货币的职能。

使用这种加工粗糙的金属有两个非常大的不便。其一是难以衡量其重量；其二是难以对于它们进行测量。由于贵重金属的分量稍有不同，就会造成价值上非常大的差异。假如要准确地衡量这些金属最起码需要非常准确的砝码以及天平。衡量黄金更是一种非常精确的工作。当然，粗劣的金属在衡量上出现了一点小的差错，并没有关系。毫无疑问，衡量不够准确也是肯定的。而且我们有时会发现事情非常麻烦。假如有一个穷人每次他需要购买或者出卖只值一点钱的商品，他就需要去称量出这一点金属。然而检验的操作就更加困难，更加乏味。除非在那一部分金属加上合适的熔剂在坩埚里刚好熔化，否则得出来的所有结论都是非常不准确的。

但是，在建立铸币制度之前，人们就需要进行这种乏味而困难的工作，否则他们就常常要受到极大的欺骗以及诈骗，而无法获得一磅纯银或者纯铜。他们卖出自己的货物可能获得的却是成分中掺了最为粗劣以及最便宜的银或者铜，即使它们在外表上已然做得和那些金属非常相像。为防止这种欺骗，使交换方便，继而激励各种工业以及商业的发展，所有较进步的国家都发现非常有必要在那些已经被通用于购买货物的金属的某一些分量上加盖上一个公印。这也就是铸币的起源。也是那些作为铸币厂的公共机构的源头。毛料和亚麻布的检查以及盖印机构，性质与其完全相同。都一样是要通过一个公印来确保上市不同商品的数量以及统一的质量。

这一种公印最初都是打在流通的金属之上的，并且在非常多场合似乎都是用以确定那些最难而又最有必要确定的金属的纯度，它就好像今天打印在银餐具以及银条上的纯银标记或者有的时候打在金锭上的西班牙标记一样。这一种标记仅仅打在金属的一面，并且不遮盖住整个表面，它仅仅确定纯度，而不衡量金属的重量。亚伯拉罕在买马克派拉那片土地的时候就给艾弗伦称量了400舍克尔的银两。400舍克尔的银子就是当时商人流通的货币。不过它们是用重量计，而并不是用个数计，就像今天的金锭以及银锭一样。听说古代英国撒克逊国王的税收也不是收货币，并且非常长一时期英国财政部也都是按照金属的重量，而不是按照个数来获取。

想要准确地衡量那些金属的重量既不便利，又困难，所以产生了打造硬币的机构。这样的公印就涵盖了金属的两面，有的时候还包括边缘。原因是不仅仅确定金属的纯度，同时确定其重量。这样的硬币就像现在的一样是以个数计了，同时省去了称的麻烦。

那些硬币的名称看来先前是想表明它们内含的金属的重量或者数量。瑟维阿斯·图利阿斯是罗马的第一个铸造钱币的人。在瑟维阿斯·图利阿斯的时代，罗马阿斯（AS）或者庞多（Pondo）包含纯铜1罗马磅。1阿斯或者1庞多分为12盎司。每盎司包含纯铜1盎司。在爱德华一世的时代，英国1（银）磅含纯银1陶尔磅（陶尔砝码）。1陶尔磅好像要比1罗马磅更大一些，要比1特鲁瓦磅更小一些。英国直到亨利八世18年，铸币厂才采用特鲁瓦磅。法国1利弗（Ijvre）在查理曼大帝的时代包含纯银1特鲁瓦磅。

在那个时候欧洲各国的人经常来法国的特鲁瓦参加香槟酒的集市，所以这个有名的市场的度量衡也就为各国所熟悉，同时受到各国的尊重。从亚历山大一世到罗伯特·布鲁斯，1苏格兰磅包含银

1磅，和英国1磅含银重量以及纯银一样。英国便士、法国便士以及苏格兰便士先前也是包含1便士重的纯银，也就是1盎司的1/20，1磅的1/240。先令也是这样，先前也是重量的单位。根据亨利三世的古代法规所记载，当小麦1夸脱价值12先令的时候，1/4便士的面包应重11先令4便士。

但是，先令以及便士或者先令以及镑之间的比例，好像不像便士以及镑之间的比例那样固定以及统一。在法国最开始几个国王的年代里1苏（Sou）或者先令有的时候可以含5、12、20至40不等的便士。在古代的撒克逊人当中1先令在某一时候只含有5便士，非常可能它就好像在邻人古代法朗克人中那样，其含量是变化的。

但是法国从查理曼大帝以来，英国自从征服者威廉一世以来，

镑、先令以及便士之间的比例好像就和今天的一致了，即使它们的价值有过非常大的变动，我相信世界上每一个国家，因为君主以及主权国家的贪婪，他们滥用臣民对他们的信任渐渐地减少了硬币中的原来含金量。罗马的阿斯在共和国的后期就减少到它原有价值的1/24，不再拥有1磅重，而仅仅有半盎司重了。现在的英镑以及便士也仅仅含有原先重量的1/3左右。苏格兰镑以及便士大概是原有价值的1/36，1法镑以及1法便士大概是它们原有价值的1/66。经过这些动作这些君主以及主权国家就能够用要比原先需要的少得多的银子在表面之上偿清他们的债务以及履行他们的合同。的确这仅仅只是在表面之上。由于他们的债权人是被骗取了他们所应当得的一部分。

国内的其他所有债务人也都能够享有同样的特权，可以用名义上同样数目的贬了值的硬币偿还他们之前所借的一切。这种做法被证明永远是对债务人有利，对债权人则毫无疑问是一场灾难。有的时候它在个人财产方面所发生的革命要比一场非常大的社会灾难所能够引发的还要大得多广得多。

货币正是凭借这种方式变成了所有的文明国家进行商业活动的通用工具，与此同时通过它的干涉所有货物能够进行买卖，或者相互交换。

下面我将细细探讨在货物换钱或者相互交换中人们所自然遵守的法则。并且正是这些法则决定了物品的相对价值或者交换价值。应当看到，价值这个词语有两种不同的意义。有的时候它表示某一特殊实物的用途；有的时候它表示那个实物所拥有的购买其他商品的能力。前者可以称作“使用价值”；后者则可称作“交换价值”。一些拥有极大使用价值的东西，常常不具有或者仅具有非常少的交换价值。反之，一些拥有极大交换价值的东西又常常不具有或者极少具有使用价值。并没有什么东西要比水更有用的了，但是它无法购买任何东西，也无法交换所有东西。反之，钻石并没有任何使用价值，但它却常常可以交换到许多的其他商品。

为讨论支配商品交换价值的原则，我将尽力阐明以下几点：

第一，什么是交换价值的真实的尺度；或者说，所有的商品的真实价格是如何构成的？第二，组成这个真实价格的各部分是什么？第三，是什么不同情况有的时候让真实价格的某一些部分或者全部高于它们的自然或者平常价格，有的时候又使它们低于它们的自然或者平常价格。或者说，有的时候阻碍市场价格，即阻碍商品实际价格和其自然价格完全相同的原因是什么。

在以下三章里我将竭尽所能充分以及清晰地阐述这三个问题。为了讨论一个细节，在有的地方会显得没必要的冗长而乏味，这个时候请求读者耐心地读下去。有的东西在我充分解释之后可能仍然显得非常模糊，为理解它们，这个时候我请求读者细心。为了保证把问题讲清楚，我常常宁愿冒着冗长乏味的危险，但是在我费尽苦心力求讲解清楚之后，有的问题因为其性质非常抽象，可能仍会显得模糊不清。

第五章　论商品的真实价格和名义价格，或其劳动价格及货币价格

一个人到底是富裕还是贫困，是根据他在人类生活必需品、便利品以及娱乐所能享受的程度而区别的。但是一旦劳动分工完全确定以后，一个人自身的劳动所能够提供的仅是这一些需要中的非常小的一部分。其中大多数需要从别人的劳动成果中去获得，而他是富裕抑或贫穷，就要看他可以支配多少劳动量，也就是说他能提供多少劳动量去买自己的必需品。所以商品的价值，对于其占有者以及自己不打算使用或者消费而只是想用它去和其他的商品交换的人来说，就等同于他能够用以去购买其必需品的劳动量或者他所能支配的劳动量。即劳动是衡量商品交换价值的真实的尺度。

每一个东西的真实价格，就是每一个东西对于任何一个想获得它的人在获得这件东西的时候所应当付出的劳动以及艰辛。每样东西对于已经得到它的人、要处置它的人或者要用它去换取别的东西的人来说，其真实坐标就是它可以为他节省多少劳动以及艰辛，它可以为他利用多少别人的劳动以及艰辛。以货币或者货物购买的东西就是劳动量。买的东西，和我们在得到它的时候所付出的自身劳动量相同。那些货币或者货物的确节省了我们的这些劳动，它们包含我们想用以交换的含有相同数量劳动价值的一定数量的劳动。

劳动是我们买一切东西所付出的最原始货币，也就是第一价格。世间的所有财富原来都是以劳动，而不是凭借黄金或者白银来购买的。并且它的价值对于拥有它以及想用它去交换一些新产品的人来说，是完全等同于它能使人们进行购买或者支配的劳动量。

就像霍布斯先生所说：财富相当于权力。不过获得或者继承了一大笔财产的人不一定获得或者继承了任何政治权力——民事或者军事权力。他的财富或许可以为他提供获得两者即民事或者军事权力的手段，不过仅仅占有那些财富并不一定能给予他民事或者军事的权力。

对于财富的占有可以立即并直接给予他权力的是购买力，是对于所有劳动，或者对于那个时候市场上所有劳动产品的一定支配权。他的财富是大抑或小，完全和这个权力的大小成正比。或者说，和别人的劳动量，即和使他可以购买支配别人劳动的物品成正比。每样东西的交换价值应当总是相等于它赋予所有者的这种权力的大小。

虽然劳动是所有商品交换价值的真实尺度，不过所有商品的价值常常并不是根据劳动量来估算的。要确定两种不同数量的劳动间的比例常常是非常困难的。花费在两种不相同工作中的时间常常无法决定这个比例。工作中经历的不同程度的困难，工作的时候所表现出的独创，这些因素都必须考虑进去。一个小时艰难的工作可能要比两个小时轻松工作所花费的劳动还多一些。或者说，在一个需要花费十年时间的劳动去学习的行业干上一个小时，要比在一件普通容易的工作之中干上一个月还要辛苦。但是不容易寻找到一种准确的尺码来衡量其困难或者独创。

在两种不相同劳动产品的相互交换中，常常双方都要打一些折扣。即使这种调整并不是通过什么准确的尺度，而是经过市场上的讨价还价以及协商。根据这种即使不准确但大致上的平等，却足够维持日常生活中的商业来往了。

此外，每种商品在绝大多数场合是经过和其他商品相交换而与之比较的，而不是和劳动比较。所以估价一件商品的交换价值更多的是用另外某些商品的数量，而不是一个商品所能购买的劳动量。

大多数人也都仅仅懂得一定量的某一商品意味着什么，但是并不懂得一定量的劳动意味着什么。由于一个是普通而可触碰的实物，一个是抽象的含义，即使这个概念被人们充分地理解，但总是并不那么自然而明显。

不过当以物易物废止了，货币成为商业共同的媒介时，特定商品就更加频繁地和货币交换，而不是和任何其他商品交换了。屠夫极少再携带牛肉或者羊肉到面包师或者酿酒师家中去换取面包或者啤酒了。反之他把牛肉或者羊肉带到市场上去，在那儿他用它们换取货币，而后用那些货币去换取面包以及啤酒。他用牛肉或者羊肉交换的货币的数量也控制着他能够购买的面包以及啤酒的数量。所以对于他来说，用他即刻可以交换到的一定数量的商品所花费的货币的数量来估价牛羊肉的价值要比用面包以及啤酒，即要比他必须通过另一商品作为中介而换取的商品来估计牛羊肉的价值要更自然以及更一目了然。他说他的肉值3便士或者4便士1磅，要比说价值三四磅面包或者三四夸脱淡啤酒方便得多。所以也就产生了这样的一种现象，那就是物品的交换价值，更多的是用货币的数量来估计价格，而并不是用它所能交换的劳动量或者任何其他商品量来估计价格。

就像任何其他商品一样，黄金白银的价值是浮动的，有的时候便宜一些，有的时候贵一些，有的时候较为容易购买到，有的时候较为难购买到。一定数量的黄金白银可以购买或者支配的劳动量，或者它所能交换的其他的货物的数量则总是取决于进行交换的时候的矿山产量的多寡。16世纪美洲发掘了丰富的金矿，让欧洲的金银价值要比先前降低了约1/3。因为把这些金属从矿山运送到市场所需要的劳动少一些，每当它们被送到市场上的时候，其所能购买或者支配的劳动量也就较少一些了。

金银价值上的这一场革命即使或许是最大的，但绝对并不是历史中唯一的一次。不过作为一个衡量尺度，比如一步的长度、双臂伸开的时候的宽度或者一手所握物品的重量，它们的数量也是一直在浮动的，它们不会作为其他事物的一个准确的尺度，所以一件商品假如其自身的价值总是处于变动之中，自然也就不可能成为其他的商品价值的准确尺度。而相同量的劳动在任何时候以及任何地方对于劳动者来说都是具有相同价值的。在正常的健康、体力以及精神状态下，在技能以及娴熟程度发挥正常的条件之下，一个劳动者总是要付出自己相同分量的舒适、自由以及快乐。所以无论作为回报他所得到的货物的量是多少，它需要总是和他所付出的价值相同。自然，它能够购买的这些货物有的时候会多一些，有的时候会少一些，但这是因为这些货物的价值在变化，而不是购买货物的劳动价值在变化。在任何时候、任何地方，总是难以获得的东西昂贵，或者需要花费较多的劳动才可以获得昂贵的东西，易于获得或者只需花费极少劳动就可以获得便宜的东西。因此只有其价值从不变动的劳动是任何时候、任何地方一切商品的价值可以据之估价以及可以与之比较的最终的真正的标准，才是商品的真正价格，货币仅仅是商品的名义价格。

但是，即使等量的劳动对于劳动者来说一直具有同等的价值，对于他们的雇主来说，等量的劳动有的时候价值显得大一些，有的时候却显得小一些。他在购买这些劳动的时候有的时候花费的物品要多一些，有的时候要少一些。对于他来说劳动的价格好像也和其他商品一样是变化的，有的时候显得昂贵，有的时候显得便宜。事实上，是货物有时便宜有时昂贵。

因此在这个通俗的意义之上，劳动就像商品一样可以说也有一个真实价格以及一个名义价格。它的真实价格存在于为了报酬劳动所给予的生活必需品以及便利品的数量之中。其名义的价格则存在于所给予的货币量当中。所以劳动者是富裕还是贫穷，是获得了优厚的报酬还是微薄的回报，和其劳动的真实价格成比例，而不是和其名义价格成比例。

商品以及劳动的真实价格与名义价格的区分并不是一个纯粹的推测问题，有的时候可以包含有相当大的实际用处。同一真实价格总是拥有同一价值，不过由于金银价值的变化，同一名义价格有的时候却具有极其不同的价值。所以当一份地产在出售的时候保留有永久租佃的权利，假如他打算让这个租金一直具有相同的价值，则对于保留这一权利的家庭来说，租金不表示为一定数额的钱币就具有非常重要的意义了。

由于在这种场合下，钱币的价值可能受到两种不相同的变动的影响：一种是来自于不同的时期同一硬币单位内所含的金银量不同；另外一种是来源于不同的时期同等量的金银价值的不同。

各个国家君主以及一切国家总是觉得减少硬币中的含金量对于他们有一种暂时的利益，却极少想到增加硬币的含金量。所以，我相信各国硬币当中的含金量几乎是一直在减少，从未增加。所以这种变动几乎总是促进货币的租金贬值。

美洲金矿的发掘降低了欧洲黄金以及白银的价值。这种下跌，普遍认为会一直持续下去，并且还会持续非常长一段时间。对此我虽拿不出任何证据，却可以理解。

依据这种假设，就算地租规定了不凭借某一数量某一单位的货币（比如多少镑）支付，而凭借多少盎司的纯银或者某一标准的白银支付。这一种变动只会减少租金的价值，而不会提高它的价值。

谷物的地租，就算在硬币单位并没有发生变化的地方，其价值也远远高于货币的地租。伊丽莎白18年立法。规定所有学院地租的1/3作为谷物地租，或者以实物交付，或者根据附近公共集市当时的价格交付。谷物地租原来仅占1/3，但是由其所征收的货币，依据布莱克斯顿博士的统计，现在已将近其他2/3地租的两倍了。

依据这个计算，学院之前的货币地租几乎已经降低到其古代价值的1/4，或者说它们现今所值不超过之前的谷物价值的1/4。不过自菲力普王以及玛丽女王迄今，英国货币的单位差不多并没有什么变化，相同数量的英镑、先令以及便士所含纯银量差不多未变，所以，学院的货币地租价值的下降完全来自于白银价值的下降。

在白银价值下降到同一面额的货币所包含的白银的减少数量时，货币地租的损失就更大了。在苏格兰，货币的含银量历经了比英国大得多的变更，而法国货币的含银量的变化又比苏格兰还要大，以至于有一些古代的地租先前是具有相当可观的价值的，现在它的价值已经降至等于零的地步。

在远古时代，以等量的劳动购买等量的食物——劳动者维持生计的必需品——要比购买等量的金银或者其他商品更为接近。所以，在远古时代等量的谷物常常可具有相同的真实价值，或者说，它使其所有者能够购买或者支配几近同量的其他人的劳动。在这点之上同量的谷物几近要比同量的所有其他商品更可能购买或者支配等量劳动，就算同量的谷物的真实价值也不是肯定不变。劳动者的生产资料，换句话说，劳动的真实价格正如随后我要尽力说明的，在不一样的场合是非常不同的。

在一个走向富裕的社会中，劳动者的生活资料要比在一个止步不前的社会里丰富，而处在一个停滞的社会里又要比在一个后退的社会里丰富。但是，任何其他商品在所有特定的时间里能够购买的或大或小的劳动量是和它在那时所能购买的生活必需品成正比的。所以谷物地租仅仅能适应购买一定量谷物的劳动量的变更。而用任何其他商品支付的地租则不仅仅可以适应能购买所有定量谷物的劳动量的变更，并且还能够适应一定量的商品能够购买谷物的变更。

但是，根据对于谷物地租的真实价值变更的观察，即使就一个世纪到一个世纪来说要比货币地租的真实价值的变更少得多。不过就一年到一另年来说，却要比货币地租的真实价值的变更要多得多。但劳动的货币价值，就像我将在后面的段落里所要讲明的，并不随着谷物的货币价格逐年波动。这一点各个地方都是一样，它好像总是不和生活必需品的暂时或者偶然的价格相适应，而是和其平均或者普通价格相适应。谷物的这个平均或者普通价格，这一点我之后还将阐述，又是因白银的价格，由矿山能为市场提供的白银数量，生产白银所需要的劳动量，还有从矿山把一定量的白银运送到市场所必须消费的谷物来调节的。

而白银的价值从一个世纪再到另一个世纪来说，有的时候即使变动非常大，就一年又一年来说，却变更极少。常常是一连五十年或者一个世纪价格都没有什么变动或者几乎相同。因此劳动的平均或者普通货币价格也可持续保持非常长一段时间不变，只要社会的其他方面不变或者变动不大的话。但是谷物的暂时以及偶然价格却常常可以是今年要比去年翻一倍。比如说，由1夸脱25先令上涨到50先令。当谷物50先令1夸脱的时候，不仅仅谷物地租的名义价值，并且谷物地租的真实价值都将会比谷物为25先令的时候要增长一倍。或者说，它将能够获得两倍的劳动量或者两倍的绝大多数其他货物。而劳动的货币价格还有大多数的其他商品的货币价格则将会在这所有波动过程当中保持原样不变。所以，能够明显看出劳动是唯一通用的也是唯一准确的价值尺度。或者说是我们能够在一切的时代以及一切地方用来比较不同货物价值的唯一标准。

我们无法用一百年前不同货物所换取的白银数目来估价一百年后这一货物的真实价值。这一观点是我们已经承认了的。就一年一年来说，我们也无法用它们所能交换的谷物量来估价它们的真实价值。而用劳动量我们则可以准确地估价其真实价值，无论是一年一年来说，还是一百年一百年来说。单就一百年一百年来说，谷物是一个比白银更好的尺度。由于同等数量的谷物能够换取同等数量或者几乎同等数量的劳动。相反，就一年一年来说，白银则是一个比谷物要好的尺度，由于同等数量的白银能够换取同等或几乎同等量的劳动。

在确保长久性地租，或者订立极长时期土地租借的事宜中区别真实价格以及名义价格可能会有一些用处。不过在人们日常生活中较为普通及平常的买卖中，它反而没有什么用处。

在同样的时间以及同一地点所有货物的真实价格以及名义价格都是绝对相称的。比如说在伦敦市场上你出售一件物品所得到的货币较多，你就能够在那时以及当地购买或者支配较多的劳动力。你得到的货币较少，你所能购买或者支配的劳动力就比较少。所以，在同一时间以及同一地点，货币是所有商品的真实交换价值的标准尺度。并且也只有在同一时间同一地点，才是标准的尺度。

而在距离非常远的地方，在商品的真正价格和货币价格之间就没有固定的比例了。将货物从一个地方运送到另一个地方的商人所考虑的仅仅是货物的货币价值，或者说是他在收购这些货物的时候所耗费的白银量还有需要有多少白银他才可能出售。在中国的广州，半盎司的白银所能够换取的劳动量以及生活必需品还有生活上的便利品要比在伦敦半盎司的白银所能够换取的多得多。如此一来，一件在广州用半盎司白银出售的商品对于拥有它的人来说要比一件在伦敦用1盎司白银出售的商品更加可贵、更加重要。但是，假如一个伦敦商人在广州用半盎司白银买进某一物品，而后在伦敦用1盎司白银卖出，那么通过这次买卖他就得到了百分之百的利润，好像伦敦1盎司的白银和广州1盎司的白银的价值完全相同。至于在广州半盎司白银要比在伦敦1盎司白银让他能换取更多的劳动量以及生活必需品和便利品，这个时候对于他也就完完全全不重要了。由于在伦敦1盎司白银总是能够给他提供在广州半盎司白银所提供的所有的两倍，而这恰好是他所希求的。

货物的名义价格或者货币价格最终决定了所有买卖行为的精明和失算，这也就调整着几乎日常生活中涉及价格的全部交易，所以人们多关注于商品的名义或者货币价格，而不大注意其真实价格，也就不奇怪了。

不过在我的这本书中，把某一特定商品在不同的时候以及不同地点不同的真实价值，或者说把某一特定商品在不同的场合为其拥有者所带来的支配其他人劳动量的不同权力加以对比，则有的时候可能是有用的。假如是这样的话，我们要的就并不是出售某一特定商品所能够获得的不同数量的白银，而是一些不同数量的白银所可以购买的劳动量。在相隔非常久的时间里以及相距非常远的地方，那时的劳动价格是多少却难以准确地知道。至于谷物的价格，在有的地方常常还有所记载，所以通常也就更被一些历史学家以及其他学者所关注。对于此，我们也应当心满意足了。就算它不总是和那时的劳动价格完全适应，却是我们常常所能获得的最接近的一个价格。

以下我就做几个这种比较。

伴随着工业的发展，商业国家发现用不同金属铸造的货币利于流通。金币用以支付较为大的款项，白银用于中等价值的交易，铜或者其他一些更加便宜的金属则用于更小的买卖。但是，人们总是在这三种金属之中认定某一种要比其他两种更具价值尺度，而这个金属常常又总是最先被用作商业交易的媒介。每当人们没有别的货币的时候，他们就需要这样做。不过一经采用作为它们的本位之后，就算需要已经不同了，他们也必须继续推行走下去。

听说，罗马人在第一次普尼克战争之前的5年都仅有铜币。第一次普尼克战争的时候他们才开始铸造银币。所以，铜币就一直都是该共和国价值的尺度。在罗马，任何账目以及人和财产的价值都是用铜币阿斯或者塞斯特斯记录的。阿斯是铜币的名称，塞斯特斯则表达了两阿斯半。即使塞斯特斯原本是一个银币，它的价值却是用铜来计算的。所以在罗马一个非常有钱的人常常被称作是一个有非常多铜的人。

那些在罗马帝国废墟之上建立起来的北方国家貌似在他们定居后开始采用的也是银币，以至其后的许多年代都并没有金币或者铜币。在撒克逊的时候英国就拥有了银币，并且直至爱德华三世都还并没有铸造金币，一直到不列颠詹姆斯一世也依然没有铜币。所以，依据同一理由，我相信在英国还有欧洲所有其他现代国家当中，所有账目货物以及财产通常也都是用白银计算。每当我们要表达一个人财产的时候，我们极少说他有多少基尼（旧时英国金币），而是说拥有多少镑（银币）。所以，我相信各个国家的法定的支付货币最开始都只可能是被特殊地当作价值标准或者尺度的那种金属所铸造的货币。

在英国，黄金铸币非常长一段时候都没有被认定是法定货币。金币以及银币价值间的比例也没被法律或者公告所固定，而任由市场决定。假如一个债务人用金币还债务，债权人可以拒绝接受，或者就要按照他们双方协定的金价来计算。铜币在今天已经不再是法定货币，只用以兑换比银币更小的零钱。在这种情况之下，被确定为标准的金属和非标准的金属之间的不同就不单纯是名义上的不同了。

随着时间的推移，人们对于不同的金属硬币的使用越来越熟悉，对于它们各自价值之间的比例也更为了解。我知道，这个时候大多数国家发现确定一个比例，经过法律加以宣布要较为方便有利。譬如，规定怎样重量以及什么样的纯度的基尼应该兑换21先令，并且是支付相同债务的法定货币。在这种情况下，在一个稳固比例一直存在的有效期内，作为价值标准的金属以及非标准金属之间的比例就变得仅仅是一种名义上的区分了。

但是，只要这种固定比例发生任何变动，这个区别就会变成或者最起码看来又会成为区别于名义上的了。比如，一个基尼的固定价值下跌到20先令，或者涨至22先令，但所有账目及债务几乎都是用银币计算的，在上述两种情况下，都能够像从前一样以相同数额的银币偿还。但假如以金币偿还，数额就会不相同了。前者要求的数字非常小，后者要求的数目就非常多。银价的变化看来要比金价小一些。银子看来能够用作衡量黄金的价值，黄金反而无法用作度量银子的价值。黄金的价值好像取决于它所能够兑换的银子的数量，但银子的价值则不会取决于它所能够兑换的金子的数量。这种差异都是由于习惯用银币而不用金币来计算账目以及表示大小数额的后果。德拉蒙先生一张25基尼或者50基尼的借据在经历了上述波动之后，依然可以像从前一样偿还25基尼或者50基尼。换言之，经历这种波动后仍然可像从前一样用同等数额的金币偿还。但用银币，数目就不同了。在支付这样一张票据的时候，黄金的价值将表现得比银子更加稳定。黄金这个时候似乎是在用以衡量银价，但白银无法用来衡量金价。假如一切账目期票及其他金钱债务都习惯用这种方式计算，那么黄金，而不是白银，就会被当作是价值标准或者价值尺度的特定金属。

事实上，在不同金属铸币的价值之间任何固定的比例在能够维持不变的时间内，一直是最昂贵的金属的价值调节着并规定着其他所有铸币的价值。比如12铜便士包含半磅（16盎司为1磅）铜，这里并不是指质量最好的铜，它们在并没有铸成硬币的时候，就是不值7便士的银币的。不过因为法律规定12便士兑换1先令，所以在市场上它们也就被定值1先令，同时可以随时换成1先令了。就算在不列颠最近一次金币改革之前，最起码在伦敦以及其附近流通的那部分黄金（金币）一般都没有下降到它的标准量之下，而大多数银币却都下降到其标准以下了。但是磨损了的21先令被认定为等于1基尼，而后者就算也磨损了，也远远不会等值。最新的法令，要求让金币的重量尽量接近其标准重量，同时发布命令要求政府机构只可以按照重量收受金币。只要可以执行这个命令，也可以保持金币的重量。但是银币却像金币改革之前一样，继续处在磨损以及降低的状态。在市场上这样一个磨损的21先令的银币仍旧被认作相当于一个优质金币——基尼。

非常明显，那次金币的改革提高了可以和金币兑换的银币的价值。在英国的铸币厂1磅重的黄金应当铸成44个半基尼；用于对先令交换1基尼计算，44个半基尼相当于46镑14先令6便士。所以1盎司的这种金币相当于3镑17先令10个半便士。英国不收取铸币税，所以任何人将1磅重或者1盎司标准金块送到铸币厂，能够不折不扣地换取1磅重或者1盎司重的金币。因此3镑17先令以及10个半便士就是英国铸币厂的金价，也就是一块标准金锭在铸币厂能够换回的金币的数目。

在金币改革之前，市场上标准金锭的价格很多年都是在每盎司3镑18先令之上，有的时候甚而是3镑19先令，并且常常还涨到4镑。那个数字磨损了的金币非常可能其含金量不到1盎司标准的黄金。金币改革之后，一块标准金锭的市场价格1盎司极少超过3镑17先令7便士。

在金币改革之前，市场价格老是要高于铸币厂的价格。不过自从改革之后，市场价格则总是低于铸币厂的价格。但是不论是以金币或者银币支付，市场价格都保证不变。所以，那次的金币改革不仅仅提高了金币的价值，并且提高了金块以及所有其他与之对应的银币价值。但是由于其他大多数商品的价格要受许多别的因素的影响，所以不论是金币或者银币在和它们的比值中的升值都可能并不那么明显或者容易觉察。

英国的铸币厂1磅重的标准锭制作成银币62先令，含银量一样为

1磅标准银。所以，1盎司5先令2便士就是英国铸币厂的银价。换言之，1标准银锭在铸币厂能够换回这个数目的银币。就在金币改革之前，标准银锭的市场价格在不同的场所是1盎司合5先令4便士、5先令5便士、5先令6便士以及5先令7便士，甚至常常还可换到5先令8便士。但是5先令7便士好像是最常见的价格。金币改革之后标准银锭的市场价格有的时候降到了1盎司折合5先令3便士，5先令4便士以及5先令5便士，极少超过5先令5便士的。就算银锭的市场价格从金币改革之后大大地降低了，但是它未下降到铸币厂的价格。

单就英国铸币用的不同金属之间的比例来看，铜的定价是远远超越了它的真实价值的，但银的定价却又有一些偏低。在欧洲市场，就法国的铸币来说，1盎司纯金大概可换取14盎司纯银，就英国铸币来讲，1盎司纯金可换取大约15盎司纯银，即依照欧洲普通的估价，能够多换取一些白银。但是因为铜锭的价格就算是在英国也并没有提高到英国铸币铜那样高，所以银锭的价格并没有因为英国对于铸币银的比率低而降低。银锭依然保持着对黄金的合适比例。基于相同的理由，铜锭也保证着对于白银的合适比例。

就在威廉三世银币改革之后，银锭的价格依然多少有点儿高过铸币厂价格。洛克先生将这个高价归咎于政府仅仅允许银锭出口，而禁止银币出口。他说因为允许银锭出口导致对于银锭的需求多于对银币的需求。但是需要银币在国内进行普通购买以及出售活动的人数肯定要大大地多于需要银锭出口或者做其他用途的人数。现在一样允许金锭出口，禁止金币出口，但是金锭的价格却低于铸币厂价。不过，英国那时铸币的银子就像现在一样，和金子的比价是制定得低了一些的。并且金币（那时并没有打算对它进行什么改革）像现在一样调整着整个硬币的真正价值。既然那时的银币改革并未使银锭的价格下降到铸币厂价，现今类似的改革非常可能也无法做到这一点。

假如银币能恢复到像金币一样接近于它的标准重量，那么依照现在的比价1基尼就可以兑换到比购买银锭要多一些的银币。假如银币含有足够的白银，则先把银币熔化成银锭，然后用银锭换为金币，再把这些金币换为银币去熔化，便有利可图。看来对于目前的比价进行某些调整是防止这种不妥的唯一途径。

就铸币当中的金银之间适当的比值来说，假如把现今低于这一比值的银价定得更高一点儿，假如规定银子只能用以兑换基尼，而无法用作法定货币，就好像铜并不是法定货币，而只能用以兑换先令那样，那么这种不便也许就会少一些。假如这样的话，所有债权人绝对不会因铸银的定价而受到损害，就像现在并没有什么债权人因为铜的定价高而吃亏。仅仅有银行家会因为这一规定而遭受损失。每当银行发生挤兑时，他们有时竭力用最小的6便士银币来支付以赢得的时候；有了这一个规定，他们就不能够再使用这种不名誉的方法来逃避即时兑付了。后来他们就只好常常在金库中存放比现在更多的现金，毫无疑问，这对于他们将是一个非常大的不便，但是对于债权人却是一个非常大的保障。

3镑17先令10便士（黄金在铸币厂价格），就算在现在成色好的金币当中，也绝对没有含有1盎司以上的标准金，所以人们能够认为不应该购买更多的标准金锭。但是金币远远要比金锭方便，并且尽管在英国铸币是免费的，金锭送到铸币厂却不可以马上换成金币。金锭持有人需要等几个星期才可以拿到金币。铸币厂铸币的耽误无异于收了小额的税收，这样也就让金币比相同数量的金锭更有价值。

假如英国铸币银和黄金的比率定得恰当，就算对于银币不进行什么改革，银锭的价格也可以降至铸币厂价以下。现今就算磨损了的银币的价值也是因它所能交换的优质金币的价值来支配。

假如能对铸造金银币征收小额税收，或者更能使金银币优越于相同数量的金银锭。这样的话，铸造硬币就可以依据税额的大小适当提高铸币金属的价格。将金属制成流行样子的盘子能够根据式样的价格提高盘子的价值，这就是这个道理。铸币价格高过金属锭不仅仅可以防止熔解铸币来谋取利润，还可以打击铸币出口。即使国家因为某种紧急的需要，必须出口铸币，其大多数也会自动流回。由于在国外它只可以以其重量来出售，而在国内其购买力都高过其重量。如此一来，将它们重新带回国内就变成有利可图。法国对铸币就征收8%左右的铸币税。听说法国硬币只要输出，都会自动回到本国。

金锭以及银锭的市场价格依旧出现一些波动，其因素和其他的商品市场价格的浮动相同。这些金属在海运以及陆运中常由于各种意外事件而造成损失，在器物的包金、镀金，镶边以及装饰中又不间断地要浪费一些金银，金银币自身的磨损以及金银餐具的磨损，这些都要求所有本国不具备金银矿的国家不断地进口金银来弥补这些损耗以及损失。自然，我们也相信金银进口商像其他商人一样可以尽其所能，依据他们对于需求的判断进口金银来满足他们的急需。

但是，就算做了各种努力，他们仍然会有的时候进口多了，有的时候又进口少了。每当他们进口的金银多于所需的时候，为避免引起重新出口的风险以及麻烦，他们宁愿以多少低于一般价或者平均价的价格卖出一部分。另外一方面，每当他们进口少于所需的时候，他们就能够获得高于平均价的利润。但是在所有这些偶尔波动的情况下，假如金锭以及银锭的市场价格仍旧会在几年内保持平稳以及一贯，或者多少略高于铸币厂价，或者多少略低于铸币的厂价，则我们能够肯定地说这种稳定或者一贯，或者略高或者略低于铸币厂价是由铸币自身中一些因素造成的。它们在那时使得一定数目的铸币的分量具有或者高于或者低于它们应当含有的金属的准确重量的价值。但这个后果的一贯性以及稳定性自然需要一个相应的一贯性以及稳定性的原因来做条件。

所有特定国家的货币在所有特定的时间以及地点是否成为一个价值的准确标尺，要看流通的铸币能否准确地表示其标准，或者说它们的含纯金量或含纯银量能否准确地等于它们所应当有的重量。比如，在英国假如44个半基尼所包含的标准黄金是1磅，或者11盎司优质金以及1盎司合金，则英国的这种金币就和它本身所标志的那样，能够在任何特定的时候以及特定地点作为所有商品的真正价值的准确尺度。

不过，假如由于磨损，44个半基尼常常所包含的标准黄金不足1磅，并且这种损耗之中有的硬币磨损严重，有些磨损得较轻。那么，这一价值尺度就变得不够准确了，就像其他各种度量衡所暴露出来的某些不确切性那样。

因为度量衡完全符合标准的极少，商人们在调节自己商品价格的时候并不是依照那些度量衡标准，而是竭尽所能，依据自己的经验寻找一个依照平均水平的真实标准来进行调节。因为铸币中存在相似的紊乱，商品价格一样也并不是按硬币中所应当含有的纯金量或者纯银量，而是依据经验发现的货币所实际含有的纯金量或者纯银量的平均值来进行调节的。

应当指出，这里所指的商品货币价格，我常常是指商品出售的时候所得的纯金量或者纯银量，和硬币的名称无关。比如，爱德华一世时代的6先令8便士和今天1磅的货币价值相同，根据我们所能够做出的判断，它们所包含的纯银量等同。

第六章　论商品价格的构成部分

在资本积累以及土地私有发生之前的早期野蛮社会里，获得各种不同物品所需要花费的劳动量之间的比例好像是能够提供它们互相交换的任何准则的唯一依据。譬如在一个狩猎的民族中，假若捕杀一头海狸常常需要捕杀两头鹿的劳动量，那么一头海狸就应当交换或者说价值两头鹿。通常需要两天或者两个小时劳动所生产的东西当然应当是一天或者一个小时劳动所生产的东西的两倍。

假如一种劳动要比另外一种劳动艰苦，则对于这种难度大的劳动当然就应当有所补贴。所以一种方式一个小时劳动所生产的物品常常可以交换另一种方式两小时劳动所生产的物品。

假如一种劳动要求非凡的技巧以及智慧，出于对这种才能的尊重，人们对于他们的产品所给的价值当然要远高于他们单纯劳动的时候应得的价值。这种才能的获得需要经过长期的实践，所以对于他们的产品给予较高的价值也就是对于他们为得到这种才能所需要付出的时间以及劳动的一种合理报酬。在进步的社会中，对于那些难度大、技术要求高的工作，在劳动工资之中通常都有所补偿。在最早时期以及最野蛮的时期一定也都有过相类似补偿。

在这种状态下，劳动的所有产物属于劳动者，所以获得或者生产任何商品所耗费的劳动量就是调整该商品应当购买、支配以及交换的劳动量的唯一凭据。

只要资本在那些特定的人们的手中积累起来，其中有一些人自然就会利用它来促使勤劳的人们进行劳动。他们为勤劳的人们提供材料还有生活必需品，以便从卖出他们的劳动产品当中或者通过他们的劳动对于材料所增加的价值中来获取利润。在用完整的制造品换取货币、劳动或者其他商品的时候，除了足够支付原材料的价格以及工人的工资之外，还需要有一些剩余给予从事这项换取工作的承办人作为利润，由于他在从事这项工作中承担了风险。如此一来，工人在原材料之上所增加的价值自身就可分解成两个部分：其中一部分来支付他们的工资，另外一部分则用来支付雇主垫付原材料以及工人工资的所有资本的利润。只有他有指望从出售他们的产品中得到一些高于抵偿其资本的东西，他才会有兴趣雇佣他们。也只有他所得的利润和他的投资额保持某种比例的时候，他才可能有兴趣进行大额的投资，而不是小额的投资。

资本的利润或许能够被认为是一种特殊的劳动——监督以及指导劳动的工资的其他名字。但是，利润和工资全然不同。它们受全然不相同的原则所支配，它们和这个所设想的监督以及指导的劳动量、难度以及智慧并不组成什么比例。它们仅仅是只受所投入资本的价值所支配，仅仅和投资额形成某种或大或小的比例。譬如说，假如某一地方制造业资本的每年平均利润率是10%。那儿有两个不相同的制造业，每一个制造业雇佣了20个工人，每一个人每一年是15镑，也就是说每一个制造业一年要消费300镑。与此同时我们又假设在一个制造业里每一年所加工出的粗糙材料仅仅价值700镑，在另外一个制造业里所加工出来的较为精细的材料却价值7000镑。如此的话，在一个制造业当中所投入的年资金仅仅1000镑，而在另外一个制造业里所投入的每年资金则将要达到7300镑。所以，假如以10%的利润率计算，先前一个制造业的业主仅可获得约100镑的年利润，之后一个制造业的业主则有希望获得约730镑的年利润。即使他们的利润是这样的不同，他们的监督以及指导性劳动却可能全然相同或者几近相同。在非常多的工厂里，这一类性质的劳动几乎全是委托给某个主要的职员负责。他的工资恰好表示了这种监督以及指导劳动的价值。即使在确定他的工资的时候，常常不仅仅要考虑他的劳动以及技巧，同时还要考虑对于他的托付；但是他的工资对于他所监督的资本并没有什么固定的比例，而资本的持有人尽管几乎免除了所有的劳动，他却依然指望他的利润能和其资本保持统一固定的比例。所以，在商品价格当中，资本的利润组成一个特殊的组成部分。它既完全不同于劳动的工资，也被完全不同的原则所调配。

在这样的情况下，劳动的所有产品并不永远是属于劳动者。在大多数的情况下，他需要和雇佣他的资本所有者分享。通常用于获取或生产任何商品的劳动量并不是能够调整这一商品常常所能购买、支配或者交换的劳动量的唯一依据。非常明显，还有一个劳动量需要支付给垫付工资以及提供劳动材料的资本来作为利润。

所有国家的土地只要全部变成私有财产，地主就像其他人一样都喜欢他们在没有播种过的土地上进行收割，甚至对于土地上的自然生长物也要求要征以租税。森林中的树木、地上的青草以及土地上的所有自然果实，所有这些在土地公有的时候，只需要劳动者不嫌麻烦去采集的东西，如今对于采摘的劳动者来说就都需要附加一个价格。劳动者需要向地主缴纳他的劳动所采集或者生产的东西的一部分。这一部分，或者说这一部分的价格，其实就是一回事，就组成了地租。所以在大多数商品的价格当中就组成了第三个构成部分。

需要看到形成价格的所有这些不同组成部分的真实价值是由中间每一个部分所可以购买或者支配的劳动量来衡量的。劳动不仅仅衡量价格本身中分解成劳动的那一部分的价值，并且衡量价格自身中分解成地租以及利润的那些部分拥有的价值。

在每一个社会当中，商品价格最后都要分解成为那三个部分当中的这个或者那个，或者全部。而在每一个进步的社会里，所有三者都或多或少作为组成了或部分组成了绝大多数商品的价格。以谷物的价格为例，其中的一部分要用以支付地主的租金，一部分要用以支付劳动者的工资还有维持生产中雇佣的耕畜的费用，而第三部分则要用以支付农场主的利润。这三部分好像直接或者最终构成了谷物的所有价格。

或许有人会觉得，农场主资本的归还，或者说对于耕畜还有其他耕作工具消耗的补偿，应当作为第四部分。但是必须考虑到所有农具的价格，比如耕马的价格自身就是由上述相同三部分组成的：饲养马匹的土地的地租、饲养以及照顾马的劳动还有农场主为其垫付的地租以及这个劳动的工资而应当获得的利润。所以，即使谷物的这个价格能够支付农具的价格还有耕马的维持费用，但是全部价格依然直接或者最终由同样的三部分构成：地租、劳动以及利润。

在面粉或者麦片的价格中，我们在谷物的这一价格之外，还必须加上磨坊主的利润及他的雇工的工资。在面包的价格中间，我们就必须加上面包师的利润还有他的雇工的工资。但在这两者的价格中，我们都还必须加上把谷物从农场主的家中送到磨坊主处、从磨坊主处将面粉送往面包师处的劳动即为垫付这些劳动工钱的人的利润。亚麻的价格就像谷物的价格一样，中间一样包含了这三个部分。并且亚麻布的价格则还需要附加上亚麻清理工、纺织工、织工以及漂白工的工钱还有他们各自雇主的利润。

每当所有商品制造得越多时，价格之中的工资以及利润的那部分增长的比例永远是大于地租部分的增长。伴随着制造业的发展，不仅仅利润的数目增长了，并且随之而来各个部分的利润也都比原来的要大，主要因为产生这一利润的资本永远是越来越大。比如雇佣织布工的资本就需要比雇佣纺纱工的要大一些，因为它不仅仅要支付雇佣纺纱工的资本以及利润，还需要支付织布工的工钱，并且利润也永远是和资本保持某种比例。

但是，在最先进的社会中却常常有一些商品的价格只包含两个部分，即劳动工资和资本的利润，以及更少一部分商品，它的价格就由劳动工资一项构成。比如海鱼的价格，平常只有两个构成部分，一部分为了支付捕鱼工的工钱，另外一部分则为了支付捕鱼中所消费的资本的利润。有的时候在此种价格之中也包含有地租，但是极少。这点我以后还要说明。

河上捕鱼则情况完全不同，最起码在大多数的欧洲就是如此。在欧洲捕捞鲑鱼也要支付地租，即使这种地租不能够完全称作地租，却和工资以及利润一样组成鲑鱼价格的一部分。在苏格兰的一些地区，人在海边专门采集平常称为苏格兰卵石的彩色小石子，而石匠支付给他们的价格就仅仅是他们劳动的工钱。在这个价格当中，既没有地租，也没有利润的成分。

但是，所有商品的全部价格最后仍然必须包含其中的这部分或者那部分，甚至所有的三个部分。在支付土地的地租还有种植、制造以及运往市场等过程中的所有劳动的价格之后，余下的那一部分肯定成为某人的利润。

因为任何一特定商品的价格或者交换价格分开来说都是所包含的三个部分中的这一部分或者那一部分，或者所有的三个部分，所以构成每一个国家劳动年产物的所有商品，总体来说也需要包含这三个构成部分。它们作为劳动工钱、资本的利润或者土地的地租。分配到全国不相同的居民。每一个社会的劳动一年采集或者生产的总和，或者说它的全部价格最开始就是以这种方式在其不同成员中进行配置的。工钱、利润以及地租是所有收入以及一切交换价值的三个最开始的来源。所有其他的收入从根本上来说都是来自于这三个中的这个或者那个。

所有人从自己的资源所获得的收入或者来自其自身的劳动，或者来自其资本，或者来自其土地。来自于劳动的收入叫作工资，来自管理或者运用其资本的收入叫作利润。一个人自身不使用其资本而租借给他人，自己从中获得收入，这样的收入叫作利息或者收益。它是借债人付给放债人的补贴，由于借债人是利用了所借资金才会有机会获得利润的。利润的一部分自然应当归借债人，由于他要冒着风险，需要不辞劳苦去经营它，而另外一部分则归还于放债人，由于他为借债人提供了获得利润的机会——金钱的股息从来就是一种衍生的收入。

假如它并不是从利用那笔资金的利润之中支付，就肯定是从某种其他来源的收入当中支付。除非那个借债人是一个浪荡子，才会又借债去支付之前一笔债款的利息。所有来自土地的收入总称为地租，它是属于地主的。农场主的收入一部分来自于他的劳动，一部分来自于他的资本。对于他来说，土地仅仅是使他能够用劳动赚取工资还有为他的资本获得利润的工具。所有赋税，所有建立在税收上的收入，比如所有的工资、养老金还有各种各样的年金，最后都是来自于收入的最开始三个来源中的这个或者那个，并且都是直接或者间接从劳动的工资、资本的利润或者土地的地租中支付。每当这三种不同收入分属于不同人的时候，它们非常容易区分。但是当它们同样属于一个人的时候，有的时候就彼此混淆，最起码照通常的说法是这样的。

一个耕种一部分自己土地的乡绅在支付完耕作费用之后，他应当获得两者，即地主的地租以及农场主的利润。但是，他却倾向于把他的全部所得称为利润，这样就将地租以及利润混淆了北美以及西印度的大多数种植园主就是处在这种境地。他们耕田，或者大多数是耕种自己的田庄。所以，我们极少听说种植园的地租，只听说种植园的巨大利润。

一般的农场主极少雇佣什么监工来指导农场的平常生产。常常他们自己的双手也要做非常多的工作：犁田、耙土地等等。所以，在支付地租之后，他们的所有收入就不仅仅是对于他们在耕种当中所投入的资本的偿还还有利润，并且也是赋予他们作为劳动者以及监工的工资。但是，在支付地租以及收回资本之后，无论剩余多少他们都称为利润。工资非常明显是其中的一个构成部分。农场主节约了这些工资，当然需要获得它们。如此一来，在这种情况之下工资又和利润混淆了。

一个相对独立的制造商，假如他拥有的资本足够用来购买材料，并足够维持其生活直到他的产品上市，则他就应当获得两者：在老板指导之下工作的雇工的工资还有老板在出售雇工的产品之后的利润。但是，他的所有收获所得常常都叫作利润，同时工资，在这种情况之下，也就和利润混淆了。

一个种植花工用自己的双手在自己的花园中培植花草，这个时候他就集三个不相同身份于一身了：地主、农场主以及劳动者。所以，他的产品首先应当支付给他地租，然后是利润，再者则是工钱。但是，常常他仍把全部收入看作是他的劳动所得。在这样的情况下，地租以及利润和工资又全都混淆了。

在一个文明的国度里，因为只有极少的商品的交换价值单纯来自于劳动，绝大多数商品的交换价值都大大地得力于地租以及利润，所以社会劳动生产所能购买或者支配的劳动量永远大大超过产品在种植、加工以及运输还有投入市场过程之中所投入的劳动量。假如社会每年能够运用它所能购买到的所有的劳动，因为劳动量每年又以大幅度增加，则后一年度的全年生产总值将远远大于其前一年的生产总值。不过，世界上并没有一个国家是把其所有年产物全部用于维持勤劳人民的生活。相反，游手好闲的人在每一个国家都要消耗其中的大多数。一个国家的年产量在这两个不相同阶层人民间每年分配的不同比例，决定着一个国度的年产物的平均值每年是有所增加还是减少，或者和上一年互相持平。

第七章　论商品的自然价格和市场价格

在每一个社会或者其邻近地区中，在劳动以及资本的每种不同的用途中工资和利润都有一个普遍率或者平均率。我将会在后面说明，这种比率部分受到社会的一般情况，它们的富裕或者贫穷，它们的前进、停滞或者衰落的状况自然调整，即部分地区是被每种用途的具体的性质自然调节的。

在每一个社会或者其邻近地区中，一样有一个普通的或者平均的地租率，我将会在后面说明，这种比率部分被土地所在的社会或者其邻近地区的一般情况调整，部分被土地的自然的或者改良的肥沃程度调整的。

这一种普通的或者平均的比率，可以称作在那时当地通行的工资：利润以及地租的自然利率。

每当所有商品的价格不多不少，恰好足以支撑在生产、制造这种商品并且将其送到市场所使用的土地、劳动及资本的地租、工资及利润的时候（依据它们的自然利率），这种商品就能够说是按照它的所谓的自然价格卖出的。

所以这种商品就恰好是按照它的价值卖出的，或者说恰好是按照将其送到市场的人的真正成本出售的。即使按照普通的说法，所有商品的所谓的原始成本并不包含将其再行售出的人的利润，但是假如他按照不让他在当地取得普通利润率的价格卖出，他明显在这笔交易中会受到损失。假如他用其他方法运用他的资本，他就可以获得这一种利润。

除此之外，他的利润就是他的收入，就是他的生活资料的正当来源。就好像他在制造货物并且将其送入市场的时候对于工人垫支工资或者生活费一样，他也为自己垫付了生活费，这和他从出售货物当中可以合理预测的利润相当。所以，除非他们支付给他这笔利润，不然他们就没有可以正当地称作他的实际成本的补偿给他。

即使让他得到这种利润的价格并不永远是一个商人有的时候出售其货物的最低价格，那却是他在非常长的时期内愿意出售货物的最低廉价格。最起码是在有充分自由的地方，或者是在他可以随意常常改变行业的地方，情况就是这样。

商品普通出卖的真正价格，称作市场价格。它有时低于或者高于商品的自然价格，或者与之刚好相等。每种具体商品的市场价格，是受到实际送到市场的数量和愿意支付商品自然价格的人即愿意支付将商品送入市场所必需的地租、劳动（工钱）以及利润的全部价值的人的要求两者的要比例调整的。这种人可称作有效需求者，他们的需求可以称作有效需求，由于它足以将商品送进市场。它和绝对于需求不相同。一个赤贫的人在某些意义上能够说拥有一个轿子式大马车以及六匹骏马的需求。他可能非常想获得这一切，不过他的需求并不是有效需求，由于这些商品绝对不会送入市场来满足它。

当送入市场的商品数量少于有效需求的时候，所有愿意支付把商品送入市场所必需的地租、工资以及利润的所有价值的人无法获得他们所需数量的供给。其中有的人不愿就此罢休，宁愿出更高的价钱。他们之中立即开始了竞争，然而市场价格将或多或少高出自然价格，依照短缺数量的多少和竞争者的富有程度以及奢侈习性所造成的竞争的剧烈程度的大小而定。在相同富有以及奢侈的竞争者当中，同样的短缺程度一般会引起或大或小的剧烈的竞争，依照获得这种商品对于他们的重要性的大小而定。所以，每当城市受到封锁或者在灾荒时，生活必需品的价格非常高。

每当送入市场的商品数量超过了有效需求的时候，它就不能够全部卖给那些愿意支付把商品送入市场所必需的地租、工资以及利润的全部价值的人。有些货物需要卖给那些出价较低的人，他们给出的低价肯定会降低所有商品的价格。市场价格会下降到自然价格以下，降低了多少，依照超过的数额在多大的程度上增加卖者的竞争，或者依立即脱手商品对于他们的重要性的大小而定。极易腐烂的商品的进口过于多，和耐用品的进口过多即使程度相同，引发的竞争却更加剧烈，比如橘柑和旧式铁器。

每当送入市场的商品数量刚好足以供给有效需求的时候，市场价格自然会和自然价格刚好吻合，或者相差不多。手头的所有商品可以按照这个价格售出，但是无法售价更高。不同的商人之间的竞争让他们只好接受这个价格，也让他们无法接受更低的价格。

每一种商品送入市场的数目，当然会自行去适应有效需求。对于只在把任何商品送入市场中使用其土地、劳动以及资本的人来说，数量不超越有效需求于他们的好处，对于其他的人来说，数量不会低于有效需求于他们的好处。

假如在任何时候市场商品超越有效需求，它的价格的一些组成部分所得的支付肯定低于其自然率。假如那是地租，地主的利润肯定租让不久就撤回一部分土地，假如那是工资或者利润，劳工或者其雇主的利益会促进他们从这种用途中撤掉一部分劳动或资本。送入市场的商品数目不久就会变成仅仅足以供给有效需求。商品价格的所有组成部分都将升至各自的自然率，同时商品的所有价格也将升至自然的价格。

假如相反，送入市场的商品数目在任何的时候少于有效需求，其价格的某些构成部分肯定会高于自然率。假如那是地租，所有其他的地主的利益当然会促进他们准备更多的土地用来生产这种商品；假如那是工资或者利润，所有的其他劳工或者商人的利益不久就可以促使他们使用更多的劳动以及资本，来制造这种商品并且将其送入市场，运输的数量不久就会足够供给有效需求。商品价格的各种组成部分不久就可以降到自然率，所有价格也降到自然价格。

所以，自然价格好像就是中心价格，所有商品的价格都持续不断地向它移动。各种的偶然事件有的时候使它们停滞在中心价格之上，有的时候又迫使它们下降。甚至略低于中心价格。不过不管有什么障碍阻挡它们固定在这个静止以及持续的中心，它们永远是经常地趋于这个中心。

每年把各种商品送入市场所使用的劳动的总量，当然也按照这种方式自行适应有效需求。其目的当然总是在把足够供应有效需求而不会供应太多的准确商品数量送进市场。

但是在某些行业当中相同的劳动数量在不同的年份生产出十分不同的商品数量；而在另外的行业，生产的商品数目总是相同，或者非常相似。在农业当中，相同的劳动者在不相同的年份会生产数量十分不同的谷物、葡萄酒、油类、啤酒花等。不过，相同的纺织工以及织工每年生产的麻布以及呢绒则数量相同或者相似。仅仅是一种产业的平均产量才可以在各个方面去适应有效需求，因为它的实际产量要比平均产量有的时候大得多、有的时候又小得多，所以送进市场的商品数目要比起有效需求来，有的时候超过非常多，有的时候又缺少。所以，就算有效需求常常保持不变，商品的市场价格也会有非常大的波动，有的时候大大高过其自然价格，有的时候又大大低于它的自然价格。在其他的产业中，等量劳动的商品总是相同或者相近，它就能更为准确地去适应有效需求。所以，每当需求保持不变的时候，商品的市场价格也可以保持不变，和自然价格完全一致，或者接近一致。每一个人凭经验就可以知道，麻布以及呢绒的价格和谷物的价格相比起来，变动既不如此频繁，幅度也不如此大。麻布以及呢绒的价格仅仅随着需要的变化而变化，但谷物的价格则不仅仅随着需求的变化而变化，还随着送入市场来满足那种需求的商品数量的非常大的频繁的变化而变化。

所有的商品的市场价格偶尔的暂时的波动，主要是影响到价格当中的工资以及利润两个构成部分。地租受到的影响较小。用货币规定的租金，无论在价值上或者是在比率上，都不受市场价格浮动的影响。按照天然产物的一定比例或者一定数量规定的租金，因为天然商品的市场价格的所有偶然的以及暂时的波动，在其每一年的价值上无疑会遭受影响，但是在每年的要比率上就无影响。在确定租约条件的时候，地主以及农场主都力图按自己的最佳判断，把每年地租的比率按照产物的平均以及普通的价格，而并不是按它的暂时的以及偶然的价格来规定。这种波动对于工资以及利润二者的价值比率的影响，依照市场商品或者劳动的积存太多还是不足、依照工作已经完成还是待于完成而定。每一次国丧就会提高黑布的价格（在这种场合之下，市场的黑布积存似乎总是不足），增加拥有大量黑布的商人的利益。它对于织工的工资并没有影响。市场上是商品的积存不够，而不是劳动的积存不够，是已然完成的工作不足，但不是有待完成的工作不够，它可以提高裁缝的工资。

市场上这样的劳动积存不足，对于更多的劳动、对于完成更多的工作有着非常有效的需求。它可以降低彩色丝绸以及白布的价格，以此来减少手头持有大量这样产品的商人的利润。它也可以降低从事制造这样商品的工人的工资，对于这种商品的需求就会停止6个月或者12个月。在这方面，市场积存的商品以及劳动都太多了。

不过，每种具体商品的市场价格即使可以说是按照这种方式不停地移向自然价格，但有的时候由于某种意外事件、自然的原因、某种警察规章，非常多商品可以让市场价格长期维持在大大超出自然价格的水平上。

每当有效需求增长，某一商品的市场价格因之大大超出自然价格的时候，运用其资本来供应这种市场的人经常小心翼翼地对于这种变化保守秘密。假如大家都知道，他们的巨大利润就会诱使许多新竞争者用同样的方式来运用他们的资本，以至于有效需求获得充分满足，市场价格不久之后就会降到自然价格，或者有的时候甚至更低。假如市场距离供应商的住所非常遥远，他们有的时候可以一连几年死守这种秘密，所以在几年中享有这样的超额利润，不遭受新竞争对手的威胁。但是，需要承认，这一秘密是无法长期保守的，秘密一旦泄露，巨额利润就无法保持。

制造业当中的秘密可以比商业中的秘密保持更久。一个染匠发现了用某种染料来生产某种颜色，这一种染料要比普通所用染料少一半价钱，只要经营得好，他能够终生享受他的发明的好处，甚至将其传给后代子孙。他的巨额利润，产生于支付给他们的私人劳动的超高价钱。这种利润的确是由那种劳动的高工资组成的。不过由于他的资本的每一个部分一再享有这种利润，因而利润全额同资本保持一定比例，这种利润普通就被认为是资本的巨额利润。如此抬高市场价格明显是某一意外事件的效应，而它的作用有的时候可能维持许多年。

有的自然产物需要有特殊的土壤以及位置，一个大国适合于用作生产的所有土地可能不足以供给有效需求。所以，送入市场的所有产品，能够售予那些愿意支付要比生产所用土地地租、制造及送往市场所用劳动的工资以及所用资本的利润（按照其各自的自然率计算）更加高价钱的人。这样的商品可能维持几个世纪按照这种高价出售，中间支付的土地地租一般会高于其自然率。

提供这一珍贵产物的土壤的地租，譬如法国的某一些具有特优土壤以及位置的葡萄园的租金，和其邻区其他同等肥沃以及同等耕种良好的土地的租金并没有什么正常的比例。相反，将这种商品送入市场所使用的劳动的工资以及所使用的资本的利润，却非常少超出对于在邻近地区用于其他业务的劳动的工资以及资本利润的自然的比例。

市场价格这样抬高，非常明显是由于自然原因的结果，自然原因可以使有效需求无法得到充分供给，所以可能持续地永远起作用。

给予个人或者贸易公司垄断的权利，同贸易或者制造业的秘密拥有相同的效果。垄断者经过使市场常常存量不足，通过绝对不使有效需求获得充分供给，就能够将其商品非常大地超出自然价格出售，让自己获得报酬（工资或者利润）非常大超出它的自然率。

垄断价格在任何时候都是所能获得的最高价格。相反，自然价格或者自由的竞争价格，自然并不是在任何时候，却是在长时期内所能接受的最低价格。前者在所有场合都是从买主可以勒索到的，或者可以认为是他们愿意支付的最高价格。后者是卖主通常可以接受而又不阻碍其继续营业的最低价格。

同业工会的排他特权、学徒法规还有所有那些在某一行业当中将竞争人数限制在比可能进入的人数更加少的法律，也有相同的倾向，即使程度较小。它们是一种放大了的垄断，经常可以在多少代中，在整个的行业中，让某些商品的市场价格维持在自然价格之上，使其中的劳动工资以及资本利润维持在要比自然率稍高水平上。市场价格这样的抬高，在造成这种结果的警察规章的有效期中，可能会持续下去。

所有商品的市场价格即使可在长时期内居于自然价格以上，却非常少能长期持续处于自然价格以下。无论价格的哪个组成部分的所得要比自然率低，利益受到影响的人会马上感到受到了损失，会立即将用在上面的土地、劳动或者资本撤出一部分，让他投入市场的数量不久就只足够供给有效需求。所以，它的市场价格不久之后就会升至自然价格。最起码在有完全自由的地方，情况就会是这样。

当然，同一学徒法规以及其他同业公会法规，每当制造业兴旺发达的时候，工人能把工资提高到超出自然率之上，每当其衰落不振的时候，有的时候又逼迫他们只好把工资降到低于自然率。在前面的场合，这些法规将非常多人排除在他的行业之外。在后面的场合，又将他排除在许多行业以外。但是这种法规的结果，在让工人的工资降到自然率之下方面，比不上将其提高到自然率以上那样持久。这些法规的作用，在前面的场合可能持续许多世纪，在后面的场合则只能持续当行业兴旺的时候受到培训的那些工人的生活。而当他们逝世以后，接受这一行业教育的人在数目上就会自动适应有效需求。这样就可以在任何一种行业当中，在长达几代人的时期内，把劳动工资或者资本利润降到它们的自然率之下。

关于商品的市场价格偏离自然价格，无论是偶然的或者持久的，我觉得我现在需要说的就只有这一些了。

自然价格自身，伴随着其组成部分即工资、利润以及地租的自然率变化而变动。在每一个社会，这样的自然率的变动依照社会的情况为转移，也就是依照社会的贫富，社会的前进、停滞或者衰落状况为转移。我将会在下面四章试图尽可能详细而明确地解释这些不同变化的原因。

首先，我将会力图说明是哪几种情况自然而然地决定了工资率，这些情况以什么样的方式受到社会贫富，社会前进、停滞或者衰落状态的影响。

第二，我将会力图说明，是哪几种情况自然而然地决定了利润率，这些情况又是如何受到社会贫富，社会的前进、停滞或者衰落状态影响的。

即使在劳动以及资本的不同用途中货币工资以及货币利润十分不同，不过在任何不同行业的劳动中的货币工资，在任何不同用途中资本的货币的利润，普通好像存在某种比例。之后将要看到，这一比例部分地依附于不同用途的性质，部分地依附于所在社会的不同法律以及政策。

不过，这一比例即使在许多方面依存于法律以及政策，却极少受到社会贫富的影响，也极少受到社会进步、停滞或者衰落状态的影响。在所有的这些情况下，它总是保持不变，或者几乎不变。

第三，我将会力图说明规定这一比例的所有不同情况。

第四，我将会力图说明，是何种情况支配土地的地租以及提高或者降低土地所产所有物品的实际价格的那些情况。

第八章　论劳动工资

劳动的产品组成劳动的自然报酬或者自然工资。

在土地私有以及资本积累之前的原始社会状态之下，劳动的所有产物属于劳动者，并没有地主以及雇主要求和他分享。

假如这种状态继续下去，劳动工资会伴随着分工引起的劳动生产力的进步而提高。所有东西都会变得更为便宜。用较小量的劳动就可以把它们生产出来。在这样的状态下，相同数量劳动生产的商品当然会彼此交换。所以，较小量劳动的产物也能够买到它们。

不过，即使所有的东西在事实上会变得更为便宜，许多东西在表面上要比之前会更加昂贵一些，能换取更大数量的其他货物。比如，我们假定在大多数的行业当中劳动生产力提高到了十倍，也就是说一天的劳动可以生产出相当于最开始十倍的工作量。但是在某一行业中劳动生产力仅仅提高了一倍，也就是说一天的劳动只可以生产出最开始二倍的工作量。用大多数行业当中一天劳动的产物来换取某一行业当中一天劳动的产物，前者的最原始工作量的十倍仅仅购买到后者的最原始工作量的二倍。所以，后者的所有数量，比如一磅，好像比之前要昂贵五倍。但是实际上，它会便宜一半。即使要用其他货物五倍的数量来购买它，却仅仅需要有一半的劳动量去购买或者生产它。所以，取得会比之前容易一半。

不过这种由劳动者拥有自己劳动的所有产物的原始状态，在第一次实行土地私有以及资本积累之后，就无法继续下去。因此，远在劳动生产力作出更加重大的改进之前，那种状态便已经终止，它对于劳动报酬或者工资的影响怎样，就不必进一步去追究了。

土地只要变为私有财产，地主就需要从劳动者所能够从土地种植或者收集的几乎全部产物中获得一份。他的地租组成了耕地劳动所得产物的首次扣除。

种田的人极少能维持自己的生活直到收获的季节。他的生活费用一般是由雇主，即雇佣他的农场主垫付。除非可以分享劳动的商品，除非自己的资本可以带着利润收回，否则农场主是不会雇佣农业工人的。这一种利润是从耕地劳动得到产物的第二次克扣。

几乎所有其他劳动的产品，也一样要扣除利润。在所有的工艺以及制造业当中，大多数工人都需要一个雇主，来为他们提供工作的原料，并且在完工之前为他们垫支工资以及生活费。雇主共享工人劳动的产物，或者分享他们在所提供的原料之上增加的价值，这一份额就是他的利益。

当然，有的时候可能有这样一个自主独立的工人，他有够多的资本去购买工作需要的原料，并且在完工之前维持自己的生活。他又是雇主，同时又是工人，可以享受他自己劳动的所有产物，或者在原料上所添加的全部价值。这包括了通常归两个不同的人所有的两个不同收入，即资本的利润以及劳动的工资。

但是，这种情况并不多见，在欧洲各个地方，为了雇主工作的工人有二十个，独立工人才会有一个。而劳动的工资被理解为每当劳动者是一个人而雇佣他的资本所有人是另外一个人的时候所说的工资。通常所说的劳动工资，都依存于双方常常所订的合同，双方的利益绝对并不是相同的、工人渴望获得的要尽量可能多，而雇主则希望付给的要尽量可能少。前者趋向于联合起来，来提高劳动的工资，后者亦趋向于联合起来，来降低劳动的工资。

但是，不难预测，在通常情况下，哪一方在争执当中居于有利地位，可以迫使对方屈从于自己的条件。雇主人数较为少，能更为容易地联合起来。除此之外，法律以及政府机关最起码是不禁止他们的联合，却禁止工人的联合。我们并没有什么由议会通过的律法，反对联合起来降低工钱的价格，但是有非常多法律反对联合起来去提高这种价格。

在任何这类争议当中，雇主们可以撑持得更为长久。一个地主、一个农场雇主、一个制造业者或者商人，就算不雇佣一个工人，普遍也能依靠已经拥有的资本过一两年。然而没有工作，工人们就无法维持一星期，非常少有人能维持一个月，更少有人能度过一年。从长远利益来说，雇主不可以没有工人也像工人不可以没有雇主一样，不过前一种必要性并不是那么迫切。

我们经常听到工人们的联合，却极少听到雇主们的联合。不过假如有人信以为真，觉得雇主并不联合，那他就是既不明白真相，又不懂得世故。雇主们随时随地都有一种默契的，但是又是经常的以及融洽的联合，不容许把劳动工资提升到各种实际比率之上。违反这种联合在四处都被觉得是不受欢迎的行为，某个雇主在他的邻人以及其他雇主的心目中都要遭受谴责。

自然，我们极少听到这种联合，由于这是一种从来没人听说过的平常的，或者说是自然的状态。雇主们有的时候也参加特别的联合，去把劳动工资甚至降到这一比率之下。这些联合永远是不声不响地悄悄地进行的，直到行动的时刻，此刻工人们就毫无抵抗地屈从。他们有的时候是这样做的，自己即使感到切肤之痛，别人却无法听到他们的声音。但是，这种联合经常受到工人们的抵抗及联合的抵御，有的时候并没有这样的挑衅，他们也自发地联合起来，以提高自身薪酬价格。他们通常所持的理由，有的时候是食物价格昂贵，有的时候是雇主们从他们的劳动获得了巨额的利润。但是无论他们的联合是进攻性的还是防备性的，他们老是闹得满城风雨。为了让问题获得迅速解决，他们永远是大叫大嚷，有的时候使用最惊人的行为。他们是感到绝望的，就像绝望的人那样子荒唐地放纵地进行行动：他们要不就饿死，要不就得威胁雇主们马上接受他们的要求。在这样的场合，雇主们在这一面也一样大叫大嚷，不停地向官吏们大声呼救，要求严厉执行那些已然通过的严厉对待仆人、工人以及工匠的法律。所以，工人们从这样喧嚣联合的行为当中非常少获得什么好处。因为官吏们的干涉，因为雇主们的超乎寻常的镇定，部分地因为大多数工人为了现在的生存只好屈服，这种行为仅仅落得以工人领袖遭受惩罚或者毁灭而告终。

不过，即使雇主们在和自己工人的争议中一般处于优势，却有一定的比率，就算是最低贱的那一些劳动的普通工资，也好像不可能在长时期内降到这个要比率之下。

一个人总得依靠工作来维系生活，他的工资最起码要足以维系他的生活。在大多数的场合，这种工资甚至还必须更多一些，不然他就不可能抚养家庭，而这类工人的族群就不可能维系到下一代。所以，坎梯隆先生认为，最为低贱的那种普通工人所赚得的，不管何处最起码应当双倍于他们自己的生活费，来使得他们都可以抚养两个子女，至于说他的妻子的劳动的薪酬，因为必须她来照看孩子，觉得只要足够维持她的生存就行。

不过，依据计算，生下的儿童中一半在成年之前就要死亡。所以，最贫困的劳工也必须试图最起码生育四个子女，来使得其中两个有活到那样年纪的同等机会。不过四个儿童的必须生活费用被认为几乎相当于一个成人的生活费用。同样一个作者说，一个健硕的奴隶的劳动，等价于他的生活费用的两倍。他觉得一个最为低层的工人的劳动，所值绝对不会比一个健壮奴隶的劳动更加少。说到此处，看来最起码可以肯定的是：为能赡养一个家庭，丈夫及妻子的劳动结合在一起，就算是最低级的普通劳动，也需要赚得比恰好足以维持他们自己生活的要多一些。不过得到多少，是依照上面所说的比例或者其他的要比例，我就不负责去决定了。

但是，有一些情况有时使工人处于有利地位，他们可以将工资提到极大超出这个比例，这个要比率明显地只是符合普通人道主义的最低廉的工资。

当任何一国对于依靠工资生活的人，对于各种工人、工匠、仆人的需要不断增长，当每年提供的就业机会比上一年的就业人数更大的时候，工人就没有必要去联合起来提高自己的工资。人手缺少使雇主们相互竞争，宁愿出更高的价钱去获得工人，这样就自动打破了雇主们阻挡增加工资的自然联合。

显然，对于依靠工资生活的人的需要增长，肯定和预定用于支付工资的基金增长互成比例。这类基金可以分为两种：第一，多于生活费所必需的收入；第二，多于雇主们自己使用所必需的资金。

每当地主、年金领取人或者有钱人收入多于他认为足以维系自己家庭的需要的时候，他就把剩下的全部或者一部分用来维持一个或者更多的家庭仆役。增多这个剩余，他当然就会增加这种奴仆的人数。而当一个独立的工人，例如织布匠或者制鞋匠，拥有的资本要比足够购买自己工作的原料以及维持自己直到出售货物的需要更多的时候，他自然会用这种剩余去雇佣一个或者更多的工匠，以便从其工作当中获利。增多这种剩余，当然就会增加他的工人人数。

对于依靠工资生活的人的需要，必须伴随每一个国家收入以及资本的增长而增长，并且不可能离开它而增长。收入以及资本的增长也就是国民财富的增长。

并不是国民财富的事实大小，而是它的一直增长，引发劳动工资的上涨。所以，并不是在最富有的国家，而是在最为兴旺发达或者说致富最迅速的国家，劳动工资是最高的。英格兰现在肯定是比北美地区最富有的国家。但是，北美的劳动工资要比英格兰所有地区更高，在纽约等地区，普通工人每天赚美元3先令6便士，折合英币2先令；造船木工，10先令6便士，另外加一品脱的酒价值英币6便士，一共合英币6先令6便士；建房木工以及泥瓦匠，8先令，合英币4先令6便士；裁缝工人，5先令，大约合英币2先令10便士：这一些价格全都高于伦敦的价格；听说在其他各殖民地，工资也和在纽约同样高。在北美的各个地方，食物的价格要比在英格兰低廉得多。在那儿从来并没有听到过发生饥荒的事。在最糟糕的季节，他们依然能够维持自己，即使输出较少。所以，假如劳动的货币价格要比在母国各处都高，劳动实际价格，即赋予劳动者的对于生活必需品以及便利品的实际上的支配能力，必定是要比例更高。不过，尽管北美还比不上英格兰那么富有，它却用更快的速度走向富强。任何一个国家繁荣的最具决定意义的标志，就是它的居民人数的增加。在大不列颠，还有大多数其他的欧洲国家，听说在将近500年中居民没能增加一倍。而就在北美的不列颠殖民地，已然发现居民人数在20年至25年中增加了一倍。在现在，这样的增加主要并不是因为新居民的不断移入，而是因为本地人口非常大数量的繁殖。听说，活到老年的人经常亲眼看到自己的子孙后代拥有50个到100个，有的时候更多。劳动的薪酬在那里这样丰厚，以至于子女众多的家庭不仅仅不是负担，反倒是父母富裕以及幸运的源泉。

在离开父母之前，每一个儿童的劳动，依据计算，能够给他们带来净100镑的收益。一个有着四五个孩子的年轻寡妇，在欧洲的中层或者下层人民当中，再婚的机会非常少，而在北美却经常有人求婚，觉得是一笔财富。儿童的自身价值，对于婚姻是最大的鼓舞。所以，我们对于北美人民一般早婚就不觉得奇怪了。就算早婚使人口大批量增长，在北美依然抱怨人手太少。对于劳工的需求，用来维系他们的基金，好像要比能够找到的劳工人数增加得更快。

尽管一国的财富非常可能巨大，但是它长期处在停滞状态，我们绝对无法预期劳动工资在那儿会非常高。预定用于支付工资的资金，即它的居民的收入以及资本，或许数目最大。不过假如它在几个世纪中保持不变或者几乎不变，则每年雇佣的工人人数就能非常容易地供给下一年所需的工人人数，甚而还能超过，不会感到人手缺少，雇主们也不会为争雇工人而相互抬高价钱。相反，在这种情况下，工人会自动增加，超越就业机会。就业机会常常稀少，工人只好竞相降价，来求得有工可做。假如在这样的国家，劳动工资曾经高于劳工自己的生活费，并且使他能够赡养家庭，则劳工的竞争以及雇主的利益不久之后就会使它降到和普通人道标准相符的最低的比率。

但是，中国即使处在停滞状态，却好像并未走向后退。它的城市并没有一处被自己的居民所抛弃。它的土地只要被耕种之后就没有任其荒芜。所以，每年必须继续完成同样多或者差不多的劳动，然后预定用于维持劳动的基金肯定没有明显地减少。所以，最低级的劳动者，就算生活资料非常贫乏，肯定能想方设法维系自己的种族，让通常的人数保证不变。

但是在预定用于维持劳动的基金明显下降的国家，情况就可能不同。在各类不相同的职业中，每年对于仆役以及工人的需求会比先前一年少。非常多在上层阶级长大的人在他们自己的职业当中无法找到工作，会愿意在最低级的营生中找事做。最低级的营生不仅仅充斥了他的工人，同时也有其他阶级的人流入，对于就业的竞争就会非常剧烈，将劳动工资下降到劳动者生活资料非常贫乏的最可怜的地步。就算按照这种苛刻条件，非常多的人也无法找到工作，他们要么挨饿，要么靠乞讨度日，要么就去干穷凶极恶的营生。贫乏、饥荒和死亡会立刻在那个阶级当中流行，从那里拓展到所有的上层阶级，直到这个国家的居民人数减少到残存的收入以及资本能够容易维持的程度，其他的收入以及资本均已被苛政以及灾难摧毁了。在一个人口已然大量减少而土地肥沃的国度，生活资料并不非常困难，假如每年还有三四十万人活活饿死，我们能够肯定地说，那里用于维持劳动贫民的资金一定在快速减少。保护以及治理北美的不列颠宪法和压迫以及统治东印度的商业公司的宪法在性质上的区别，经过这些国家的不同现状或许可以获得最好的说明。

所以，丰厚的劳动薪酬既是国民财富增加的肯定后果，又是国民财富增长的自然预兆。相反，劳动贫民生活资料的匮乏是停滞状态的自然预兆，但他们的饥饿状态却是迅速后退的自然预兆。

在大不列颠，现在的劳动工资明显要比使劳动者能赡养一个家庭所需要的多。在这点上我们要寻找证据，不必要去对于可以这样做的最低廉数目进行烦琐的靠不住的计算。有非常多明白的征兆，能够说明劳动工资在这个国家并没有一处是受这种和普通人道标准符合的最低比率支配的。

第一，就在大不列颠的几乎所有地方，就算是在最低的那种劳动当中，也有夏季工资和冬季工资的不同。夏季工资永远是最高的。但是因为燃料开支巨大，一个家庭的维持费在冬季最高。当支出最低的时候工资却是最高，明显工资并不是受这样开支的必要性分配的，而是受到工作的数量以及认定的价值支配的。诚然，一个劳动者应该储蓄夏季工资的一部分来应对冬季的开支，所以，他的全年所得并没有超过全年维持家庭所必需的数目。

第二，就在大不列颠，劳动的工资并不会随着食物的价格浮动。食物的价格都是每年不同，经常是每月不同。但在许多地方，劳动的货币工资有的时候半个世纪都维持不变。所以，假如在这些地方物价贵的时候，劳动贫民还可以赡养家庭，则在东西较为丰富的时候他们一定过得非常舒适，并且在物价极其低廉的时候，生活肯定非常优裕。近十年以来食物价格高昂，就在这个王国的许多地区并没有伴有劳动价格的明显提高。确实，在有的地方有所提高，但那或许是因为对于劳动需求的增长，而不是因为食物价格的上涨。

第三，就不相同年度说，食物价格的变化要比劳动工资的变化大；而就不相同的地区说，劳动工资的变化则要比食物价格的变化大。在不列颠的大多数地区，面包以及肉类的价格一般相同或者大体相同。这些还有其他大多数零售的物品（按劳动贫民购买所有东西的方式），在大城市和在边远地区一样便宜或者更加便宜一些，它的理由我将会有机会在下面说明。不过大城市及其周围的工资，却经常要比几英里之外高出1/4或者1/5。在伦敦以及四周，劳动的普通价格能够说是每一天18便士。相隔几英里远的地方，它就下降到了14至15便士。爱丁堡还有周边的价格为10便士。相隔几英里它就降到8便士，这是苏格兰大多数地区一般劳动的普遍价格，在那儿要比在英格兰的变动少得多。这样的价格上的差异好像总是不足以驱动一个人从一个教区移居另外一个教区，却肯定会使体积最为庞大的商品从一个教区运到另外一个教区，甚而从国内或者世界的一个角落运到另外一个角落，所以不久就会使它们下降到大体相同的水平。即使经常说到人性善变，无法始终如一，凭借经验就能够知道，一个人通常是安土重迁的。所以，假如劳动贫民能在劳动价格最低廉的地区赡养家庭，那么他们在劳动价格最高的地区就能过富足的生活。

第四，劳动价格的变动不仅仅在地点或者时间上不与食物价格的变动相一致，并且经常相反。

谷物是平常人民的食物，它在苏格兰要比在英格兰昂贵，前者从后者每年大量的购买谷物，英格兰提供谷物，谷物在苏格兰的卖价一定要比在英格兰昂贵，而相同质量的谷物，英格兰的则不会比进入市场进行竞争的苏格兰谷物价格更高。谷物的质量主要存在于它在磨坊磨粉的数目，在这方面英格兰的谷物好于苏格兰的，即使从表面上来看，它的体积大小甚至同它的重量大小的比例来看，英格兰的谷物是昂贵一些。但是从事实上来看，从其质量上来看，甚至只从它的重量上看来，英格兰的谷物一般都会便宜一些。相反，劳动的价值在英格兰要比在苏格兰昂贵。所以，假如劳动贫民可以在联合王国的这一个地区即苏格兰抚养家庭，那么在另外一地区也就是英格兰肯定可以过上富裕生活。当然，燕麦面就是苏格兰普通人最好的粮食，要比起他们在英格兰的相同等级人民的食物来要次得多。不过，他们的生活方法的不同并不在于他们工资不同的因素，而是工资不相同的结果。即使出于一种奇怪的误导，我经常听到把它说成是因素。一个人富有而他的邻居贫穷，并不是由于他出门坐车然而邻居走路，而是由于他富裕可以备得起马车，由于邻居穷才只好走路。

在上个世纪中，联合王国这两个地区的谷物要比本世纪昂贵。这是一个毋庸置疑的事实，其证据对于苏格兰来说要比对于英格兰来说更加具有确定性。而在苏格兰，它是通过政府档案作为证明的，依据市场的实际的情况，对于每一县的各式各样谷物的价格进行宣誓评估。假如这种直接证据还要有任何旁证来作为确认的话，我能说，法国的状况就是这样，欧洲大多数其他地区的情况或者也是如此。在法国这方面有着非常明确的证据。假如说在联合王国这两个地区谷物的价格上个世纪要比本世纪稍贵是肯定的事实，则劳动更便宜一些也一样是确定的事实。所以，假如劳动贫民那个时候能赡养家庭，则他们现在肯定是日子容易过一些。在上个世纪，苏格兰大多数地区普通劳动的常日工资是夏季6便士，冬季5便士，在苏格兰高地以及西部各岛仍然继续支付几乎相同的工资，一个星期3先令。在苏格兰洼地的大多数地区，普通劳动的最平常的工资现今是每天8便士；在爱丁堡四周，在毗连英格兰的各个县（或者因为这种邻近的关系），却是10便士，有的时候是1先令；还有在少数的其他地方，最近对于劳动的需求大大增长，如格拉斯哥、卡隆、艾尔郡等地区，情形也是一样的。农业、制造业以及商业的改进，在英格兰的开端要比在苏格兰早得多。对于劳动的需求，劳动的价格，肯定伴随这种改进而增长。所以，在上个世纪也如同在本世纪一样，劳动工资在英格兰要比在苏格兰高。从那时候开始，工资已经大为增长，但是因为在不同地区所付的工资变化较大，难以确定到底是多少。

在1614年，一个步兵的军饷像现在一样，每天8便士。在开始规定这个数目的时候，自然会考虑到平常劳动者的通常工资，步兵普遍是从这类人当中抽调来的。据查尔斯二世时写书的最高法院院长海尔斯统计，一个工人家庭的必须开支，包含父母，两个可以做一些事情的子女以及两个无法做事的子女，是每星期10先令，也就是一年26镑。假如他们无法凭劳动赚得此数，他觉得他们就应当去乞讨或去偷来凑数。他好像非常仔细地研究了这一问题。格雷戈里·金先生在政治算术这方面的技能是达夫南博士极力称赞的，他于1688年计算，劳动者以外仆人的普通收入，每个家庭每年为15镑，他假设一个家庭平均3人。所以，他的计算表面上看来虽有不相同，在事实上却和海尔斯法官的计算十分接近。两人都觉得，这样的家庭每星期的消费大约是每人20便士。在英国的大多数地区，这样的家庭的货币收入以及支出那个时候已经大为增长。有一些地方增加得多一些，有些地方少一些。但是所增加的，并不是最近发布的关于现在劳动工资增高那些夸张报告所说的那么多。需要指出，劳动工资在所有地方都是难以确切断定的，由于在同一地方对于同一种劳动经常支付不同的价格，不仅仅要看工人的不同的能力，还要看雇主是慷慨抑或是吝啬。在工资并没有法律规定的地方，我们仅仅能够确定什么是最为普通的工资，经验表明，法律从来不可以对工资做出合适的规定，尽管经常企图这样做。

在这个世纪，劳动的真正报酬，即劳动者可以购买的生活必需品以及便利品的真正数量，或者要比它的货币价格增加的比例更加大。不仅仅谷物较为便宜，并且成为勤劳贫民惬意以及卫生的食物其非常多也变得大为低廉。比如土豆在王国的大多数地区价格要比在三四十年前便宜一半。胡萝卜、萝卜、卷心菜的状况也是一样。这些东西过去只有用锄头才可以种植，现在普遍都用犁来种植。所以各式各样的蔬菜都更为便宜。

大不列颠消费的大多数苹果甚至洋葱，上个世纪都是从佛兰德进口的。亚麻以及呢绒粗制业的大大地改进，让劳动者能获得价格较廉以及质地较好的衣服，粗金属制造的极大改进，让他们能获得较低廉的以及较好的劳动工具，还有非常多惬意的以及便利的家用器具。肥皂、蜡烛、盐、皮革以及酵母酒确实已经变得非常昂贵，主要是因为对于它们课征的税。但是，劳动人民，应当消费的这些东西的数目非常小，它们的价格增长可以为非常多其他东西的价格下降所相抵有余。大多抱怨奢侈之风已经波及最下层的人民，劳动贫民已然不再满足于之前使他们感到满意的物品、衣着以及住所，这就使我们深信，不仅仅是劳动的货币工钱，并且劳动的真正报酬已经增加了。

下层人民的生活状况的改变，应该看作对于社会有好处呢，抑或是并没有好处？答案好像看起来是非常明白的。仆役、劳动者以及各种工人占领每个巨大的政治社会的人口的大多数。大多数人生活状况的改变，绝对无法看作是对于整个社会的不利。当大多数成员贫穷困苦的时候，并没有一个社会可以确实是兴旺发达以及幸福的。除此之外，只有那些为整个社会提供吃的、衣服以及住所的人自己也能分到自己劳动产品的一部分，以便能获得勉强可以生活的食物、衣服以及住所的时候，那才称得上是公平。

贫困无疑不可能鼓励人们结婚，也不可能永远阻止人们结婚。它甚至似乎是有益于生育子孙后代。一个苏格兰高地的处在半饥饿状态的妇女经常生育20多个孩子，而一个娇生惯养的胖夫人经常一个不生，一般也只生两三个。

不过贫穷无法阻止生育，并且非常不利于抚育儿童。幼小的植物出生了，但是出生在寒冷的土壤中以及严峻的气候中，不久之后就会枯萎以及死亡。

在有的地方，一半的出生小孩未满四岁就死了，许多地方未满七岁，在差不多所有的地方都未满九岁或者十岁。但是，到处如此高的死亡率主要是在平凡人民的儿童中间看到，他们并没有能力像处境较好的人那个样子去抚养儿童。他们的孩子能活到成人的比例较小。在弃儿抚养院中，在由慈善教堂抚养的儿童当中，死亡率要比在普通人民的儿童更高。

丰富的劳动报酬让他们能为自己的子女提供较好的供应，从而可以养活更多的孩子，这样当然就会拓宽以及扩大上述限度。同时值得指出，以上限度的放宽程度肯定会同对劳动需求所要求的程度尽可能地保持同样的比例。假如这种需求一直增长，劳动报酬肯定鼓励劳动者结婚以及生育，使他们能用一直增加的人口来供应不断增长的需要。假如劳动报酬在任何的时候要比为此目的所需求的更少，人手缺少不久就会使之升高；假如其在任何的时候要比所需要的更多，人口过量繁殖就会使之下降到这个必要的比率。在前一种情况下市场的劳动存储量不足，在后一种情况下市场的劳动存储量过多，不久之后均会迫使劳动价格回到社会情况所需要的适当比率。按这种方式，对人口的需求也像对于任何其他商品的需求那样，肯定调节着人口的生产：当其进展过慢的时候使之加快，当其进展过快的时候使之停止。在世界上所有不同的国家，在北美，在欧洲，正是这样的需求调节以及决定繁殖的状态。它让繁殖在北美快速进行，在欧洲缓慢而渐渐地进行。

付给工匠以及各种佣工的工钱，肯定使他们能按社会需求的增多、减少或者停滞，维持工匠以及佣工的人数。不过，即使自由佣工损耗一样也使雇主受到损失，一般要比奴隶使他受到的损失少。因为替代以及修补的基金，假如我能够这样说的话，就在奴隶的损耗方面，普通是由漫不经心的主人或者疏忽大意的监工经管的，而在自由人方面，用于同一个目的基金则是由自由人自己经管的。富人持家之中一般流行的杂乱无章自然也会侵入对前者的经管，然而穷人的严苛节约以及精打细算自然而然地也会在后者的经管之中获得贯彻。在这样两种不同的经管之下，同样一个目标一定会要求不同程度的支出去达成。因此，从不同的时代以及国家的经验来看，我坚信自由人所做的工作终归要比奴隶所完成的工作价格低贱一些。即便在波士顿、纽约以及费城这些普通劳动者工资特别高的地方，情况也是这样。

因此，丰厚的劳动报酬既是财富增长的结果，也是人口增长的原因。对于劳动丰厚报酬的抱怨，也就是对于最大的公共繁荣必定产生的因果关系的叹息哀婉。

或许应该指出，正是在进步的状态之中。即并不是在社会已到达非常富裕的时候，而是在它不间断地变得更为富裕的时候，劳动贫民也就是社会上绝大多数人的生活状态是最幸福最舒服的。当社会处于停滞状态的时候，生活艰辛；处于衰落状态的时候，生活悲惨。进步的状态对于社会所有阶层的人民来说，实际上是一种使人愉悦以及心满意足的状态。停滞的状态是枯燥乏味的，衰落的状态是令人悲痛的。

丰厚报酬的劳动鼓励人口的繁殖，又增加了普通人民的勤勉工作。劳动工资是对于勤勉工作的激励。勤勉也同所有其他的人类品德一样，越是受到鼓励就越是增加。丰富的生活资料会增强劳动者的体力，改进生活状况的美好希望，或者也许会在丰衣足食之中终其一生。这会促进他最大限度地发挥自己的实力。因此，在工资高的地方我们总看到工人要比在工资低的地方更为积极、更为勤劳、更为敏捷。比如，在英格兰就和在苏格兰不同，在大城市的周围就和在穷乡僻壤不同。诚然，一些工人假如能够在四天之内赚到一个星期的生活费用，那就三天不去工作。不过，这绝对不是大多数人的情况。反之，当工人通过工资获得丰厚报酬的时候，经常操劳过度，在几年内损坏了自己的健康。在伦敦以及在某些其他的地方，听说一个精力充沛的木匠不能够维持工作到八年以上。在工人按件计酬的许多其他行业也发生过相似的情况。要比如在制造业中，甚至在工资要比普通地区高的农村劳动之中，工人一般也是这样。几乎每一类工匠，因为在自己的特殊工作之中操劳过度，常常患有某种职业病。

拉穆志尼（Ramuzzini）是一位著名的意大利医生，曾写过一部有关这类疾病的专门著作。我们并没有把我们的士兵算做是我们中间最为勤勉的人。不过当士兵们从事某个具体工作并且通过计件获得丰厚报酬的时候，他们的军官们往往只好为掺和工作的人规定每天赚到的钱按支付的比率无法超过一定的数目。在做出这种规定之前，相互之间的竞争以及多得的欲望经常促使他们工作过度，以至因为劳累而损坏了自己的身体健康。经常有人高声抱怨，一个星期中四天的紧张工作的真正原因是为了另外三天能够偷懒。一连好几天从事着大量的劳动（无论是脑力方面的还是体力方面的）之后，大多数人都渴望轻松一下，这种欲望假如并没有受到强压或者某种巨大的必要性的限制，几乎是不能够抗拒的。

这是人类本性的要求，必须用某种姿态去满足。有的时候只是悠然自得，有的时候则需要娱乐以及消遣。假如不遵从，后果往往是危险的，甚而是致命的。或迟或早的总是会带来特殊的职业病。假如雇主们总是听从理智以及人道的命令，他们往往就会使自己非常多的工人操劳适度而并不是兴奋过度。我坚信能够发现，在每种行业之中，适度工作并且能够经常工作的人，不但能使他的健康保持的时间最为长久，并且在一年之中能够完成最大的工作量。

有的人觉得，在物价低的年份，工人们一般要比通常不勤勉，而在物价贵的年份则更为勤勉。因而我们得出结论，生活资料的丰富会让他们的勤勉松弛，而生活资料的贫乏则会让他加速。人们在营养不良的时候会比在营养充足的时候一般工作得更加好一些，人们在沮丧气馁的时候会比在兴高采烈的时候一般工作得更好一些，人们在经常得病的时候会比在健康的时候一般工作得更加好一些，好像是不太可能的。应该指出，饥寒的年份，在平凡人中经常是疾病以及死亡的年份，这应当使他们劳动的产物减弱。

在物资丰富的年份，佣工们经常离开他们的主人，去碰一下运气，看凭借自己的勤劳能赢得多少的生活资料。不过同样的食物价格低廉也增加了预定用于佣工维持费用的基金，所以鼓励雇主们，特别是农场主，去雇佣更多的工人。在这样的场合，农场主期望用自己的谷物多雇佣几个劳动佣工，会比把其在市场低价售出能获得更加多的利润。对于佣工的需求增多了，而答应供应这种需求的人数少了。所以，劳动价格经常在物价低的年份上涨。

在缺少的年份，生活资料的获得既困难又无法确定，使所有的人急于回归雇主那里去。不过食物价格昂贵减少了预定用于维持佣工的工钱，促使雇主们宁可减少而不是增多现有雇工的人数。在物价昂贵的年份，贫困的独立工人也经常消耗了用来为自己备办工作原料的一些资本，所以变成谋取生计的雇工。工作岗位较少而想要获得的人多。非常多人愿按照低于普通的条件去获得它，所以在物价昂贵的年份佣工以及帮工的工资经常下降。

所以，所有各种各样雇主在物价昂贵的年份要比在物价低廉的年份，更能从他们的佣工那里获得更大的好处，发觉他们更为温顺，更为服从。所以，他们当然称赞物价贵的年份更有益于生产。除此之外，地主以及农场主这两个最大的雇主阶层，还有其他的理由乐于看到物价贵的年份。地主的地租以及农场主的利润在非常大程度上依存于食物的价格。但是，设想人们在为了自己工作的时候要比在为他人工作的时候一般要工作得少一些，那是最为荒谬不过的了。一个贫困的独立工人，甚至要比一个按件计酬的工人更加勤勉。前者享受他自己勤劳的所有产品，而后者则要与雇主分享这一产品。前者处在自己的分离自立状态，少受不良同伴的诱惑，这种同伴在大工厂当中经常败坏他人的道德。自立的工人要比起那些按照月或者按年雇佣、无论做多做少工资以及维持费都是同样的佣工来，优越性应当更大一些。物价低的年份可以提高独立工人对于帮工以及各种佣工的要比率，而物价昂贵的年份则会降低这种比例。

麦桑斯先生是个博闻强识的法国作家，在圣艾蒂安选举当中担任税收的官员，他试图通过比较三种不相同的制造业中所生产的货物的数量以及价值，来表达穷人在物价贱的年份要比在物价贵的年份能做更多的工作：一种是在埃尔伯夫进行的粗毛织业；一种是麻织业，一种是丝织业，都在卢昂的所有地区进行。依据他由官署登记簿抄袭的报告，所有这三种制造业当中生产的物品的数量以及价值，在物价低廉的年份一般要比在物价昂贵的年份大；在物价最低廉的年份产物的数量以及价值最大；在价格最高的年份，产品的数量以及价值最小。这三种制造业好像都处于停滞状态，或者说，它们的产品即使每年都稍微不同，不过整个说来，却既无退步，也没有前进。

苏格兰的麻织业以及约克郡西区的粗毛织行业，都是正在快速发展的制造业，每年生产即使略有变化，不过数量以及价值两方面一般都在增加。但是，经过考察它们已然公布的年度生产报告，我并没有发现它们的生产变化和每年物价的贵贱有什么明显的联系。1740年是非常大的缺乏年份，两种制造业的确看起来生产降低非常大。但在另外一个非常大的缺乏年份，1756年苏格兰的制造行业却要比在平常的年份进展更大。在美洲的印花税法废止之后，约克郡的制造业的确生产降低了，一直到1766年，产量才回升到1755年的水准。就在1766年以及次年，产量大大超过了之前任何一年，之后一直不间断地增长。

任何向远方售出产品的大型制造业的生产，与其说依附于其所在国的每年物价的贵贱，不如说依存于影响消费国需求的各种各样的情况：依存于和平或者战争；依附于其他竞争性制造行业的繁荣或者衰落；依附于主要消费者的高兴或者不高兴。除此之外，或许在价贱年份完成的大多数特殊工作，向来不进入制造业以及公共登记册。脱离雇主的男佣工变为了独立劳动者。妇女重新回到父母身边，平凡地从事纺织，为自己以及家人添置衣服。甚至独立工人也并不永远是为向公众售卖而工作，而是受雇佣于一些邻人，从事家用制造。所以，其劳动产品经常不列入公共登记册中，这些登记册公布的记录有的时候十分夸张，而我们的商人以及制造业者却经常据以虚幻地称到这个最大帝国是怎样的繁荣或者衰败。

即使劳动价格的变动不仅仅不与食物价格的变动永远一致，并且经常完全相反，我们却无法因此觉得，食物的价格对于劳动的价格并没有影响。劳动的货币价格肯定受两种情况的支配：对于劳动的需求；生活必需品以及便利品的价格。对于劳动的要求，依是增多、不变或者减少，即是人口增多、不变或者减少，决定着需要向劳动者供应的生活必需品以及便利品的数量，但劳动的货币价格就是由购买这个数量所必需的金额所决定的。因此，即使在食物价格低的地方有时劳动的货币价格非常高，不过假如食物价格高而需要保持不变，劳动的钱币价格还会更加高。

就是由于在变动的以及特殊的丰富年份对于劳动的需求增加、在突变的以及特殊的缺少年份对于劳动的需求减少，劳动的货币价格也就有的时候上升，有的时候下降。

在变动的以及特殊的丰富年份，多数产业雇主手中的资金足够雇佣比上年所雇佣数目更多的勤劳人民；这个特别的数目的工人无法老是雇到。所以，无法雇到更多的工人的雇主相互竞出高价，以求雇佣到他们，这样就提高劳动的真实价格以及货币价格。

在突变的以及特殊的缺乏的年份，情形刚好相反。预定用于雇佣工人的基金要比前一年少。非常多的失去了工作的人相互竞相削价以求获得工作，这就有的时候降低了劳动的真正的价格以及货币价格。1740年是非常缺乏的一年，许多人愿意为求生计而工作。之后几年是丰富的年岁，较为难雇到劳动者以及佣工。

价格昂贵之年的匮乏，经过对劳动需求的减少，倾向于降低劳动的价格，而食物的价格高则倾向于提升劳动的价格。相反，价贱之年的丰盛，经过对劳动需求的增多，倾向于提升劳动的价格，然而食物的廉价则倾向于降低劳动的价格。就在食物价格的普通的变化中，两种相对的原因似乎相互抵消。这或者是劳动工资比起食品的价格来，更为稳定、更为持久的一部分原因。

劳动工钱的增长肯定提升许多商品的价格（这是由于这种价格中所包括的工资部分提升了），所以倾向于减少它们在国内以及国外的消费。提高劳动工资的同样原因，也就是资本的增加，倾向于提升劳动生产力，使较为少量的劳动能生产较为多量的产品。雇大量劳工的资本所有人，为了自身的利益，肯定要尽力将工作做恰当的划分以及分配，使之可以生产出数量尽可能大的产品。为了相同的原因，他尽力向工人提供他自己或者工人们所能够想到的最好的机器。在某个工场的劳动者当中所发生的事情，出于同样的原因，在整个社会的劳动者当中也会发生。工人的数量越多，他们就更为自然地划分成为不一样的职业以及工种。有更加多的头脑用于发明完成每一类工作的最适合的机器，这就更加有可能实现这种发明。所以，许多商品是因为这种改进，能够比之前用更少的劳动生产出来，进而使得劳动价格的提高会被劳动数目的降低所抵消并且有富余。

第九章　论资本利润

资本利润的增加减少取决于劳动工资增减的相同原因，即社会财富的增减。不过这些原因对于这两者的影响非常不同。

资本的增加提升了工资，就会导致利润的下降。当多数富商把他们的资本都投入到同一行业的时候，他们之间的竞争肯定导致利润的下降。当一个社会中所有不同行业的资本都相同地增长的时候，同样的竞争肯定会对所有的行业产生相同的结果。

前面已指出过，要确定某一个特殊地方以及某一特殊的时候的平均劳动工资都是艰难的。在这种情况之下，我们最多只能确定什么是最平常的工资。可就是这么一点在资本的利润方面也都非常难做到。利润是特别容易波动的。一个从事某一行业的人并不可以常常说出他的每年的平均利润是多少。因为利润不仅仅要受到他所经销的商品价格的每一次变动的影响，并且要受到他的同行和消费者的运气好坏以及商品在海陆运输之中，甚至存放于仓库里可能发生的千百种意外事件的影响。所以，它不但每年不相同，甚至每天，每时每刻都在发生变化。要明确在这样一个大的联合王国中所有不同行业的平均利润肯定更为艰难。至于要相当准确地明确从前或者更长的一段时间内的平均利润可能是什么样的情况，肯定是不可能的了。

我们要相当准确地明确什么是现在或者过去、现今或者古代的平均利润是不太可能的。不过从货币的利息上面我们还是可以获取某些关于它们的概念的。并且可以明确这样一条原则，那就是通过货币的运用可以获取大量利润的地方，常常给予货币的回报也非常大。而通过货币的运用得不到什么东西的地方，通常对于货币的回报也不会有什么变化。所以，我们能够断言资本的一般利润肯定会伴随其市场的一般利息率的变动而变动：利息率的下降，它随之下降；利息率上升，它就随之上升。所以，利息的上升可以使我们得出利润上升的某种规律。

在亨利八世第37年之前，利息超过10%就会被宣布为不合法。由此可见，有的时候利息是在10%以上。在爱德华六世统治的时候，人们对于宗教的狂热禁止了一切的利息。不过，这种禁止就如同同类的其他所有禁止一样听说都没能产生什么效果。害人的高利贷不但没有减少，反而增加了。于是伊丽莎白女王第十三年的法令第八条恢复了亨利八世的法令，10%继续作为法定的利息率，直至詹姆士一世第21年，它才被限制成为8%。在复辟后不久，它又被减少到5%。所有这些不同的法规看起来都制定得特别恰当，它们仿佛都一直是跟随着市场利息率（即有良好信誉的人平常借款的利息率）的变动，也并没有高于市场利息率。

自从安妮女王时代以来，5%的利息似乎是一直高于市场利息率，而不是低于市场利息率的。在最近一次战争之前，政府即使曾经用3%的利息率贷款，在首都和王国的许多其他地区，有良好信誉的人则以3%，3.5%，4%，4.5%等利息率贷款。

自从亨利八世以来，国家的财富以及收入不断地增长，并且在它们的增长过程中，它们的步子似乎还在逐渐地加快。并且增长得越来越快。与此同时，劳动工资也一直在不断地增长，但在商业以及制造业的不同行业之中大多数的资本利润却一直在降低。

在大城镇经营任何一种商业通常所需要的资本都要大于农村。在商业各个部门所投入的资本数量的庞大，以及拥有的竞争者数目的众多常常促使城镇的利润率小于农村的利润率。而劳动工资则通常是大城镇的高于农村的。在一个繁华的城镇有大量资本投资的人经常找不到所需要数目的工人。于是，为了争得足够的工人，他们之间互相抬高价格，这样就提升了劳动工资，从而降低了资本利润。而在偏远的农村经常都没有足够的资本以雇佣所有需要工作的人，因而工人为了获得工作而相互压低工价，这样就使得劳动工资下降，资本利润随之上升。

即使苏格兰法定利息率和英格兰的一样，苏格兰的市场利息率却比英格兰高很多。在苏格兰信用最好的人用5%以下的利息也贷不到款。就连爱丁堡的私人银行家对于随时可以全部或者说部分兑现的期票也给予了4%的利息。伦敦的私人银行对于储存的货币不付给利息。在苏格兰只要有小额资本就什么商业都可以经营，而在英格兰则不同。所以，苏格兰的利润率肯定要比英格兰高一些。至于劳动工资，前面已经指出过了，苏格兰的要比英格兰的要低。农村也贫穷得多，并且前进的步伐看来也慢得多并且迟缓得多，即使它也明显地是在向前进步。

在这一世纪的所有过程之中法国的法定利息率一直并没有受到市场利息率的支配。在1720年利息从1/20便士降低到1/50便士，即从5%降低到2%。在1724年上涨到1/30便士或者说上涨到3%又1/3。在1725年它又涨到1/20便士，即5%。1766年在拉邦蒂执政的时候，它减少到1/25便士，即4%。随后，神父特雷执政时期它又涨到5%的老利率上面。许多次的大幅度降低利息。根据推测，目的是为减少公债利息铺平道路，这个目的有的时候是实现了。法国在当今也许并没有英国那般富足。即使法国的法定利息率经常低于英国，可是市场利息率却一般是高于英国的。因为在法国，就如同在其他国家一样，人们有许多特别安全并且容易的方法逃避法律。在英法两国经商的英国商人曾经告诉我，法国的商业利润要高于英国。因为这个原因，许多英国臣民宁愿把他们的资本投入到轻商的法国，却不愿意投在重商的英国。法国的劳动工资要比英国低。假如从苏格兰到英格兰去，你就能够发现这两国一般老百姓的服装以及面包之间的差异。这就充分地说明他们的生活条件是不同的。假如你从法国回到英国来，这种反差就更加明显了。法国即使明显要比苏格兰富裕，但是看来进步得还是不够快。在英国有一种普遍而流行的看法，法国是在退步的。我觉得对于法国的这种看法是没有任何依据的，不过但凡看见苏格兰的今天，又见到过二三十年前的苏格兰的人，没有人会用这句话来评价苏格兰。

另一方面，就领土面积以及人口的比例来讲，荷兰是一个比英格兰富裕的国家。荷兰政府用2%的利息借款，而拥有良好信誉的私人用3%的利息贷款。听说荷兰的劳动工资要比英格兰的高，而荷兰人在做生意上面收取的利润要比欧洲其他任何一个国家的人都低，这是众所周知的。

有些人甚至妄言，荷兰的商业正在衰落。在某些商业部门这也许是真实的。不过有些时候却仿佛充分说明了那里并没有普遍的衰退。当利润减少的时候，商人们乐于抱怨商业发展的萧条。即使利润的减少是商业繁荣的最自然结果，或者说是要比从前更大的资本投入的自然的结果。在上一次战争期间荷兰得到了法国的所有运输业务，到现在他们在运输业中依然保持着非常大的份额。他们在法国以及英国所有的存款是一大笔的财产，听说单在英国就大约有4000镑（对于这一点我怀疑是否过于夸大了）。除此之外，荷兰人还将巨额资金借给比本国利息率较高的外国私人。这些情况无疑表现了他们资本的过剩，或者说，其资本的增多已达到投在本国的合适的行业再也无法获得相当利润的程度，但是这并不表示他们商业的退步。

就像由经营某种商业而得到的私人资本可能增加到超出那个商业投资的容量，但是那种商业仍然可继续增长一样，一个大国虚拟资本一样可以有这样的情况。

在北美以及西印度殖民地，不仅仅劳动工资，货币利息还有资本利润都要比英格兰高。在不同的殖民地法定利息率以及市场利息率是6%至8%。但是，高劳动工资以及高资本利润这两种东西，或许从来非常少走到一块过，这就是在新殖民地的特殊的条件下才有的。一个崭新的殖民地肯定有一段时期从土地的面积说来资本总是相对于的不足，而人口和资本的数量相比较也是相对的不足。这就是新殖民地和其他大多数国家所不相同的。他们拥有的土地多过他们的资本所足够耕作的土地。因此他们只可以把资本投在土壤最肥沃以及位置最方便的地方，靠着海滨以及可航行河流的沿岸的土地之上。但是他们购买这种土地的价格常常也是还低于土地上自然生产物品的价值。用于收购以及改良这些土地的资金肯定就会产生非常大的利润，所以也足以支付非常大的利息。在利润这样丰厚的用途上资本的快速积累让殖民者所需要的人手迅速增长，超过了他在新殖民地所能够找到的人数。所以，他所能寻找到的那些工人都薪酬丰厚。伴随着殖民地的扩展，资金利润就会渐渐减少。

每当土壤最为肥沃、位置又最好的土地全部被占用后，耕种土壤以及位置都要较次一些的土地可以获取的利润就较少了，投入其中的资本可以获取的利息也就少了。所以，在大多数的殖民地中法定利息率以及市场利息率在这个世纪大大降低了。伴随着财富、改良以及人口的增长，利率降低了。但是劳动工资并没有和资本的利润同时跌落。无论资本利润怎样，对于劳动的需求随着资本的增长而增长。病情在利润减少之后，资本不仅仅可以持续增长，并且可以增长得比原来还快得多。勤劳的国家一直得到财富，勤劳的人们也不断得到财富。投资大，即使利润小，常常要比资本小利润大增多得更快一些。有一个谚语：货币产生货币。你拥有了一点，多赚一些就非常容易。困难的是要得到那么一点。之前我已经对资本的增加和勤劳，即有用劳动的需求的增长相互间的联系做了大量阐述，之后关于资本积累的论述当中我还要阐述得更为充分。

新的领土的获得或者新的行业的开拓，即使在财富正在快速增长的国家有的时候都可能提升资本的利润还有伴随它的货币的利息。因为国家资本不能满足这样的新获得的领土带给不同人们的全部行业需要，因此只把它投放在可以提供最大利润的某些行业上。先前投在其他行业上的资本也需要部分地从那里抽回来，将它们转投到几个新的利润较大的行业中去。如此一来在所有的旧的行业当中竞争就没有先前那么激烈了。市场就可以对许多不同商品感到不足。其价格肯定就会多少有些上涨，然后给经营这些商品的人带来了较大的利润，他们同时有能力以更加高的利润来借贷。在上一次战争结束后不久的时间里，不仅仅有良好信誉的个人，甚至伦敦的某些最大的公司常常都以5%的利息率借贷。在那之前他们借款从来没有超过4%以及4.5%的利息率，旧的资本所要经营的新的行业如此多，肯定会减少非常多特殊行业的成本。在那些资本缺少的行业里因为竞争的减少，利润肯定增加。在之后的章节中我将会说明促使我相信即便上次战争的费用巨大，不列颠的财产并没有减少的理由。

社会的财产的减少，或者说用于维持产业的基金的减少肯定使劳动工资降低，继而提高资本的利益，还有货币的利息。因为劳动工资下降了，社会上留下资金的所有者就可以以比从前较低的费用把他们的商品运去市场。用于供应市场的资本要比先前减少，他们就可以以较高价格卖出他们的商品。如果商品成本降低了，他们就可以得到较多的利润。所以他们的利润在两边都增加了，可以给他们提供较大的利息。孟加拉以及东印度其他英领殖民地得到巨大财富是这样的突然以及这样的容易，这一事实能够十分充分地向我们证明在那些贫穷的国家里因为劳动工资非常低，以至于资本利润非常高。那儿的货币利息按照比例亦相当高。在孟加拉货币的时候常常是以40%，50%，甚至60%的利息向农场主借出，并用未来的谷物作为支付的抵押。这样高的利息的利益肯定会几乎吞食掉地主地租的所有，这样数字庞大的高利贷肯定要吞食那些利润中的大多数。罗马共和国衰亡之前，各地在总督竭泽而渔的暴政之下，这种相似的高利贷好像十分普遍。据我们从西塞罗的信中得知，善良正直的布鲁斯也曾经以84%的利率在塞浦路斯岛放贷款。

一个国家所得到的财富，假如已然达到其土壤及气候以及与其他国家而言的位置所容许的限度，已不可能再前进，但又还未处于后退之中的时候，它的劳动工资以及资本利润都非常的低。每当一个国家的人口已经完全达到其领土能够维持，或者其资本能够运作的程度，工作岗位的竞争肯定会十分激烈，以至于导致劳动工资降低，降到仅仅够保持现有劳动者的数量。这个时候国家人口已经大大增长，就业数量却没有扩大。一个国家的财富，假如和国内各种必须经营的行业所需要的资本相比较，依然绰绰有余，则每一行业将投入的成本将大到各个行业的性质以及范围所能容纳的范围。所以，各地的竞争将非常巨大，结果普通的利润将降到尽量低的地步。

但是，或许还没有一个国家达到这样的富裕程度。或许在非常久之前它的财富就已经完全达到该国法律以及制度的性质所容许的限度。不过假如将其法律以及制度加以改变，它的土壤、气候以及位置的性质所容许的限度，或许要比该国已经达到的限度更加大得多。同时，在一个富人或者大资本家享有非常大的安全，穷人或者小资本家却享受不到安全，并且还随时都可能被下一级的官员借口正义而掠夺以及抢劫的国家里，国内所运行的各行各业，投入的成本都不可能达到各个行业的性质以及范围所能容纳的范围。在每一行业当中为了压迫穷人肯定要建立起富人的垄断。富人经过他们自己垄断整个行业而获得极大的利润。

律法上的一个欠缺有的时候可能使利息率大大地超出一个国家的条件，甚至于财富或者贫穷所需求的范围。假如法律无法强制契约的执行，它就使所有的借款人和管理得较好的国家中的破产者或者信誉极坏的人几乎处于同一地位。因为收回借款的概率不大，出借人向借款人索要的利息常常和向破产者索取的一样高。就在横行于罗马帝国的西部各省的野蛮民族中非常长一段时期契约的履行全听凭当事者双方的信誉。他们国王的法院非常少过问。在古代的那个时候所发生的高利息率一部分可能就是由这个原因所引发的。

假如法律完全制止利息，那它也制止不了。许多人需要借款，而出借人必须考虑他们所借的钱的用法是否适当，不仅仅要考虑这钱可能用来做什么，还需要考虑怎样回避法律的风险。孟德斯鸠先生觉得所有回教国家中利息率所以高，并不是因为他们的贫困，而是部分由于法律禁止利率，部分因为收回贷款的困难。

普通的最低廉的利润率除了足够补偿每种投资所易遭遇的意外损失之外还必须多少有一些盈余。正是这个盈余才是纯利润或者净利润。所谓的毛利常常是指这个盈余以及为补偿这种特殊损伤而保留的部分。借款人所能够支付的利息只和纯利润相互成比例。

普通的最低利率同样除了足够补偿出借人所可能遭受的意外损失之外，还需要多少有一些剩余。由于借钱给别人即便是相当谨慎，仍然有遭受意外损失的可能。假如并没有剩余，则出借资金的动机就只能是善心或者友谊了。

在一个财富获得充分的补充，并且能够投入各个行业的资本都达到最大限额的国家，普通的纯利润非常低。由这种利润所能提供的市场利率也非常低，以至于使得只有非常富有的人才能够靠他们的货币利息生活。所有的小资产者或者中产者都需要自己监督自己资本的运用。几乎每一个人都需要成为一个商人或者从事某一种商业。荷兰似乎就正接近于这种状态，在那里当商人的时候。现实的需要几乎使得每一个人都这样做。同时习俗到处支配着时尚，好像不和别人穿同样的衣服，就是荒谬可笑一样。假如不像别人那样从事某种事情，一样要遭到嘲笑。某个游手好闲的人置身在商人中，会就像一个文职人员置身在军营中一样感觉尴尬，甚至有遭受某一种轻视的危险。

最高级的普通利润率或许是这样一种利润率，它在大多数商品的价格之中吞食掉本应当归作地租的那部分，只剩下足够支付商品生产还有运往市场的劳动工资，并且是依据所有地方对于劳动所支付的最低廉工资率，仅仅足够维持一个劳动者生活的费用。这是由于当一个工人在从事工作的时候，总是必须生活。然后地主总是获得了回报。东印度公司的职工在孟加拉所获取的商业利润也离这个最高利率相差不远。

平日的市场利率和普通的纯利润率的比例需要随利润的加减而变化。就在不列颠两倍的利息被看作亦即商人们称作适中合适的利润。这个所谓的适中合理的利润我觉得就是一般的平常的利润。就在一个普通纯利润是8%。或者10%的国家，用借贷来的资金经营商业用纯利润的一半作利息可能是合适的。资本由借用人承担风险，借用人就似乎给出借人保险。所以4%或者5%的利息在大多数商业部门既对于这个保险的风险是一个充分的利润，又是对于运用这些资本的时候所付出的劳累的充足补偿。但是在普通利润非常低或者非常高的国家，利息以及纯利润之间的比例就可能不相同了。假如普通利润率非常低，或许就不会以其一半付出利息；假如普通利润率非常高，它能够支付更多的利息。

在快速富裕起来的国家，许多商品价格中的低利润能够补偿劳动的高工资。这样它们的商品就能够同繁华程度较低并且劳动工资可能也较低的邻国的商品用同样低廉的价格销售。

实际上高利润不仅仅会提升工资，更多的是提高产品的价格。比如说，在亚麻布制造业中不同工种的工人：梳麻工、纺织工、织工等所有工人的工资提高到2便士一天，那么一匹亚麻布的价格所需要提高的仅仅等于生产这一匹亚麻布所雇佣的工人的人数，再乘以他们生产这一匹亚麻布的工作天数，再乘以2便士。商品价格中属于工资的那一部分在生产的各个不同阶段，按照算术级数次递增长。不过这些工人所有雇主的利润假如都提高5%，则商品价格中属于利润的部分在生产的各个不同的阶段，按照几何级数次递增加，也就是说梳麻工的雇主在销售他的麻的时候，除了要求他所垫付的材料以及工资的全部价值以外，他还要另外附加5%。纺织工的雇佣主人在他垫付的麻价以及纺织工的工资以外，也要再附加上一个5%。同样，织工的雇佣主人在他所垫付的麻纱以及织工的工资以外，也要再附加上一个5%。因此，工资的提升在提高商品价格之中的作用就完全同单利在债务积累中的作用一样。利润的提升就如同复利的作用一样。我国商人以及制造商多抱怨高工资在提高价格中所起到的负面作用，降低了他们的商品在国内外的销售量，不过他们对于高利润的结果却闭口不谈。关于他们自己获取利益从而产生的恶果更是守口如瓶。

第十章　论劳动与资本用途的不同所产生的工资与利润的差别

用于不同用途的劳动和资本其所有利与弊在同一地区肯定完全相同或者不间断地趋于相同。假如在同一个地区内有某一用途显著优于或者差于其他用途。那么在之前一种情况之下许多人就会涌进那一种用途，而在后一种情况之下，许多人就会离开那一种用途。这样那种用途的利益时间不长便会回归到和其他用途的利润相等量的水平。最起码在各种事物都是顺其自然地发展，每一个人都可以完全自由地选择他觉得恰当的行业，并且可以经常改变自己的行业的社会，情况应该是这样的。每一个人的个人利益都促使他去寻找更好的，并且避开差的用途。

确实，欧洲各地的货币工资和货币利润依据劳动和资本投入的用途的不同而有所不同。不过这种不同部分来源于用途本身的某些情况。这些情况或者是确有其事，或者最起码是人们的想象，要为某些货币收益少的用途作一些弥补，用来抵消另外一些货币收益大的用途中的收益。另外，部分就是来源于欧洲的政策不让事物彻底自由发展。

本章将分两节分别来研讨那些情况以及政策。

第一节　起因于职业性质的不平等

下面就是我所能够观察到的五种主要情况。它们对于某些货币收入微薄的职业予以补偿，同时也使其和另外一些收入丰厚的职业作为一种平衡。（一）职业本身的惬意性或者不惬意性；（二）职业本身的易学性以及廉价性，或者职业学习困难，并且需要费用；（三）职业的长久不变性或者易变性；（四）担负工作的人所负责任的大小；（五）从事该种职业成功的可能性或者不可能性。

第一，劳动工资伴随着职业的难易、清洁和肮脏、光荣和不光荣的不同而有所不同。因为它在非常多的地方，就拿一年来说，一位打短工的裁缝工的收入少于一位打短工的织布工，因为他的工作相比容易一些。而一位打短工的织布工的收入又少于一个打短工的铁匠，尽管他的工作并不总是更容易一些，但是要清洁得多。铁匠虽说是一种技工，可是工作12个小时的所得却不如一个煤矿矿工工作8个小时所得多。尽管矿工仅仅是一个普通劳动者，但铁匠的工作并没有那么肮脏，并没有那么危险，并且是白天在地上进行的。

就所有体面的职业来说，荣誉组成了报酬的大多数。而从货币所得的观点来看，考虑到各方面的情况，这些职业的报酬普遍说来都偏低了一些。关于这一点我在下面将逐一加以阐释。不体面的职业却刚好相反。屠夫的行当是野蛮而且令人讨厌的，但是在大多数的地方却要比普通行当赚钱多。刽子手的职业是最令人厌恶的职业了，不过就其工作量而言，所得的报酬要高于其他任何一种普通职业。

打猎及钓鱼是人类未开化社会中最重要的两种职业，就在进步的社会中变为了人类惬意的娱乐。曾经为生活的需要而渔猎，现在则为寻欢作乐而打鱼。所以，在进步的社会里把别人当作消遣的事作为自身职业的人，他们都是非常贫困的。自从西奥克里塔斯的时代以来，渔民总是非常穷困。在不列颠各地偷猎者也都是十分贫穷的人。在律法严格的国家不容许偷猎，不过即便有特许证的猎手，他们的条件也好不了多少。大多数是对于这些职业有自然偏爱的人才会从事这种行业，并不是因为依靠它们可以过上舒服的生活。其劳动的产物以其数目而言，永远是价格偏低，只够向他们提供最贫穷的生活。

职业的不惬意以及不体面以相同的方式影响到资本的利润以及劳动工资。小旅馆或者小酒店的主人，向来不是自己店铺的主人。他们随时可能受到醉汉的殴打。他们所从事的行业既不十分惬意，也并不是十分可信赖的职业。不过却没有一个其他的普通行业，用小的资本就可赚到这样巨额的利润。

第二，劳动工钱随着职业本身的易学性以及廉价性，或者学习它们的困难还有费用的不同而不相同。

每当安装一个昂贵的机器的时候，在机器真正报废之前，它需要完成定额的工作以回收投在它身上的资本并最起码获得普通的利润。一个消费了巨额劳动以及时间来学习那些要求特殊的技巧以及技艺的职业的人，就能够和这种昂贵的机器相媲美。学习做这样的工作的人就会指望获得高于或者超过普通劳动的工钱，来补偿他学习过程中的所有费用，并最起码获得相等价值的资本的普通的利润。并且考虑到人的寿命非常不确定，因此还必须在适当的时间里做到这点。机器也是如此，即使其使用年限较为确定。

熟练工人的劳动工资和普通劳动的工资的区别就是建立在这一原则的基础上的。

欧洲的策略是把所有的机械师、技工以及制造师的劳动看作熟练的技术劳动。而其他的所有农村劳动看作普通劳动。这样的政策似乎觉得前者的劳动要比后者的劳动在性质方面更细致更精巧。在某些场合也许的确是这样，但是在大多数场合恰好相反。以下我将逐一加以分析。

欧洲的法律以及习俗为了让某人有从事某种劳动的资格，他们都需要先做个学徒。但是严格的程度却各个地方不同。而对于另一些劳动，则对所有的人免费开放。在学徒期间，学徒的所有劳动都无偿归为师傅。与此同时，在许多情况下，他们的生活需要由父母或者亲属负担。好像在所有情况之下，穿衣是需要由他们自己承担的，他们常常还要给一些钱给师傅做学费。无法付起学费的人，就可以支付时间，即做比一般年限长的学徒。但是这对于师傅并不总是有利，由于学徒常常都非常懒惰。并且对于学徒来说学徒期限长总是不利的。相反，农村的劳动则不然。劳动者在受雇佣于从事较为容易的劳动的时候，同时学会了较为困难的工作。在雇佣时期的各个不同的阶段，他都是用自己的劳动来养活自己。所以，在欧洲，机械师、技工以及制造师的工钱要比普通劳动者的工资高一些是完全合理的。就是因为这一点，他们还有他们较高的收入让他们在大多数地方都被看作是上等人。但是，这种优越性一般也是非常小的。制造业当中一些较为普通工种的短工，譬如制造平布以及平呢绒的工人的日工资或者周工资在非常多地方要比普通劳动者的日工资平均下来多不了多少。当然，他们的职业较为稳定以及不变，以一整年来说，他们的收入多少要多一些。但非常明显，这多余的一部分也不过仅仅足以补偿他们受教育所消费的较多的费用。

精巧艺术以及自由职业的教育的时候间更长，费用更大。所以，画家、雕刻家、律师以及医生的货币报酬就应该更高一些，事实上也是这样。

但是资本利润看来极少受资本所投入的那一行业学习难易程度的影响。大城市里成本通常投入的各种用途，学习起来事实上既一样的容易，也一样的困难。

国外贸易或者国内贸易的这个部门的业务不应当比那个部门的业务要复杂非常多。

第三，不同职业的劳动工资随着职业的固定性或者不固定性而不同。

某些行业当中的职业要比另外一些行业中的职业更加固定。在大多数的制造业中，一个技工能够完全放心他在那一年里差不多每天都会有工作做，只要他可以工作。反之，一个泥工或者砌砖工在大霜冻或者极坏的天气里就无法工作。在其他的时候他的工作也是取决于主人偶然的召唤。结果是，他就常常没有任何工作。所以，在他有工作的时候，他的收入必须不仅仅可以维持他没有工作的时候的生活，并且对于他在不安定的境遇中偶尔产生的焦虑以及沮丧亦须给予某些补偿。因此大多数制造业者的收入计算起来似乎和普通劳动者的日工资处于同样的水平，而泥工以及砌砖工的劳动工资却一般情况是普通劳动者的工钱的半倍到一倍。就在普通劳动者挣到四五个先令一个星期的地方，泥工以及砌砖工则常常可挣到七八先令一周；在之前一周挣6先令的地方，后者则常常可以多些。就像在伦敦这样的地方，前者一周可以挣9至10个先令，后者常常就可以挣到15至18个先令一周。但是看来并没有比泥工以及砌砖工的劳动更加容易学习的技术劳动了。伦敦的轿夫听说在夏天有的时候就去作砌砖工。所以这些工人的高工资并不是对于他们的技术的回报，而是对于他们职业的不确定性的补偿。

盖房子的木匠所从事的工作看去好像要比泥工要精细一些以及要动脑筋一些。但是在大多数的地方，他的日工资却比泥工多少要低一些。由于他的工作主要不是完完全全地依赖于雇主的临时的召唤，并且他的工作不受气候的干扰。

假如这些行当一般都可以有固定的就业机会，而在某个地方并不是如此的话，则这些行当的工人的工资就老是要比普通劳动的工资的平均水平高许多。就在伦敦几乎所有的下层技工像其他地方的打日工的劳动者那样，每日每周都很可能被雇主招用以及解雇。所以，最底层的技工，打短工的裁缝一天可赚5先令，即使普通劳动者的工资仅仅是18便士。在小城镇以及乡村打短工的裁缝常常所挣还达不到普通劳动的工资的水准，并且在伦敦他们还常常几个礼拜无法找到工作，特别是在夏季。

假如职业的不稳定再加上工作的艰苦、令人厌恶以及肮脏，则这些条件有的时候就会把最为普通的劳动的工资提升到和技术性最强的技工工资之上。计件工资的煤矿工人在纽卡斯的工资一般情况下要比普通劳动的工资大约高1倍，在苏格兰许多地方要高于普通劳动的工钱2倍。在大多数情况下，他的工作能够说是稳定的，只要他情愿就行。伦敦的运煤工人的职业，它的艰苦、令人厌恶以及肮脏的程度几近和煤矿工相等，并且由于煤船达到的时间的不可避免的不规律，使得从事这一职业的大多数人都是工作非常不稳定。

所以，煤矿工人常常所赚的是普通劳动的工钱的2倍以及3倍，运煤工有的时候所赚的却是普通劳动的工资的4倍以及5倍，看来就不应该有什么不合理的了。几年之前对于运煤工人的条件进行了调查，发现按照那时的工资率，他们一天可以赚到6到10先令。而6先令大概是伦敦普通劳动的工钱的4倍左右，在任何一种职业中最低的普通工资总是能够看作一种职业中最大多数工人的工资的。无论他们的收入怎样高，假如除补偿工作中的所有不令人惬意的工作环境外还有富余，则在一个并没有垄断权的行业里立刻就会出现大量的竞争者，所以非常快也就会把他的收入降低到一个较低的工资率。

行业的固定性或者不固定性无法影响对于任何一种行业投入的成本的普通利润。资本能否固定投入不取决于职业，而取决于经营行业的人。

第四，劳动工资随着工人所需要承担的责任大小不同而不尽相同。

各个地方的金匠以及宝石匠的工资都远高于许多其他工人。不仅仅高于具有相同独创性的工人，并且还高于许多具有高得多的独创性的工人。由于托付给他们的是昂贵的材料。

我们将我们的健康托付给医生；将我们的财产，有的时候甚至我们的生命以及名誉托付给了律师以及辩护士。如此重大的信任我们不会放心地托付给生活处在极其卑贱以及低劣条件中的人。因此他们获得的报酬需要使他们能具有承担这种重大委托的社会地位。他们在接受教育中需要付出的漫长岁月还有大量金钱，再加上以上该种情况肯定更为增加他们的劳动价值。

假如一个人仅仅使用自己的资金经营生意，那也就没有什么托付的问题。然而人们对于他的信任也并不是根据他的行业的性质，而取决于人们对于他的财产，他做人的笃实以及谨慎。所以，不同行业当中不同利润率并不产生对于经营者所给予的不同信任和委托。

第五，不相同职业的劳动工资和各个行业取得成功的可能性或者不可能性的不同而不尽相同。

每一个经过了职业训练的人未来能否称职，它的可能性在不同职业中也大不相同。在大多数的机械业中，成功是近乎有把握的，但是在自由职业当中，就非常不确定了。你将儿子送到鞋匠那里做学徒，毋庸置疑他会学会做鞋子。不过假如送他去学习法律，他可以精通到借此为生的程度，其可能性最大是20比1。在完全公平的抽奖当中，中奖的人必须获得抽了白纸的人所丢弃的全部。所以在有20个人失败，才有1个人成功的职业当中，成功的那个人就应当获得那20个并没有成功的人本应该获得的全部。一个法律顾问或许要到将近40岁才能开始从职业上收取一些收益，他所应该取得的报酬应该不仅仅是对于他受教育所花费的时间以及昂贵的学费的补偿，同时应该是对那些全无收获的20人所花的时间以及学费的补偿。无论法律顾问的收费有时显得多么高，他们的真正报酬从来还没有到达过这一点。把所有的地方，所有的普通行业的所有不相同的工人一年可能的所得，还有一年可能的花费，比如鞋匠或者织布工的一年所得以及消费加以统计，我们就可以发现他们的收入常常都是要多于消费的。不过假如我们对于法律协会的法律顾问以及实习生进行一个相同的统计，我们就可以发现他们的年收入仅仅是他们年支出的非常小的一部分， 即使我们已经尽可能把他们的收入估算得非常高，把支出估算得非常低。因此法律认为这个彩票远远并不是一个完完全全公平的彩票，并且许多其他的自由职业以及荣誉的职业从货币收益这一点来说是明显并没有获得充分回报的。

即使这些行业有这些让人沮丧的地方，但是这些职业仍旧能和其他职业同步发展，所有的慷慨大方心胸豁达的人都急切地想挤入这些行业。这里有两个原因鼓励着他们如此做：第一，对于伴随着特殊表现而来的荣誉的盼望；第二，天生每一个人对于自己才能以及好运或多或少的信心。

在一个仅仅有极少数人能达到中等水平的行业里而能表现优

异，这就是所谓天才或者卓越才干的最主要标志。伴随着这种卓越能力而来的大众的赞扬常常就构成了对于他们薪酬的一部分；这一部分是大抑或小，要看对于他们的赞扬的程度的高和低。单单就医生来说，它组成了其报酬中非常可观的一部分；在法律业界，或许还更大一些；在诗歌以及哲学界，它似乎构成了所有。

有一些才能是非常令人愉快的，拥有这种才能的人常常可以博得某种赞美；不过假如运用这种才能去谋求利益，出于理性或者偏见世人就会把他们看作公开卖淫。所以，用这种方式挣钱的人，其货币报酬不仅仅必须足以支付他们为得到这种才能所花去的时间、劳动以及花费，并且还须补偿他们因此为生而招致的名声上的损害。

演员、歌剧的歌手、歌剧的舞蹈演员等等，他们报酬之所以非常丰厚就是因为这样两个原则：稀有的才能以及美丽，还有由于以这种方式来运用其才能而取得的不好的名誉。乍看来，显得非常荒谬：我们轻视他们的为人，而对于他们的才能又给予最丰厚的报答。但是正因为我们轻视他们的人格，我们又需要厚酬他们的才能。假如世人对于这样一些职业的看法以及偏见一旦改变，其货币报酬就可以降低很快。更多的人就会来从事那一种职业，而这样的竞争非常快就会把他们的劳动价值降下来。这样的才能即使远远非人人所有，但是毕竟并没有少到想象的那样的程度。很多人具有这样才能，甚而达到了完美的程度，但是他们不屑于去利用它们，并且更多的人也完全可以学到这种才能，假如凭借这种才能可以非常体面地获得一切的话。

大多数人对于自己才能的太过自负是历代哲学家以及道德家所说的一种古老的行为。而对于自己会走好运的荒唐推测却不大为人们所重视。并且，假如可以如此说的话，后者还更加普遍。并没有一个身体以及精神都还凑合的人不对自己会走好运抱有几分的幻想。每一个人对于成功的机会多少老是过高地估计了，但是对于失败的机会大多数人又过于低估计了，并且没有一个身体以及精神健康的人并不是对于自己估计太高。

成功的概率常常是非常自然地被太高地估计了。这点我们从认购彩票的人大多指望成功这一事实就能够看得清清楚楚。世界上从始至终就没有，并且今后也不会有完全公正的彩票，即所获弥补全部的所失。由于那样经营者就会从中一无所得。就在国营彩票当中，彩票实际上并不拥有认购者所支付的价格，而市场上又常常是按照超过其实际价值的20%，30%，甚至40%的价格售出。产生对彩票的这种需求的唯一原因就是人们对于获得某种大奖的妄想。最为清醒的人也并不觉得花点小钱以赚得10镑或者20镑的机会是愚蠢；哪怕他们明白地知道他们花的那点小钱也许要比那个机会所值得还要高出20%或者30%。假如一种彩票中没有一个奖是超越20镑的，那么即便在其他方面它要比普通国营彩票更接近于完整的公平，认购这一种彩票的人仍会不多。为了有更多机会得奖，有些人同时购买几种彩票。但是，数学中可能并没有一个定则要比这个更加确定的了，那就是你冒险买的彩票越多，你输掉的可能性就越大。你能够冒险买所有彩票，但你输掉是肯定的。你买的彩票数目越大，你就越发接近亏空。

我们从承包人的微薄的利益能够看出，损失的机会经常是被低估了，要比其实际价值低。无论是火险保险抑或海难保险，为把保险作为一个行当，普通的保险必须足够补偿普通的损失支付经营的费用还有提供资本投入所有的普通行业所可得到的利润。一个投保人假如交纳的仅仅是这么一点，明显他们付出的还仅仅是危险的真实价值，或者说，他所能够合理指望保险的最低廉价格。即使许多人通过经营的保险赚了一点钱，但是几乎没人靠它发了财。单从这点来看就已经非常明显，保险业中获利和损失常常相抵，并不比其他发财的行业更加有利可图。但是就算保险费一般都非常低廉，许多人却多轻视险恶，而不愿意去支付保险费用。从整个联合王国来说，平均每20户中就拥有19户，100户之中有99户都没有掺和火险保险。

海难对于大多数人来说应当是更惊人的了，所以投保的船只远远大于未投保的船只数量。但是，一年四季，甚至在战争的时候总还是有很多船只并没有投保。这样做有的时候可能并不是出自于粗心。一个大型的公司，甚至一个大的船商，他有着二三十只船在海上旅行，他们可以互相保险。在它们身上节约下来的保险费除了补偿在一般情况下可以遭受到的损失外还可能有余。但是，忽视船只的保险还有类似情况下的房屋保险在大多数场合都不是因为进行了这种精细计算的后果，而仅仅是由于轻率以及傲慢，轻视会出现的危险的后果。

轻视危险以及傲慢地指望成功这两个现象在年轻人选择职业的时期表现得要比人生中任何的时期都活跃。在那个时候对于不幸的恐惧抵挡不住对于好运气的盼望，这要从普通老百姓热情登记参军或者出海航行，要比从上流社会当中青年人渴望进入所谓的自由职业更为明显。

一个普通的士兵可能损失什么是非常明显的。但是，青年志愿者假如没有考虑到个人的危险，是不会就像爆发了战争那样如此踊跃报名的，即使他们提升的机遇并不多。然而在他们年轻的幻想中他们设想有千万次的机会获得荣誉以及表现自己，即使那些事情之后从未发生。这些浪漫的希望就组成了他们流血的所有价值。他们的薪酬低于一个普通劳动者的工资，单在服役期间他们的劳累却要比普通劳动者要大得多。

航海之中的无法预测事件并不都像陆军中的无法预测事件那样可怕。一个有信誉的工人或者技工的儿子常常可以征得父亲的同意出海，但是假如他要报名当兵，那就老是无法得到父亲的同意。由于人们觉得出海有某些机会能够成就一番事业，而当兵就仅仅是他自己觉得可以做一番事业了。所以，伟大的海军上将受到的公众的崇拜就不如敬爱的陆军上将。在海军服务中间最大的成功所获得的财富以及名誉也比不上陆军中同等成功所获得的名利那么大。在海陆军其他的等级的升迁当中一直贯穿着这样的差异。

根据军阶规定海军当中的船长和陆军中的上校同级，不过在一般人的评价当中船长并不可以和团长同等，就像在彩票活动当中大奖是少数，小奖则多得多。因此，普通的水兵发小财以及晋升的可能性要比普通陆军士兵大一些，而想要获得这样的小奖的希望正好是主要推动人们去当水兵的因素。即使他们的技术以及熟练技巧远远地高于几乎所有的技工，即使他们的整个一生是一直地面对于艰难和危险；但是就算他们有这么高的熟练技巧以及技能，就算要面对如此多的艰难和险阻，但是在充当普通水兵的时候，他们并无法得到其他任何的回报。唯一的报酬就是运用熟练技巧的时候以及克服艰难险阻之后的快乐。他们的工资并不多于起着调整海员工资作用的港口普通的劳动者的工资。因为他们一直从一个港口到另外一个港口，来自于不列颠不同港口的海员的月收入要比其他各地工人的工资更接近一致。来往海员出入最多的港口的工资利率，亦是伦敦港口的工资利率。它调节所有其他各个港口的工资。伦敦各级工人大多数的工资就是爱丁堡同类工人工钱的两倍左右。但是伦敦港口出海的水手的工钱要比利斯港出海的水手的工钱一个月还多不过三四个先令。两地的差距这么大，是不常见的。在和平的时候，在商船之上服役的海员在伦敦的工资是一月从21先令到27先令左右。但是在伦敦一个普通的劳动者一周为9或者10先令的话，一个月可以赚到40到45先令。当然，水手除了工资外还免费供应食宿，但是，它们的价值或许并不总是能超越他们的工资和普通劳动者的工资中的差距。即便有的时候高出这个差额，整个超出的部分也不是全归于水手个人所得，由于他无法与其妻子以及家人共享。他的妻子以及家人在家里需要依靠他的工资过活。

工作的危险以及九死一生的冒险不仅仅并没有使青年人望而却步，好像反而常常激励他们去从事这样的职业。在下层人民之间，慈祥的母亲总是不敢把儿子送到港口城镇的学校念书，怕儿子看见船只以及听了水手们的冒险传奇而被诱惑去当水手。正是将来可能发生的危险让他们更指望能够凭自己的勇气以及机智来摆脱险境，所以丝毫未能让他们畏惧以及反感，即使未来可能发生的危险也并没有提高水手的劳动工资。

至于那些无需勇敢以及机智的职业就完全不同了。大家都明白在一些卫生条件十分差的行业，劳动工资老是非常高。不卫生是一个让人厌恶的事情，它对于劳动工资的影响常常都是归入了不快乐的那个总项目。

资金在所有不同用途中的普通利率或多或少随着资本回收的确定性或者不确定性的不同而不尽相同。一般说来国内贸易的回收并没有对外贸易的回收那样确定；而对于外贸易的一些部门又不如其他一些部门那样确定。譬如对于北美的贸易就要比对于牙买加的贸易回收要有保障得多。利润的平均率总是多少随风险的大小而增减。但是，增高的程度好像并不与风险的程度互成比例。换句话说，增高的利率不一定完全能够抵偿风险。在某些最冒险的行业当中，破产也最经常发生。在所有的行业中最危险的就是走私。但是一旦成功，它的利润也最大。但是它也是通往破产最可能的道路。成功的欲望在这里所起的作用看似好像在其他所有的场合所起作用一样，引诱许多的冒险者掺和这个危险的行业，竞争后果使利润下降到不足以补偿其风险。要完全补偿其风险，则它的普通回报就应当高于资本的普通的利润，不仅仅弥补全部临的损失，还应当对于冒险者提供和投保人利润性质同样的额外利润。但是，假如普通回报都足够补偿所有的一切的话，则破产在这些行业当中也就不会要比其他行业中更加常见的了。

所以，促进劳动工资各不相同的五个条件只有两种会影响资本的利润：行业的惬意性与否从事的工作的危险性高低。单就惬意性和不惬意性来说，大多数不同资本的用途非常少或者并没有什么区别；但是各种不同的劳动则有非常大的区别；资本的普通利润尽管随风险而提高，但是提高的程度看着又并不老是和风险的程度互成比例。因此可见，在同一社会或者附近地区投入不相同用途的资本的平均利润率以及一般利润率应当要比不同劳动的货币工资更加接近于同样的水平。事实也就是这样。一个普通的劳动者的收入和一个生意好的律师或者内科医生的收入之间的差异明显地大大超越两种不同行业之间的普通利润之间的差异。除此之外，不同行业当中利润间的表面差异常常是具有欺骗性的。由于我们并没有常常区分开什么应当视作工资，什么应当视作利润。

药剂师的利率已经成为一句笑话，它说明一些事情被过于夸大了。但是，这种非常大的表面利润经常只不过是劳动的合理工资。药剂师的技术是一个比任何技工的技术都要精细得多的技术，同时他负的责任也非常重大。在任何场合，他是穷苦人民的医生，而当病痛以及危险不大的时候也是富人的医生。所以，他的报酬应当和他的技术以及他的责任相适应，同时一般出于他所卖出的药物的价格中。不过在一个大型的商业城镇，一个生意最为红火的药剂师一年所有出卖的药品可能还不值30或者40镑（其本钱），但他却卖300或者400镑，那就是说用10倍的利润出售。但是这个利润可能也经常只不过是他的劳动的合理的工资。他获得合理工资的唯一途径就是把它们附加在他的药物的价格上。所以这个表面利润的绝大多数却是被隐藏在利润外衣之下的真实工资。

在两个小的海滨城市，一个小的杂货商用百镑的资本能获取40%或者50%的利润；然而当地的一个非常大的批发商用万镑的资本却非常难赚到8%或者10%的利率。卖杂货这一行当因为方便居民可能非常需要，并且因为市场狭小，就不需要大的资本来经营这样的商业。但是，一个人不仅仅应靠自己的生意过活，同时应该过着以及经营这种生意所要求的各种的资格相称的生活。也就是说，除去有小额的资本，他需要能读、写、算；同时必须是一个合格的鉴定商人，可以鉴别五六十种不同的商品的价格、质量，还有在什么市场上购买最便宜。简而言之，他需要具备一个大商人所必需的一切知识。由于他之所以暂时还并不是一个大的商人，仅仅是由于缺乏够多的资本。对于一个具有如此才能的人，一年30镑或者40镑的收入作为对他的劳动的报酬无法算过多。从其貌似巨大的资本利润中减去上面所谓的报酬，剩下的也许不会比普通利润多过什么。在这样的场合，表面利润之中的大多数实际上是真实的工资。

零售商表面的利润以及批发商的表面利润之间的差别在首都要比小城镇以及农村小得多。在杂货业可以投资10000镑的地区，杂货商的劳动工钱不过是对于这样巨大资本的真实利润的一个非常小的附加数。所以，富余的零售商的表面利润在那一地方和批发商的表面利润更为接近同一水平。就是因为这个原因，首都零售商的商品的出售价一般和小城镇以及农村的商品价格一样便宜，经常还更便宜一些。比如说，杂货一般就要便宜得多，面包以及肉类经常是同样便宜。将杂货运往大城镇所需费用并不多于运到农村。但是把谷物以及牲畜运往大城镇的费用就非常大了，由于大多数的谷物以及牲畜必须从非常遥远的地方运来。所以，杂货的成本价在都市里以及农村里是一样的。什么地方附带的利润最少，那儿杂货也就最便宜。面包以及肉类的成本价在大城镇要比农村要高一些，所以利润小一些。但是在城镇卖价并不老是贵一些，而常常是一样低廉。像面包以及肉类这些物品，因为同样的原因降低了它们的表面利润，增加了它们的成本。由于更加多的资本的投入，市场的限制使得表面利润变少，但因为补给需从更加远的地方运来，所以又提高了成本。一个减少一个增加在大多数情况下似乎是可以互相抵消，这也可能是造成以下现象的原因。谷物以及牲畜在联合王国的不同的地区价格常常很不相同，而面包以及肉类的价格在联合王国的大多数地区一般好像相同。

即使批发商以及零售商的资本利益在首都一般小于小城镇以及农村，但是以小资本开始而发财的人在首都经常不少，而在小城镇以及农村却极少有一个。在小城镇以及农村里因为市场的狭小，生意常常不可能随着资本而扩张。所以，在这些地方个别人的利润率或许非常高，但是利润的总额从来不会非常大，他的年积累金也不会非常大。相反，在大城镇中生意可以随资本的扩大而扩张，并且一个勤俭商人的信誉要比他们的资本增长的更加快。如此一来他的生意随着他的信用以及资本两者的增长而扩大，其利润总额也随着他的生意而扩大，他的年积累金也随着他利润的总额的增加而增多。但是，即便在大城镇，极少有什么人靠经营正规的稳定的众所周知的商业而发大财的，而发大财均是终生勤俭、严谨的结果。

当然，在这些地方忽然致富发了大财的有时候也有，那他们依靠的是所谓的投机。投机商所经营的并不是什么正规的固定的以及众所周知的业务。他今年做谷物的生意，明年又做酒的生意，后一年又经营糖果、烟或者茶叶。他预测到什么生意要比普通的利润更大一些的时候，他就经营那个。他预测到其利润又会回到其他行业的水平的时候，他就抛弃它。所以，他的利润以及损失和任何一种固定的以及众所周知的行业的利润和损失并没有什么正常的比例关系。一个胆大的冒险者有的时候也许因为两三次的投机成功就发大财，不过有的时候也可能因为两三次投机的失败而亏损。这种投机买卖只可能在大城镇里进行。这是因为只有在商业最为发达，通信最为方便的地方才能得到它所需要的信息。

以上所提到的五个情况，它们即使在劳动工资以及资本利润中引发相当大的不平衡，但是对于不同投资当中的劳动工资以及资本利润的实际利害或者想象的利害并没有引起什么不平衡。这些情况的本质就是对于货币收益小的某些投资给予补偿，来抵消另外一些货币收获大的投资中的收益。但是，为了让所有投资中的利害能到达这种平衡，即便是在最自由的地方也必须有三个东西。

第一，每当这些投资的用途在当地还有邻近地区为人所共知，同时有非常长的历史，这样的平衡才可以产生。

在所有的其他情况都一样的地方，新的行业的工资一般高于旧的行业。每当一个设计者想要建立一个新的制造业的时候，他首先需要以高于其他行业的工资或者高于其工作性质所允许的工资把工人从其他的职业中诱惑出来；并且他必须经过非常长的一段时间才能把他们的工资下降到普通水平。对于有些制造品的需求完全出于时尚以及爱好。这样的制造品是不断地变化的，非常难以持久。

相反，对于有些制造品的需求主要是出于使用或者需要，它们不怎么变化，同一形式或者构造能够行销上百年。因此前一产品制造业当中的劳动工资就可能要比后面一种产品制造业当中的劳动工资高。伯明翰主要是经营先前的一种产品，设菲尔德则主要经营后面的一种产品。这两个不同地方的劳动工资听说和它们不相同产品的性质互相适应。

树立任何一种新的制造行业，所有商业部门或者实施一项新的农业实践都是一类投机。设计者为自己设想了异乎寻常的利润。这样的利润有的时候非常大，更多的时候恰得其反。但是一般来说，它们和邻近地区的其他的旧行业的利润并没有什么正经的比例。假如设计成功了，其利润一开始会非常高。当这个行业或者生产完全建立起来，并且广为人知后，竞争就会让其利润下降到其他的行业的水平。

第二，仅仅在劳动以及资本的不同用途处于普通的，也就是所谓的这些用途的自然状态，整个地说来，它们的利害才会发生这种平衡。

对于各种不同工种劳动的需求有时比通常要大一些，有的时候又比通常要小一些。前面一种情况，劳动的收益上涨，高过普通水平；后面一种情况，劳动的收益又下降到普通水平之下。在晒干草以及收割季节，对于农村劳动的需求要比一年中其他大多数的时间大一些。然而工资也随需求的增多而增加。在战争期间，当四五万海员被迫从商船转入为国王服役的时候，商船对于海员的需求肯定因为海员稀缺而上升。在这样的场合他们的工资常常从一月1基尼27先令上升到一月40先令以及3镑。相反，在一个凋敝的制造业中许多工人不愿意离开他们的老行当，而宁可接受要比他们劳动的性质所应该获得的工资低一些的工资。

资金的利润随着资本所投入的商品价格的不同而不相同。当所有商品的价格上涨高出于普通或者平均率的时候，用于把商品运往市场的资本当汇总的某一部分的利润最起码要上升到高过利润的正常水平，而每当商品的价格下降的时候，利润也下降到正常水平以下。所有商品都或多或少会有价格的变化，不过有些商品价格的变动要比其他商品大得多。在由人类劳动生产的所有的商品中，每一年投入的劳动量肯定要受年需求量的调控，其调控的方法就是平均产量应当尽可能和年消费量持平。我们已然观察到在某些职业里相同的劳动量总是生产同样数量，或者非常接近数量的产品。比如，在亚麻布或者呢绒制造业中，相同数目的工人每年总是生产相同数量或者数量十分接近的亚麻布以及呢绒。所以，这样一些商品的市场价格的变化就只能够产生于需求中的某些偶然的意外的变化。国丧就让黑布的价格上涨；不过由于对于大多数平布以及粗呢需求的非常固定，因此其价格依然不变。但是也有一些行业，其中一样数量的劳动并不老是生产相同数量的商品。譬如，同样数量的劳动在不相同的年份所生产的谷物、酒类、啤酒花、糖果、烟草等就可能很不同。所以，这些商品的价格不仅仅随需求的变动而变化，并且随商品数量更大以及更频繁的变动而变化，所以价格非常变动。不过某些经营者的利润肯定和这些商品的价格一起变化。投机商的活动主要就是从事这种商品的买卖。每当他见到它们的价格会上涨的时候，他尽力买进，而当预见到价格趋跌的时候，他就抛出它们。

第三，只有当这些使用是使用者唯一的或者主要的用途的时候才会出现劳动以及资本在不同用途中利害在整体之上的平衡。

每当一个人以某一个职业为生，不过这个职业并没有占去他的大多数的时间，他常常愿在闲暇期间从事另外一种职业，并且接受低于按那种工作的性质所应当有的报酬的工钱。

在苏格兰的许多地区迄今还有一种称为农村雇工的人。不过现在这些人要比几年前少了许多。他们是地主以及农场主的一种户外佣工。他们从雇主那儿常常取得的报酬是一个住宅，一小块田地，一块足以饲养一个母牛的草场，甚而还加上一两亩不太好的耕地。每当雇主需要他们的劳力的时候，雇主就每周还支付给他们约值16便士的燕麦片。在一年的大多数时间里雇主并不需要或者只需要他们少部分的劳动，而他们耕种自己的那一点土地又不要他们所能支配的全部时间。当这种工人的数量比现在大得多的时候，听说他们闲暇的时候都愿为了一点非常少的报酬为任何人工作，并愿意拿要比其他劳动者低廉的工资。在古代他们好像是遍布欧洲各地。在土地耕种植极差，并且人口稀少的国度，大多数的地主以及农场主，在某些季节农村劳动需要大量人手的时候，就是用雇佣这种劳动力的方法来解决劳力问题的。这种劳动者偶尔所获得的日报酬以及周报酬显然就不是他们劳动的全部价格。他们的小块租用地应当是他们劳动价格中的非常大的一部分。但是，那些搜集古代劳动及食品价格并且乐意把这两者描述得非常低的许多作者，却将他们偶尔从雇主那里得到的日报酬以及周报酬当作了他们劳动的所有的价格。

这些劳动的产物常常以低于应当有的价格在市场上售出。苏格兰许多地方织的袜子就要比其他任何地方用织机织的袜子要便宜得多。由于纺织这些袜子的仆人以及劳动者，他们生活的主要的来源是他们从事的其他某种职业。每一年都有10双之上的袜子从设特兰运到利斯，他的价格是5便士到7便士一双。人们告知我，在设特兰小岛的首府勒韦克普通的劳动的普通价格是每天10便士。就在这同一小岛上他们纺织1双毛绒袜子的价值却是1基尼，甚而还要高一些。

在富裕的国家市场一般十分广阔，以至于任何一个行业都可以容纳投入这个行业的所有的劳动以及资金。人们以某种职业为主，同时又从事另外的职业以谋取少量收益的情况，主要出现在贫穷国家。

但是，下面一个和上类情况类似的事情却发生在一个十分富裕国家的首府。我笃信在欧洲并没有一个城市的房租有伦敦这么高，但是我也知道并没有一个首府的设施完整的公寓有伦敦的租金如此便宜。伦敦的住宿不仅仅要比巴黎便宜很多，并且要比爱丁堡同等漂亮的住房也便宜很多。看来或许有一些奇怪的是，全房租金的昂贵却又正是公寓房租金低廉的原因。所有的首都房租昂贵的原因有许多：劳动力的昂贵，建筑材料一般来自于遥远的地方，因此材料昂贵，并且更主要的是土地租金的昂贵。起到垄断作用的每一个地主常常是从城市里1亩坏的地索要的租金要比从农村里100亩好地索取的租金还要高。伦敦房租贵的原因除去上述以外，另一个原因，那就是伦敦人所特有的生活方式以及习惯：每一个家庭的主人需要租赁从上到下整个房子。在英格兰一栋住宅意味着在一个屋顶之下所包含的所有。在法国，苏格兰以及欧洲许多地方，它常常仅仅意味着一层。一个伦敦的商人需要在他们顾客所住的城市的那个区里租赁整栋房屋。他的店铺设为一层，他以及他的家庭住在最顶层，而把之间的两层出租给房客来支付他的整栋房子租金的一部分。他只依靠他的生意来维系全家生活，而不只依靠他的房客。但是，在巴黎以及爱丁堡出租房屋给房客的人常常都是并没有其他的生计的人，所以房租的价格就不仅仅需支付整个的房屋的租金，还要付房主的全家的生活费用。

第二节　欧洲政策引发的不均衡

以上三个必须的条件，假如缺少了中间的一个，即便是在最自由的地方都可能产生劳动以及资本在不同用途中利害在整体之上的不均衡。而在欧洲因为不容许事物完全自由，欧洲的政策又引起了更加严重的其他不均衡。

欧洲政策主要是下面三种方式造成这些不均衡的：第一，通过限制参加某一些职业竞争的人数，让有一些愿意掺和竞争的人无法进来；第二，在另一些职业中增加了掺和的人数，让其超过自然的范围；第三，通过阻止劳动以及资本的自由流动，让他们无法由一个职业随意转到另外一职业，从一个地方随意转移到另外一个地方。

首先，公司的垄断权力是欧洲政策为达到此目的的最主要手段。

一个联合的公司对于行业的垄断肯定在建立了公司的城镇里限制了这个行业以外的人参加竞争。在当地城镇一个合格的师傅的手下做几年学徒是得到参与竞争的必需条件。公司的规章有的时候还规定一个师傅所允许收编学徒的人数还有每一个学徒所必须学习的年份年限。这两种规定的目的就是将竞争限制在一个较少的人数里，让并不是每一个愿意的人都可以参加。学徒人数的限制直接限制了竞争，而学徒期长让学习费用增加又是对于竞争的一种较为间接的限制。

在设菲尔德依据公司规则刀匠的师傅在一个时期内只可以带一名学徒。就在诺福克以及诺维支一个织工师傅只可以带两个学徒，违者每个月必须向国王上缴5镑罚金。在英格兰所有地方或者英属殖民地，制帽的师傅也不许同时带2个学徒，违者每个月罚以5镑罚金。其中的一半上缴国王，一半归记录法庭控诉的人。这两个规定即使经由王国公法所确认，明显是受国家制定设菲尔德规则的同一个公司精神导致。伦敦的丝织业联合公司成立不到一年，就制定规则限制任何一个师傅在同一时期内接收两个以上的学徒。这一规则后来被议会通过的一个特别法令废止了。

之前，在全欧洲联合公司的大多数职业将学徒期定做7年。所有这种联合成的公司均统称为University，对于所有的联合公司来说那的确是一个恰当的拉丁名字。在古代都市的特许当中我们经常可以见到这样一些名字：锻工Univenity、缝纫Univerity等等。在我们现在称为大学的那些特殊联合公司建立之初，关于获得文学硕士学位所必需的学习年限的规定明显是以过去的公司行业的学徒年限的规定作为范本的。一个人能够被称为师傅，在普通行业里有收徒弟的资格，就需要在一个合格的师傅手下从艺7年；同样是为获得文学硕士、教师或者博士学位（古代的两个词语同义），并且能够收学生或者学徒（先前亦系同义词）也需要在一个合格的师傅门下学习7个年头。

伊丽莎白5年所颁布的常常称作学徒法的法律规定之后无论任何人必须最起码做7年学徒，否则不允许从事当时英格兰所有的手艺、工艺或者技艺。之前英格兰各地许多公司的特殊规则都变成了城镇每个行业的公法。学徒法言辞非常笼统，好像应当覆盖全国，但是通过解释，其适用范围仅仅限于城镇。同时民间一直认为在农村一个人能够同操几种行业，就算他在每一行业并没有当过7年的学徒，不过为了农村居民的方便，还有考虑到农村人口也不够对每种行业分配一定数量的人手，一个人同时担当几种行业是必要的。

同时，依照对于这个法规的字面的严格解释，这个学徒法规的适用范围也仅限于伊丽莎白5年之前在英格兰已经建立起来的行业，但是并没有扩展到那个的时候以后所引进的职业。所以这个限制引起了几个区分。那些区分做政策法规来考虑看来也是愚蠢到了极致。譬如根据法规，一个制作马车的人自己无法制作马车的轮子，也无法雇人制作马车的轮子，他需要向车轮制作师买进。由于这个行业在英格兰是在伊丽莎白5年之前就已经有了的。虽然车轮制作师并没有给制造马车的人做过几年学徒，但是自己能够制造马车，也能够以雇佣短工制作马车。马车制造业不在学徒法规定之内，是因为在制定这个法规的时候，英格兰并没有这个行业。于是曼彻斯特、伯明翰、沃弗以及汉普顿等地区的制造业之中便有许多都不在这个规定之内，它们均是伊丽莎白5年之前英格兰所没有的。

在法国学徒期间不同的城镇以及不同的行业中有所不同。在巴黎，大多数的行业就是5年。不过许多行业是任何人在学徒期满之后，还需要给师傅打5年以上短工，才可以成为一个合格的师傅。在他打工期间，被称为师傅的工人，这个时期也称作帮工期。

在苏格兰对于学徒的期限并没有相同的法规。在不同的联合公司里每个时期各不相同。在那些期限长的公司，一学徒期一般能够通过支付较少罚金来赎买。在大多数的城镇里也是用极少量的罚金就能够向公司购买自由。苏格兰的最主要亚麻布以及大麻布制造业的织布工和从属于他们的所有的其他技工，例如车轮制造工、纺车制造工等等，并不需要支付任何罚金就可以在任何一个自治城市操业。在所有的自治城市，所有的个人在一星期内的任何一个法定节日都能够自由贩卖肉类。3年是苏格兰各个行业的共同的学徒期限，即便在某些十分精巧的行业亦是这样。并且一般来说我知道欧洲所有国家的联合公司法也并没有苏格兰如此宽松。

因为劳动所有权是所有其他权利的原始基础，所以它是最神圣而无法侵犯的。一个穷困的人财产所有世袭的也就是他的体力以及一双巧手。阻碍他认为适当的方法在不侵害邻人的条件下运用他的体力以及技巧就是对于他的这个最为神圣的财产清楚的侵犯。并且也是对于工人的正当自由以及对于有意雇佣其雇主的正当自由的公然侵犯。因为妨碍一个人从事他觉得适当的工作，也就阻碍了其他的人雇佣他们觉得适当的人。判断雇佣某个人是否合适，应当交由雇主们来决定，由于和他们的利害关系最大。立法当局虚伪地担忧害怕雇主们雇佣了不合适的人，明显既是不礼貌的，也是让人无法忍受的。

长时间学徒制并不能够保证市场上没有手艺不好的工人。假如出现了这种现象，它常常是欺骗的结局，而不是无能的结果。最长久期限的学徒制也不可以保证没有欺骗。为防止这种滥用，需要有完全不相同的规章制度。金属的盘子之上有纯度记号，亚麻布以及呢绒上有记号，它们给予购买者的保证远远大于所有的学徒法。购买者常常只看这些记号，而绝不会想到去问制造这些产品的工人是不是当过7年的学徒。

长期的学徒制无法养成年轻人勤劳的习惯。一个计算的短工反倒可能非常勤劳。由于他从自己的每一分努力当中可以获得利润。但一个学徒可能会懒惰，并且几乎总是这样。由于他勤奋也并没有什么直截了当的好处。在低级的职业中，劳动的乐趣都在于劳动的报酬。谁可以最早享受到劳动的快乐，谁就会最早品味出它的味道，也就能够早养成勤快的习惯。一个青年人假如长期从劳动中无法得到利益，非常自然就会对劳动反感。从公共的慈善团体送去做学徒的孩子们常常学徒期要比一般的更长，他们常常也变得十分懒惰而无用。

学徒制在过去是完全没有的。但是在现代的每一个法典中师徒的相互义务都是非常重要的一条。罗马法典对于它们却完全没有提。我明白没有一部希腊著作或者拉丁著作（我胆敢，我确信肯定没有）有过我们现今赋予学徒一词的概念。一个学徒必须在某个行业中为他的主人的利益工作一定量的年限，只有在那样的条件下主人才可能教授他手艺。

长期学徒是肯定没有必要的。即便像制造钟表这样比普通行业更加高深的手艺也没必要长时期去讲授秘密。当然，最开始发明如此漂亮的机器，甚而发明制作这种机器的某些工具无疑是必须经过非常长时间的苦思冥想，并且可以视作人类会的最可喜的成果之一。不过当这些机器还有制造它们的某些工具被发明，并被人们所深刻了解，则对于所有青年人最详尽地讲解怎样运用这些工具，还有怎样制造钟表最多仅需要上几个星期的课就够了，或许只要讲授几天就足够了。假如是普通的机械行业，讲授几天是肯定足够了的。确实，即便是在普通的机械行业里，没有大量的实践以及经验手的灵敏程度也是无法达到的。不过一个年轻人从开始就当短工，并且根据他所做的那点工作给以报酬，同时对于他有的时候由于笨拙以及没有经验可能损坏的材料还需要处罚赔偿，那么他做起事来绝对于会勤奋得多细心得多。通过这样的方式他的学习一般会更加有效，并且也不会需要冗长乏味地花费那么多的费用。的确，那样一来师傅将会吃许多亏。他将会失去学徒的所有工资，即他省下来的工钱。不过最后也许学徒本身将是一个受到损失的人。一个行业如此容易学会，他肯定会有更加多的竞争对手，所以当他成为一个自立的工人的时候，他的工资将要比现在少得多。竞争增大不仅将降低工人的工钱，一样会降低师傅的利润。那个时候这些行业、手艺还有神秘统统都将受损失。不过社会却成了赢家，各种技工的制成品在市场上就可以便宜得多。

为了防止跌价还要降低工资以及利润，所以人们建立起了各种公司并制定了大量的公司法来限制自由竞争。树立联合公司在古代的时候欧洲的许多地区并不需要什么别的权威，仅仅需要取得公司所在地的自治城市的许可。在英格兰则还需要获得国王的特许状。但是国王的这个权利之所以一直保留下来看来并不是为保卫一般自由，而是为了防止垄断的侵犯，并且向臣民索要金钱。只要向国王付一定的款项，一般情况这种特许证马上就会颁发下来。假如某一类技工或者商人并没有特许证就自己建立了联合公司的话，这样的非法行会（这是当时人们给予他们的称呼常常并不会因此而受到取缔，仅仅是每年必须向国王交纳罚金来求得允许行使他们盗用的特权）。所有的联合公司还有它们可能觉得适合于它们自己的政府行使的对法规的直接监督权均属于其所属自治城市。对于这些公司无论有什么管制，常常不是来自于国王，而是来自于那个更加大的公司，对于它来说这些附属的公司仅仅是其一部分或者一个成员。

自治城市的政府完完全全是掌握在商人以及技工的手里，并且这个政府也是他们中每个阶层公开利益的代表。它阻止他们经常说的各自的产品在市场之上过分囤积。事实上就是让他们的各自产品在市场上常常保持库存不足的情况。每个阶层都迫切需要制订达到这一目的的规章。与此同时，假如许可的话，也愿意其他的每个阶层都这样做。

因为有了这样的规章，每个阶层都必须向本城内其他阶层购买他们需要的货物，即使价格可能要比购买外地的要昂贵一点。但是作为回报，他们能够同样以较贵的价格售出他们自己的货物。如此一来，就像他们所说：半斤和八两。在一个城内不同阶层的互相买卖中因为有了这些规章大家并没有一个是输的一方。而在他们和农村做买卖的时候，大家又均是大赢家。并且也是这后面的一种交易构成了整个商业，支持着每一个城镇，让每一个城镇富有。

每一个城镇的所有生活资料以及其工业所需要的全部材料都来自农村。城镇支付以上一切主要是经过两种途径：第一，把一部分材料加工后以及制成成品之后返回农村。在这样的情况下，它们的价格因为加进去了工人的工资还有老板们或者直接雇主们的利润而提升了。第二，把从其他国家或者本国遥远地区运到城镇的粗制品以及精制品部分送到农村。在这样的情况下那些货物的成本价格也因为要加上搬运工或者水手的工资还有雇佣他们的商人的利润而提升了。以上两种商业中第一种商业所得到的利益就组成了这个城镇制造业的收益，经过对内以及对外贸易所得到的利益是第二种收益。工人的工钱还有他们不同雇主的利润组成了两种利益的所有。所以，无论什么规章目的都是增加工人的工资以及雇主的利益，在城镇能以较小的劳动量购买农村较大的劳动量的产品。它们给城市的商人以及技工高于农村地主、农场主还有农村劳动者的利益，打破了城乡间进行贸易原本能够产生的自然的均衡。社会劳动的年产量每年就在这样的两组人之间进行分配。经过那些规章年产物的大多数分配给了城镇居民，而较小一部分分配给了农村的居民。

城镇对于每年由农村输入的食品以及原料实际上所付给的价格就是它每年输往农村所有的制造品及其他货物。运往农村商品的出售价格越高，输入城镇的食品以及原材料的购买价格就越便宜。所以城镇的产业就获利更大，农村产业获利就更小。

并没有必要进行所有精密的计算，我们只需要通过一个简单而非常明显的观察，就可以断言，在欧洲各个地区，城镇里经营的职业都要比农村里经营的职业利润高一些，优越一些。在欧洲的每个国家我们都可以发现最起码有100人是小本经营城镇本身已有的商业以及制造业发了大财的，而经过改良土壤以及改进耕种来提高农产品产量而发财的则只有一个。所以，城镇的产业肯定获得较好的回报，从劳动的工资以及资本的利润来看城镇也肯定大于农村。不过资本和劳动自然要寻找最有利的用途。所以，他们自然会尽量流向城镇，而放弃农村。

城镇的居民汇集在一个地方非常容易联合起来。如此一来城镇中一些非常不重要的行业在有的地方也都组合起来了。即使没有组合起来的地区，组合的精神、妒忌外乡人、不愿意收徒或者不愿意交流行业的秘密也都在那儿的居民中占上风，与此同时这种组合精神也常常教导他们自愿地联合起来达成一致，来阻挡无法依靠规章来禁止的自由竞争。仅仅需雇佣少量人手的行业最容易进入这样的联合。半打的梳毛工或许就需要雇佣1名纺织工以及织工来为他们工作。经过联合起来不收徒弟，他们不仅仅可以独占这一职业，并且可以使整个毛纺织业作为一种从属于他们的奴隶，所以提高他们自身的劳动工资，让它高于按照其工作性质所应该有的工资。

农村的居民分居在偏远的地方联合起来非常不容易。他们不仅从来没有联合起来，并且在他们中间连组合的精神也占过上风。耕地，这个农村当中的大行业，向来就没有人想过要通过学徒阶段才可以当个合格的农民。但是，除了所谓的美术以及自由职业以外，世界上没有什么行业需要如此广阔的知识以及经验了。各种各样语言出版的关于农业的浩瀚的著述让我们完全可以相信，世界上最为聪明最有学问的民族向来就没有把农业认为是十分容易理解的东西。并且我们想从以上所有著作中去搜集普通农民常常掌握的各种不同的复杂操作的知识也是不太可能的，即使其中有些可鄙的作者在谈及农民的时候可能抱着一种非常傲慢的态度。相反，没有哪个普通的机械行业，它的所有操作并不能在只有几页的一本小册子里就阐释得完完整整清清楚楚的，并且它还用插图解释。如今法国科学院所刊发的工艺史对于某一些工艺就是采用这种方法解释的。除此之外，农业中不同的操作因为气候的变化还有许多其他意外事件都需要有所不同，这就要比那一些永远是一样或者几乎是一样的操作，要求更多的判断力以及审慎。

但是农民的技术，耕地的一般操作，并且农村的许多低级劳动，它们所需求的技术以及经验也都要比大多数的机械行业所需求的要多一些。从事制铜以及制铁的工人使用的工具以及材料，其性质总是相同或者几乎相同。而用一队马或者牛耕地的农民，其工作的工具却在不相同场合，在不同的健康状况、体力以及脾性的条件下都会有所不同。他加工的材料的条件也跟着使用工具材料的不同而不尽相同。这些就要求他在操作使用的时候更为谨慎并随时作出判断。通常被认为愚蠢无知的普通庄稼汉都具备这种判断力以及思辨力。当然，他和住在城镇的机械工人比更加不习惯社交。他的声音以及语言对于没有听惯的人来说也是较为粗野以及难于理解。但是他习惯于思考各种各样不同事物的理解力，常常比从早到晚整天只关注着一两个简单操作的人要高得多。每一个由于工作或者好奇心同农村下层人交往过的人都非常清楚，那些下层人事实上要比城镇的居民更加聪明。

在欧洲各个地方城镇的产业之所以比农村中的产业优越，并不是都由于联合公司以及公司法，其他许多的规章也支持了其优越性。对于外国制造品还有外商进口的所有货物所征收的高关税都有意向增强这种优势。公司法将城镇居民能够提高他们货物的价值，并没有需要惧怕由于和本国同胞的自由竞争而需要降价出售。其他的一些规章也保护了他们和外人的竞争。由这样两种规章而引发的价格上涨均最后被转嫁到各个地区农村的地主、农场主还有劳动者身上。而他们向来并没有对这种垄断的建立反对过。他们常常不想组建也不适合加入联合组织。与此同时商人以及制造商的叫嚣和诡辩也容易说服他们，让他们相信社会的一个部分，并且是社会的一个从属部分的私利就是整个社会的共同利益。

从不列颠城市的产业比农村的产业所拥有的优越性来看从前比现在要大一些。和上世纪或者本世纪初相比，听说今天农村劳动的工资更加接近于制造业劳动的工资，用于农业资本的利润也更加接近于用于商业以及制造业的资本的利润。这样的变化能够被视作从前对城镇产业的特殊鼓励的肯定结果，即使它来得晚了一点。城镇所累积的资本已经达到了如此大的一个数额，以至于把它们再投入城镇所特有的产业已经不可能再获得之前的利润，因为城镇所特有的产业像其他的任何产业一样有他自身的极限。资本的增长和竞争的加剧肯定让利润降低。城镇利润的下降促使资本流往农村，但是在农村因为创造了新的对农村劳动的要求，肯定会提高农村的劳动工钱。假如我可以这样说的话那么资本本身在地面上扩张，并且通过投资于农业资本的部分回到农村。之前在城镇积累起来的资本大多数就是以牺牲农村作为代价的。在欧洲各个地方的农村中的一些最大的改良都归结于原积累于城镇的资本向农村的流动，对此我将在后面的章节里详细加以解释。与此同时我也将说明有的国家即使通过这一过程达到了非常富裕的程度，但这个过程本身肯定是缓慢、不确定的，容易受到非常多意外事件的干扰以及中断，并且从各个方面来讲都是违背自然以及理性法则的。在这本书的第三篇以及第四篇中我将会尽可能充分以及清晰地说明产生这个过程的各种利益、偏见、法律以及习惯。

同一个行业的人即使是为了娱乐以及消遣也很少聚在一起。不过一旦聚在一起，他们交谈的结果不是阴谋反对公众，就是阴谋抬高价格。当然想通过某一可以执行的，或者不违反自由和公正的法律来阻止这样的集会是不可能的。但是即使法律无法阻止同行业的人有的时候集会在一起，但是它不应当作任何方便这种集会的事。规定在某个城镇中相同行业的人都要在公共登记簿上记录自己的名字以及地址，这样的法规就方便了这种集会的召开。它把之前可能永远也无法相识的个人相联系，并且给行业的每一个人提供了互相寻找的指导。

规定需要同行业的同仁捐钱来帮助他们中的穷人、病人、寡妇以及孤儿，让他们有个共同的利益来处理。所以法规让这种集会变成了必要。

同业联合不仅仅使这种集会变成了必要，并且使大多数已经通过的决议案对全体有了约束力。就在一个自由的行业当中，没有行业同仁当中的每一个成员的同意，不会建立起有效的组合，并且这种联合也仅仅在同仁中大家都意见统一的时候才能继续存在。大多数的联合公司能够制定附加合适惩罚条款的法规。这种法规对于限制竞争要比所有自由联合起来的社团更加有效，并且也更持久。

有一种托词，说联合公司是对于行业进行更加好的管理的需要。这是根本没有依据的。对于工人行使的真实并且有效的惩戒并不是公司的惩戒，而是顾客对于他的惩罚。是对于失去工作的恐惧让他不敢欺诈，并且纠正他的马虎大意。相反拥有垄断性的公司肯定削弱了这种惩罚的力量。无论他们表现好坏，一些特定的工人都得必须雇佣。正是因为这个原因在非常多有组合的城镇中，甚而在某些最必要的行业里都无法找到可以差强人意的工人。假如你想要你的产品做得还算可以，你就应当把你的产品带到郊区去做。由于那里的工人并没有垄断权能够依赖，只可以依靠自己的品质。所以你只能尽量在郊区制作好之后再运进城镇。

欧洲的政策就是通过这样的方式把某些职业的竞争局限到一个较小的人数当中，使非常多想进来的人无法进来，才引发了劳动和资本在不同用途中利与害在整体上非常重要的不平衡。

第二，欧洲的政策经过扩大某些职业中的竞争，让其超出了自然的限制，所以引起了劳动以及资本在不同用途中利与害在整体上相对的另外一种不均衡。

为某些职业培养合适数目的青年人一直被看作是非常重要的。所以，有的时候是公众，有的时候是一些私人热心者的资金为这种培养建立奖金、助学金及举办展览会等。它们吸引了太多的年轻人加入那些职业，以至于超过了自然的限制。我确信，在所有基督教国家里大多数牧师的教育费用就是由这样的方式来支付的。他们当中恐怕没有几个是完完全全自费的。所以，时间的冗长、花费昂贵的教育并不总是给那些受到教育的人带来相对应的回报。同时教堂里挤满了人，他们为能得到工作，宁可接受比那些教育应得的报酬低得多的薪酬。这样的穷人的竞争就争夺了富人应该得到的报酬。毫无疑问把教区牧师助理或者教堂牧师和一个普通行业的短工相比较是不合适的。但是，教区牧师助理或者牧师的收入却完完全全可以视作和短工的工资是同样的性质。他们三者都是按他们和其自己的上级所制定的契约拿取报酬。

依据我们从几次全国宗教会议所公示的法令中的法律发现，直到14世纪中叶英格兰教区的牧师助理或者教区领薪的牧师的薪酬是5马克，其所包含白银和现今10镑货币所包含银的量相等。在同一时期一个泥工师傅的工资是每天4便士，其含银量和现在的1先令相等，单单泥工短工的工钱是一天3便士，就相当于我们现在的9便士。这两个劳动者假如是常常有人雇佣的话，其工钱就远远超过教区牧师助理的工钱。泥工师傅假如他一年里有1／3的时间没有活干，此时他的工资就将和教区牧师助理的工资完全相同。安妮女王12年第12号法令宣称："因为对于教区牧师助理并没有赋予充足的生活费用以及鼓励，许多地方的牧师助理的待遇非常差。所以，特授权各地的主教签字盖章为牧师助理发放一定金额的补助费或者津贴。也就是一年不多于50镑，不少于20英镑。"现在一个教区牧师助理一年可以拿到40镑也就能算作是高收入了。即使有国会这一法令，还是有许多牧师助理年薪在20镑以下。在伦敦许多的制鞋短工一年能够赚40镑，并且在那个大城市里无论哪个行业没有一个勤劳的工人一年不赚取20镑以上的。自然这个数目常常没有超过许多农村教区的普通劳动者的工资。任何时候当法律试图去调控工人工资的时候，其结果永远是降低了工资，而不是提高了工钱。即使在许多情况下，法律试图提高牧师助理的工资，并且为保持教会的尊严，需要教区长为教区牧师助理提供高过他们自己愿意接受的微薄的生活费用的薪酬。但是法律在这两个方面的企图看来一样是没有什么效果，它既没有提高教区牧师助理的工钱，也没能把劳动者的工资下降到要降低的程度。由于它没法阻止前者因为处境穷困以及过多的竞争而甘愿接受低于合法报酬之下的报酬，也没法阻止后者因为雇主们指望从雇佣他们中得到利润或者快乐而竞相雇佣以取得高于合法报酬之上的报酬。

牧师巨额的薪俸以及教会的尊严支撑着教会的荣誉，即使教会中有一些下级人员的处境低下。人们对于牧师职业的尊敬也能够对他们在金钱薪酬上的微薄做出某些补偿。在英格兰还有所有罗马天主教的国家，教会在事实上占有非常多优势。从苏格兰、日内瓦的教会还有其他几个新教会的事例当中我们能够确信，在如此一个拥有威望的职业当中，接受教育的概率又是这样容易获得，所以获得较为可观的牧师薪俸的希望就诱使相当多的有学问、品行端庄以及受人尊敬的人加入这个圣职。

在那些没有俸禄的律师以及医师这类职业里，假如也有那么多的人接受教育不要自己来花钱，可以享受公费的话，职业上的竞争马上就会非常剧烈，并且导致他们货币报酬的大幅下降。如此一来，就不值得自费来培养自己的孩子去从事这样的职业了。这些职业将会完全由公共慈善机构所培育的人士充当。他们的数量多了，并且生活困难，就会迫使他们愿意接受非常微薄的收入，现今受人尊敬的律师以及医生的职业也就可能完全降格。

常常被称为文人的那班落魄的人的处境和我们上述假设当中的律师以及医生的处境或许十分相近。在欧洲各个地区这些人中的大多数都是由教会培养出来的，但是又因为各种不同原因没能进入神职。由于他们受的一般就是公费教育，他们的人数各地常常也是非常多，所以导致他们的劳动价格也下降到了最低等。

在印刷术发明之前，这样的文人能够利用自己的才能找到的唯一的职业就是担任公办学校以及私办学校的老师。换言之将自己学到的稀奇而又有用的知识传授给他人。这种职业要比印刷术发明之后所产生的为书商写东西的人的确更有面子、更有用，常常收入也更加多一些。想要当一个出色的自然科学的老师所需要的时间、学习、才智、知识以及专心最起码和当一名最大的律师以及医生所必需的同等。但是一名出色的教师的报酬却和律师或者医生的报酬非常不相称。由于前一种职业挤满了用公费培育起来的贫苦人，之后两种职业里却没有哪几个不是受的自费教育。即使公办以及私办学校教师的一般报酬看来非常低，不过假如那些为了面包而写作的更加穷的文人并没有被赶出市场而参加竞争的话，他们今天的待遇毫无疑问的还要更加低。

在过去，在以帮助贫苦人们学习来达到上述有学问的职业为目标的这种慈善机构建立之前，出色的教师的报酬好像一直是非常丰厚的。苏格拉底在其所谓反诡辩学派的演说当中就曾谴责当时的教师相互矛盾。“他们对于他们的学生做出了最为堂皇的许诺”，他说，“并且要把他们教育成聪敏、快乐、正直的人，但是对于这样重要的工作他们只需要四五迈纳那样微薄的报酬”。他接着说，“传授智慧的人，他们自己自然应该是聪明的。不过假如一个人做这样一桩买卖只需要这样一个价钱，那他肯定是一个最为愚蠢的笨蛋”。在这里他肯定无意夸张那份报酬，我们能够相信那时的报酬的确只有他说的那样多。4个迈纳相当于现今13镑6先令8便士；5个迈纳相当于现今16镑13先令4便士。所以，雅典最出色的教师那个时候的薪俸常常不会少于这两个数目中高的一个。苏格拉底自己向每一个学生索取10迈纳，也就是33镑6先令8便士。听说，他在雅典讲学的时候，他拥有100个学生。我了解这是他在一个时期讲学时候的学生总数。也就是说，我们称作一个课程听课的人数。就像雅典如此大的一个城市，又那样有名的一个教师，而他讲授的又是那时最时尚的学科——修辞学，100个学生应当不算太多。所以，他每讲授一个课程应当赚了1000迈纳，也就是3333镑6先令8便士。在另外一处讲学的普鲁达克说道，他讲的伦理学也是1000迈纳。1000迈纳是教学的普通价格。那个时候的许多出名的教师看来都发财了。乔治阿斯曾经以纯金制成自己的雕像赠给德尔菲庙堂。我觉得，我们自然不应猜想，那座雕像有他真人那样高大。关于乔治阿斯的生活以及当时另外两位出色的教师希波阿斯以及普罗特格拉斯的生活，柏拉图曾经描述得非常豪华，甚至近于铺张。听说柏拉图本人的生活也过得非常阔绰。亚里士多德当了亚历山大王子的教师之后，获得了亚历山大本人还有其父菲力普王最优厚的待遇，这是全世界公认的。但是亚里士多德仍然认为回雅典自己开设讲坛，更加合算。

那个时候传授知识的教师或许并没有其后一两个世纪那样多。而那个时候教师的过分竞争就不仅仅多少降低了教师劳动的价值，也降低了对于他们人格的尊敬。但是其中最为杰出的所享受的报酬和尊敬看来总是要比当今从事同一个职业中的所有人要高得多。雅典就曾经派遣学院派的卡尼阿达斯以及斯多葛派的狄奥吉尼斯出使过罗马。即使那个时候的雅典已失去了当年的宏伟，但它依然是一个独立的著名的共和国。卡尼阿达斯也是个巴比伦人。雅典人是最妒忌外人担任职务的一个民族，竟然派遣卡尼阿达斯担任这个重任，足见他们对他的高度重视。

这样的不均衡从整体上来看也许是对于公众利大于害。它或许多少要降低一点公办教师这一职业的身价。不过文学教育费用的低廉无疑是一个优越性，它极大地抵消了公办教师地位降低带来的不利。假如欧洲大多数地区进行教育的学校以及学院的机构组织得比现在更加合理，公众从中间受到的益处也许还要大一些。

第三，欧洲政策因为妨碍劳动以及资本从一个行当向另外一个行当、从一个地方向另外一个地方自由地流动，所以在许多情况下，引发了不同用途中的利与害在整体上非常不便的不均衡。然而学徒制甚至阻碍在同一地区之内的劳动力从一个行业向另外一个行业的自由流动。联合公司的垄断权同时甚至不允许劳动力在同一个行业中的流动。

所以常常出现这样的现象：一个制造业之中的工人工资高，而另外一个制造业中的工人的工资却只够勉强糊口。由于前者是处在一种蓬勃发展的状况。所以，不断需要新的人手。而后面的是处于一种衰微状态，所以人手不断变得过多。这两种制造业有的时候可能处于同一城市，有的时候可能是邻居，但并没有能力互相给予什么帮助。由于在前一种场合学徒法或许反对与支援，而在后一种场合既有学徒法规又有垄断的联合公司声讨支援。事实上，在许多不同的制造业当中，操作都非常相似，工人能够非常容易地从一个行业转向另外一个行业，假如没有那些荒谬的法律妨碍他们的话。比如，纺织粗麻布的技术和纺织粗丝绸的技术就几乎完全相同。纺织粗绒的技术即使多少有些不同，但其中的差异也非常小。一个织麻布或者织丝绸的工人几天就可以完全学会。所以，假如这三种主要的制造业当中有哪种不景气，这一制造业的工人就可以在其他两种处在较为繁荣境地的行业里寻找到一种作为后路。如此工人的工资在兴旺的制造业当中既不会涨得过高，而在不景气的制造业当中也不会下降得过低。当然，在英格兰因为通过了一项特别的法规，亚麻布职业对于全民开放了。但是因为整个职业在英格兰大多数地区开发得不够，它对于其他不景气的职业的工人可以提供的后路不多。在实践学徒法的地方，那些工人就没有其他的出路，只能够去乞求教区的救助，或者当普通劳动者（即没有技术的工人）了。但是，按照他们的习惯，他们更加适合于从事和他们自己行当接近的制造业的工作，但不大适合于从事普通的劳动。所以，他们一般只能够求助教区的救济。

只要是妨碍劳动从一个行业往另外一个行业自由流动的物品，也就一样妨碍资本的自由流动。由于一个行业所能够容纳的资本量在非常大程度上取决于该行业所能够容纳的劳动量。但是，公司法对于资本从一地向另外一地的自由流动赋予的限制要少于对劳动的限制。一个富裕的商人在所有地方想取得在一个自治城市中经商的权利要比一个贫困的技工想在那里得到工作的特权要容易得多。

我坚信公司法对于劳动的自由流动的障碍在欧洲各个地区是一个普遍的现象。然而济贫法所赋予劳动自由流动的阻碍，据我所知，却是英格兰所特有的。这一障碍就在于穷人难以在教区以外寻找居住的地方，甚至不得在教区之外的地方出卖劳动力。公司法主要是防止技工以及制造工人的自由流动。而取得居住权的困难则甚至妨碍了普通劳动人民的自由流动。或许有必要对于这种混乱的起源、发展以及现状做某些说明，这也许是英格兰政策中最大的混乱。

当修道院被毁掉，穷人无法得到那些宗教机构的施舍的时候，政府也采取过其他的某些救济措施，不过均未奏效。伊丽莎白第43年颁布了第2号法令，规定各个教区有帮助本区贫民的义务，与此同时教区中专管贫民救济的人员要每年任命一次。他们会和教区委员通过教区税征收足够多的救济款项。

依据这个法令，每一个教区需要负责本教区的贫民。所以谁应该被看作一个教区的贫民成为一个非常重要的问题。这一问题几经修改最后才被查理二世第13年和第14年的法令确立了下来。那就是所有人必须在某一个教区不间断地居住到40天。但是，在这40天之内假如教区委员或者教区中专门管理贫民救济的人员对于他们提出控诉，新居民租用有年租金为10镑的土地以及保证能解除原居住教区的居住权力，并且经治安官员觉得满意，不然两个治安官员能够合法地把他们从新居住地遣送回他原先的合法定居地。

听说，有关这种法令曾经发生过多次欺诈行为。教区的官员有贿赂他们本区的穷困人潜入其他的教区，在那儿隐藏40天以获取在那里的定居权，来解除他们原来教区的定居权的。所以，詹姆斯二世第1年又做了以下规定：无论何人要在新教区得到定居权所必需不间断的40天，一律从他用书面形式向当地教区委员或者教区中专门管理救济人员提交说明他的新居住地还有家庭人口之日算起。

不过，教区官员好像对于他们本教区并不老是像对待其他的教区那么办事公正。他们有的时候对闯进教区的人采用一种默认的态度，收取报告后，并不采用任何恰当的措施。因为教区的每一个人都乐于尽可能地阻挡这种闯入的新居民以免增加他们的负担。所以在威廉三世第3年，又作了以下的规定：四十日的居住时间从书面报告在教堂星期日做了礼拜后的公布之日算起。

伯恩博士说过："从书面报告公布之后连续居住40天才可以获得居住权，而可以获取这个居住权的非常少。这些法令的原意就不是要让移居人口取得居住权，而是避免他们潜入教区。由于提交报告仅仅是给予教区一种驱使的权力。假如一个人的情况较为复杂，以致事实上能否迫使其迁回原教区还有问题。他上交报告书，就强迫教区在以下两种办法之中选择一种：其一是接连居住40天后允许他定居；其二是令其迁回原来教区，伸张正义。”

所以，这种法令让穷人几乎无法依此法令通过连续居住40天取得新的居住权。为了让一个教区的普通老百姓不至于因这个法令而无法在另外一个教区安家立业，又规定了无需提交或者公布报告也可以取得居住权的另外的四种办法：第一，缴纳教区所课的税；第二，被推选担当教区公职1年；第三，在教区之内当学徒8年；第四，被教区雇佣期限1年，并且在整个1年内担任同样的职务。

除去对全教区做出公开的业绩，无人能按上述四种办法中的前两个办法获得居住权。由于教区人民深刻明白把一个除自身劳动力之外一无所有的人，经过课税或者选入教区担任公职等办法收容进来会有什么后果。

并没有一个结过婚的人可以按照后面两种办法中的任意一种获得居住权。由于当学徒极少是结了婚的。与此同时又明令但凡已婚佣工不可以由于受雇1年而得到居住权。采用通过服务获得居住权这个办法的主要结果是：它在非常大的程度上取消了以1年作为雇佣期的古老习惯。之前在英格兰一直都习惯了1年为期。即便在今天，假如没有什么特别的协议，法律仍然趋向于承认1年是应该的雇佣期。不过雇主们并不总是愿意通过1年雇佣期来给雇工以居住权；并且雇工们也不老是愿意经过雇佣1年而获得新居住权。主要是因为取得新居住权要取消之前的居住权。他们可能因此而失去了在他们的家乡，他父母以及亲属居住地的原来的居住权。

非常明显，没有一个独立工人，无论是普通劳动者或者技工可以经过当学徒或被雇佣而获得新的居住权。所以，当这样一个人带着他的劳力以及勤奋来到一个新教区的时候，无论他是怎样健康、怎样勤奋，在一个教区委员或者教区救济人员的挑剔之下，都会被遣返。除了他租有每一年租金10镑的土地，这对于除劳动力外一无所有的人，事实上是不可能的，或者交纳两个治安员觉得满意的解除原来教区居住权的保证金。当然，怎样的保证金全依照教区治安员们决定。但是他们要的不会少于30镑。法律规定但凡购买价值低于30镑的地产的人不可以获得居住权，由于那不足以作为除去原来教区居住权的担保，但这却是所有凭劳动生活的人无法支付的数目。与此同时往往要求的保证金要比这还要更高。

为在某种程度上恢复几乎完全被那些不相同法规所剥夺了的劳动流动的自由，所以发明了证书。威廉三世第8年和第9年宣称，所有人假如持有他原合法居住教区的证书，证书上拥有教区委员以及专管救济人员的签名还有两名治安员的许可，则任何其他教区应当接受他，不可以以他可能被起诉而将其遣送；并且只有当他实际上已经成为被控诉的对象的时候才能将其遣返。这个时候发予他证书的教区应当为他支付生活费用及遣返费用。为了让持证者所要住的教区获得最充分的保证金，同样的法令又进一步规定：移居者需要租用有年租金10镑的土地，或者不取报酬为教区任公职1年才可以获得居住权。如此一来，他就不会通过提交报告、打工、当学徒或者缴纳教区税来得到居住权了。安妮女王第12年法规的第1条、第18条进而规定：持有这个证书的人的雇工以及学徒都无法借口这一证书而在其居住的教区得到任何居住权。

这一证书的使用到底恢复了多少被以上各种法令几乎完全剥夺了劳动流动的自由呢？我们能够从伯恩博士审慎的下述观察中看出来。他说："非常明显，教区有许多种充分的理由要求到任何地方定居的人交纳证书。也就是持有证书而来定居的人不可以通过当学徒、被雇佣、提交报告或者支付教区税的方法获得居住权。他们也不可以为他们的学徒以及雇工落户。假如他们成为被人控诉的人，教区自然知道应该把他们迁到何处，与此同时后一教区要付给他们搬迁费以及生活费。假如他们生病，不可以搬迁，则发给他们证书的教区应当负担他们的生活费用。所有的这一切，都必须有证书不可。这些也就是在平常情况下教区不愿意发证书的原因。由于这是非常不公平的。领了证书的人可能会再次被遣返回来，并且情况会还更加糟糕。"这一观察的寓意看来就是教区对于打算离开的穷人不应该发放证书。就是这一非常聪明的作者在其《济贫法史》中说："证书这件事情是有一些酸甜苦辣的。因为把证书控制在教区官员的手里，教区官员经过它有如把一个人终身禁锢了起来。无论他不幸得到居住权的地方对于他可能有多么不方便，他需要长期住下去；无论他想去居住的地方对于他有多么大的好处，他也不可以去。”

即使证书并不是表现优异的鉴定，它仅仅是证明持证人现在所属的教区，但是证书的发放或者是否接纳，全由教区官员裁定。伯恩博士说道，曾有人动议法院训令要求由教区委员以及专管救济的人员签发证书，但是皇家法院觉得这个想法太过离奇，被否决了。

我们发觉在英格兰相互相距不太远的地方劳动价格非常不平衡。这或许就是因为居住法造成的。由于居住法组织并没有证书的穷人自由地从一个教区转到另外一教区劳动。自然，一个身体康健而勤劳的单身汉有的时候并没有证书也能够在其他的教区居住；不过一个有了家室的男子假如想这样做，在大多数的教区肯定要被遣返。与此同时，假如那个单身汉之后要结婚，常常他同样也会被遣送原地。如此一来，一个教区缺少人手，却常常无法获得另外一个教区剩余的劳动力的支援。

我坚信苏格兰还有所有并没有居住权问题的国家都不可能有这种情况。在那些国家，即使在大城市的附近地区，或者在对于劳动力有特殊需求的任何地方劳动工资有的时候可能会上涨一点，不过随着与这些地区的距离越来越遥远，工资就会渐渐降低，直到工钱回到全国的一般水平。并且我们从来没有遇到过像在英格兰我们有的时候见到的邻近地区那种工资中突然以及无法估计的差距。由于在英格兰穷人要超过教区人为的边界常常要比越过国家间由高山以及海湾构成的自然边界还要困难得多。而这些自然边界有的时候使各国的工资率就已然相差非常大了。

把一个并没有犯任何过失的人从他选择居住的教区迁走，明显是违背天赋自由以及公正的。即使，英格兰老百姓是非常热爱自由的，不过像大多数国家老百姓一样却从没有真正了解自由是什么。一百多年以来一直忍受着这样的压迫，而从来没有寻求解脱。即使一些有见解的人有的时候也抱怨定居法是一件大众不满的大事，但是它从来没有像搜查证那样成了群众大声反对的对象。搜查证毫无疑问是一种滥用职权，但是它不会像定居法那样造成一种普遍的压迫。我敢说，在英格兰没有一个40岁以上的穷人在他一生当中的某一段时间里没有感受过这种用心恶毒的定居法对于他的残酷迫害。

我将用观察的结果来作为这冗长的一章的结束。在过去的日子，最开始是用通行全国的普通法，而后又是用各县治安官的特殊法令规定了工资率。现今这两种办法已然完全废除了。伯思博士说道："依据四百多年的经验，看来性质上无法精密限制的东西硬要尽力把它放在严格规定之下的所有的做法，时间已把它们抛下了。由于假如所有做相同工作的人都只可以拿相同的工资，那就不可能有竞赛，也就不可能有勤奋或者才能发挥的地方。"

但是，国会的特别法令依然有时企图去调控个别行业以及个别地方的工钱。乔治三世第8年就曾经明令禁止除了国丧场合外在伦敦方圆5公里的地域，裁缝师傅不可以支付给他的工人一天超过2先令7便士的工资，同时他们的工人也不可以接受一天高过2先令7便士的工资，违者施以重罚。任何时候，立法当局在试图调控雇主以及工人间的分歧的时候，他们老是以雇主作为顾问。所以，每当规章有利于工人的时候，老是公正以及公平的。但有的时候则反之，它有益于雇主。所以，法律要求不相同行业的雇主用货币支付其工人的工资，而不是以货物，是公正以及公平的。它并没有给雇主增加任何困难，它仅仅要求雇主们用货币来付给他们假装要用货物支付，而事实上又并没有付的那个价值。此条法律是有益于工人的。不过乔治三世第8年的法令却是有益于雇主的。每当雇主为要降低工人的工钱而联合起来的时候，他们常常缔结一种秘密的同盟或者协定，相约赋予工人的工资不可以超过一定的数目，不然施以一定的罚金。这个时候假如工人联合组成了一个性质相反的团队，不接受某种工资，就会被施以一定的罚金，并且法律将对他们加以惩罚。假如法律是真正公平而无偏袒的，它就应当以相同的方式对待雇主。不过乔治三世第8年却通过法律实施了雇主们有时试图通过组合来建立的那种规章。工人们怨恨那种规章把最有能力以及最勤奋的工人和普通工人放在了同一个立足点上。由此看来他们这种抱怨是完全有依据的。

古时也经常企图通过食品和其他货物的价格的比例来调控商人以及其他买卖人的利润。依据我所知，面包的法律规定标准就是这一古代习惯的唯一残余。在有着垄断公司的地点，规定生活第一的必需品的价格或许是适当的。但是在没有垄断公司的地域，竞争将会比任何法定标准对于面包价格调控得更加好。确定面包法规定标准的做法是乔治二世31年建立的。因为苏格兰并没有这个法律。

第十一章　论地租

地租作为使用土地而付的价格，当然是承租人在田地的实际情况之下所能负担得起的最高昂价格。在调整租借条件的时候，地主老是竭力让承租人除了留有够多的资金购买种子，付出劳动工资、购买以及维持牲畜还有其他农具的费用，另外加上农业资金在附近地区的平均利润之外，从其产品当中无法得到更多的东西。这明显是承租人在不亏本的条件之下所能够满足的最小份额，但地主也不想让他得到更多一些。但凡产品价格的所有部分超过或者高于这个份额，地主当然就会尽力将其作为地租而为自己保留下来，这明显是承租人按照土地的实际情况所可以负担的最高价格。的确，有的时候由于地主的大方，自然更多的是因为地主的无知，让地主接受了稍微少于那个份额的地租；一样，有的时候因为承租人的无知，自己也宁愿支付少许更多一些的租金，即自己满足于比邻近地区资金的平均利润略微低一些的利润，但是，这样的情况不多。这个数额依然可以看作自然地租，或者说它意味着大多数土地出租所应该得的租金。

地租，它能够视为是地主对于改良土地所付出的资金的一个合理利润或者利息。毫无疑问，在某些场合，它能够说是合乎部分情况的，但是它也只能是一部分的情况。由于地主甚至对于并没有经过改良的田地也要求征收地租，而对于土地改良所消费资金的想象中的利息或者利润通常还要作为对于原有地租的附加部分而加以收费。事实上，这些改良常常不是由地主的资本，而是用承租人的资本进行的。但是，当租约到期了需要重新签订的时候，地主常常都要求增长这部分的地租，貌似所有的改良都是他所进行的一样。

有的时候他对于人力完全无能为力的自然产物也要求地租。海草是一种海生的植物，烧成灰后可以产生一种碱盐，可用于生产玻璃、肥皂也还有其他一些生产用途。它生长在不列颠的许多地区，尤其苏格兰，它生长在水位非常高、一天被水淹没两次的岩石之上，所以人力对于它的生产是没有办法的。但是有的地主庄园与这样的海岸相连，所以他就对这种海岸像对麦地一样也需要收取地租。

设得兰群岛四周的海域鱼产要比其他地区丰富，它组成了当地居民大多数的生活资料。不过为了通过水产得到利润，他们需要在附近陆地上有一个定居点。这个时候地主就不是依据农场主在土地上所能够生产的产物收取租金，而要依据农场主在陆地上以及水里所能够收获的产物收取租金。租金的部分用海鱼支付，这是在这个地方所发现的使用货物的部分价格来作为地租的非常少的事例之一。

所以，被视为使用土地所付的价格的地租当然就是一种垄断价格。它不与地主对改良土地投入的资金成比例，或者不与地主可以收取的成比例，而是与农场主可以支付的成比例。

土地生产物当中常常只有其平均价格足够补偿用于生产的资金还有平均利润的这部分产物可以被送往市场。假如平均价格高过这个限度，平均价格当中的剩余部分当然就归入地租。假如平均价格要比这一限度低，即使商品可以被送到市场，都无法给地主提供地租。而价格是高于或者低于那个限度，取决于需求。

对于土地生产物当中的有些部分的需求让它们的售价需要提供多于它们送到市场所需的价格；而对于另外一些，则能够高于这一价格，也能够低于这一价格。前者总是足以支付地主的租金，后者在不相同情况下有的时候可以支付，有的时候却无力支付。

所以，应当看到地租是用不同于工资以及利润的方式进入商品价格的。工资以及利润的高低就是价格高低的原因，地租的高低则是其结果。由于把一件商品送到市场必须支付或高或低的工资以及利润，因此商品价格也就或高或低。不过由于它的价格有高有低，极大高于、略高于或者低于支付那些工资以及利润，它付地租，也就会可高可低，或者甚至全然无法支付任何地租。

这一章分为三个部分来专门研究以下三个问题：第一，土地生产物当中可以提供某些地租的部分；第二，有的时候可以，有的时候不能够提供地租的那些部分；第三，在改良的不同的时候，这两种不同原生产物互相比较以及它们的相对价值当中自然产生的一些变化。

第一节　总是可以提供地租的田地生产物

因为人像所有其他的动物一样是和他们的生存手段成比例自然增长的，因此食品总是或多或少处于需求当中。它总是能够购买或者支配大量或者少量的劳动力，并且总能够找到为了得到食品而愿意从事某一些工作的人。确实，假如能够以最节约的方式进行安排，食品可以购买的劳动量并不总是等于它所能够维持的劳动量，由于有的时候给劳动力的工资非常高。但是依据劳动力在附近地区平常生活的水平，它常常可以购买到所能够维持的劳动量。

土地几乎在任何情况下总是能生产足以维系将食品送往市场所必需的所有劳动的食品。余下的食品也总是除了补偿雇佣那些劳动力的资金以及相应利润之外还有剩余。所以，总是有的东西可剩余作为地主的地租。

挪威以及苏格兰的最为荒芜的荒地上生长一种能够饲养牲畜的牧草，这个地方牲畜的奶以及其繁殖的牲畜不仅仅可以维持饲养牲畜所必需的所有劳动力，还有支付农场主或者牲畜或者飞禽所有者的平均利润之外，还可以对地主提供少量的地租。地租则依据牧草的质量的好坏按照比例增加。一样大小的一块好地不仅仅可以维持更多的牲畜，并且因为它们是饲养在一个较小的范围内，喂养它们以及收集它们的产品的劳动力也要求较少。如此，地主能够从两方面受益：增加产品或者减少饲养其劳动力。

无论土地的产物是什么，地租因为土地的肥沃程度而不相同，地租又无论其肥沃程度如何，因为其位置而不相同，在城镇周围地区的土地所提供的地租高过偏远地区一样肥沃的土地所可以提供的地租。即使耕种后一块土地并不需要比耕种前一块土地更多的劳动力，但是它总是应当花费更多的劳动力才可以把它的产品送到市场。所以，它就应当支付更多的劳动力，所以农场主的利润以及地主的地租所得到的剩余就减少了。不过偏远地区的利润率就像前面所述，常常要比在大城镇附近地区高得多。所以，在这个变少了的剩余当中有较小的部分就肯定属于地主。

优秀的道路，运河以及通航的河流，经过减少运输的费用，让偏远地区和城镇附近地区几乎处于同样的水平。基于这一原因，它们变成所有改良中最大的改变。它们促进了偏远地区，国家最为外围地方的开发。它们对于城镇有利，打破了村庄在其附近地区的垄断。它们甚至对于那部分乡村也有好处。即使它们把有的竞争的商品带到了古老的市场，不过它们也为农村的产品开拓了许多新的市场。除此之外，垄断是优秀管理的大敌，虽然由于自由以及普遍的竞争，垄断不会普遍地树立起来，但是竞争又迫使每人为了自卫而只好求助于它。大概是50年前，伦敦四周的一些县镇还向国会请示反对把收税公路扩展到偏僻地区。他们借口那些较偏远的县镇由于劳动力便宜将可以在伦敦市场要比他们更为便宜的价格卖出他们的草料以及谷物，所以减少了他们的租金，断送了其耕种。但是从那个时候起，他们的租金提高了，他们的耕地改良了。

一块中等肥沃的麦地要比同等大小的一块最为良好的草地为人类生产出更多的食物。即使谷物的耕种需要更多的劳动力，不过除去对于种子的补偿以及对于维持所有劳动的补偿，它的剩余依然要大得多。所以假如1磅肉的价格向来并没有超越1磅面包，则这种较大的剩余在所有的地方都将具有较大的价值。它对于农场主的利润以及地主的地租都将组成一个较大的基金。在农业初始阶段，到处似乎都是这样。

不过面包以及鲜肉这两种食品的相对价值在农业的不同时期是非常不同的。在农业原始时期，占据那个时期农村较大多数土地的没有经过改良的荒野都被抛弃给了牲畜，鲜肉要比面包多，因此面包是竞争性最大的食品，所以也是最为昂贵的食品。乌洛阿告知我们，在40或者50年前，就在布宜诺斯艾利斯，4里亚斯，也就是1先令20个半便士就是在两三百只牛中任意选一只的平均价格。他一个字没提面包的价格，或许是他觉得不值得提。他说道，在那儿一头牛的价格和捕捉一头牛的劳动力的价钱差不多。不过谷物不消费大量的劳动在所有的地方都不会生长。而就在普内特河沿岸的所有国家，那个时候是处于要从欧洲到波塔西银矿的道路上，劳动的货币价格不会非常低廉。每当耕种扩散到全国的大多数地区的时候，情况就大不相同了。这个时候面包就要比鲜肉多了。竞争改变了它的方向，鲜肉的价格变成大大地高于面包的价钱。

除此之外，经过耕种的扩大，并没有改良的荒野所饲养的牲畜不足以满足对于鲜肉的需求。大多数开垦了的土地必须用于饲养牲畜以及牲畜的催肥，所以其价格需要足以支付饲养牲畜所需要的劳动以及地主的地租及农场主从耕种土地中可以得到的利润。不过在完全没有开荒过的荒野上生长的牲畜，在同一个市场上，它们却与在改良得最良好的土地上培育的牲畜售价完全一致。那一些荒野地的所有者由此获得了好处，同一时候由于牲畜价格的提高，提升了他们土地的地租。但是在100年之前，在苏格兰高地许多地方鲜肉和燕麦制作的面包同样便宜，甚至要比面包还要便宜。两者的结合开拓了苏格兰高地牲畜在英国的市场。它们现今的平均价格是本世纪初的3倍，同时，许多高地的地租也增加了3倍到4倍。好像在不列颠的每处地方1磅上等的鲜肉现在常常都要价值2磅以上的优质白面包，在丰收的年月有时候还要价值3到4磅。

就是以这样的方法，在改良的过程中并没有经过改良的牧场的地租以及利润在某种程度上受到了改良了的牧场的地租以及利润的调控，然而它们又受到麦地的地租以及利润的控制。小麦一年仅仅收一季。鲜肉，作为一类收成，要有四五年才可以成长。所以，因为一亩地生产的后面一种食品要比前一种食品少得多，这个产量上的弱势就需要通过价格上的优势来补偿。假如补偿后剩余太多，更多的麦地就可以改变成放牧场，假如无法得到足够的补偿，一部分的牧场就会又转变回麦地。

但是，在草场的地租以及利润和谷物的地租以及利润之间，救灾土地的直接产物为牲畜的饲料和土地的直接产物为人的粮食的平等，仅仅当一个大国的大多数土地经过了改良以后才能实现。在个别的地区，情况或许正好相反，草场的地租以及利润高于谷物所可以提供的地租以及利润。

所以，在大城镇的附近对于牛奶以及马的饲料的需求常常和鲜肉的昂贵价格一道促进了牧草的价值大大高出了它和谷物价值应该有的自然比例。非常明显，这种地方优势不会延伸到遥远的土地。

特殊的情况有的时候使得有些国家人口非常稠密，以至于整个国家就像一个大城市附近的土地一样，无法生产维持其居民生活所必要的牧草以及谷物。所以，他们的土地总是主要用于生产牧草。由于这个较为笨重而巨大的商品不容易从远方运送，而人民的基本食品——谷物则总是从国外进口。现今的荷兰就是处在这种状况。在罗马兴盛的时期，古意大利当中相当大的一部分地区好像也一直是如此。老卡托说道，西塞罗曾告诉过我们，在个人的地产经营当中，饲养好牲畜是第一等获利的事，饲养得马虎是二等，饲养得不好则是三等。他将种地仅列在利润以及好处的第四位。的确，在古代意大利处在罗马附近的那一部分地区因为谷物常常是以免费或者极低的价格分配给人民的，因此耕种受到了非常大的打击。由于这些谷物是从被征服的省份运来的，其中有一些省份规定需要把它们产品的1/10用国家的定价大概是6便士1派克卖给共和国，来替代纳税。这样的分配给人民的谷物，价钱低廉，肯定会降低要从拉提乌姆（也就是古代罗马领土）运到罗马市场的谷物的价钱，挫伤国家种植的积极性。

在一个用谷物为主要产品的开放的国度里，一块圈得非常好的草场地租的价格经常高于附近地区所有麦地的地租价格。由于圈地方便于耕畜的饲养。所以，草场的高地租并不会出自其自身的产品价值，而是出自于牲畜耕种的麦地的物品的价值。假如附近的土地都被完全圈起来，地租可能就会降低。如今苏格兰圈起来的土地的地租之所以高，看来就是由于圈地少的缘故，并且只要圈地多了，这种高地租或许就无法存在了。圈地的好处对于牧草要比谷物大一些。它节约了看守牲畜的劳动力，当牲畜不受看守人或者看守狗干扰的时候，它们也会吃得更香。

不过在没有这样优势的地方，谷物的地租以及利润，或者其他共同植物食品的地租以及利润对于草地地租以及利润的调控就需要根据土地的性质自动地进行了。

在同样大小的一块土地上利用人造牧草、芜青、萝卜、卷心菜还有其他代用品所饲养牲畜的数目更加大天然牧草所饲养的数目。能够想象，这样肯定会略微降低一个进步国家中鲜肉对面包价格中的优势。

事情就是如此。有理由相信，最起码在伦敦市场上，鲜肉的价钱和面包的价格相比较，现在要比上世纪初期下降了许多。

就在《亨利王子的生平》一书的附录当中，伯奇博士给了我们一个王子常常支付的鲜肉价钱的统计。上面写道：一头重达600磅的牛的四条腿肉常常要值9镑10先令左右，也就是说每百磅价值31先令8便士。亨利王子逝世于1612年11月6日，终年19岁。

1764年国会曾经对当时的食品价格昂贵的原因进行了调研。也就是在那个时候，为了同一个目的，在其他的证据当中有一弗吉尼亚商人提到的证据。1763年3月他花费24或者20先令为他的商船准备了100磅牛肉，他觉得那是那个时候的平均价格。但是在物价昂贵的年头，他购买同等重量以及质量的牛肉却付了27先令。这就是1764年的高价，但是却比亨利王子所付出的平均价格下降了4先令8便士。需要注意，这是最上等的牛肉，适合于为远航而腌制的肉类。

亨利王子所付的价钱是整头牛的价钱，每一磅3便士，按那个比例，上等的好肉零售价每磅不会低于4便士半或者5便士。

就在1764年国会的调查当中，作证人宣称最好的牛肉的精选的部分1磅需要4便士以及40便士，而其次要部分常常为7个硬币也就是2便士半以及2个便士。并且听说这一价格要比相同的牛肉在3月份的售价昂贵半个便士。不过通过这个价格比我们可以非常好地推断出的亨利王子时代的平均零售价还是要便宜很多。

在上一个世纪的头12年，在温莎市场上优质小麦的平均价格是每一夸脱（合9温彻斯特蒲式耳）1镑18先令3便士。不过在1764年之前的12年中，包含1764年在内，一样重量的上等小麦在同一个市场上的平均价格是每一夸脱为2镑1先令9便士半。所以，看来在上一个世纪的头12年要比1764年前的12年，包含1764年在内，小麦便宜了许多，而鲜肉则昂贵许多。

在所有大国里，大多数耕种了的土地不是用于生产人吃的粮食就是用于生产牲畜的饲料。这些土地的地租以及利润调整着所有其他的耕作土地的地租以及利润。假如哪种产品提供的地租以及利润少一些，土地立刻就会转入生产谷物或者牧草。假如哪种产品提供的地租以及利润多一些，生产谷物或者牧草的一部分土地马上又会转入生产那种产品。

确实，这些产品假如不是要求较多的原始费用用于改良土地，就是需要每年有一定的费用用于耕作，才可以适宜于它们的生长。这样的产品看来常常要比谷物或者牧草能提供更多的地租以及更大的利润。但是，这个优势不可能超过对于其费用的合理利息或者补偿。

种植啤酒花、果园以及菜园，地主的地租以及农场主的利润常常都大于种植谷物或者牧草。不过土地改造要求更多的费用。如此一来，地主就应当有更多的地租。同时，它也要求更细致以及更为有技术的管理。这样，农场主也应当有更大的利润。更何况啤酒花园以及果园的收成更为不稳定。所以，其价格除去补偿所有意外损失之外，还需要提供某种保险的利润。这些农民的生活条件非常简陋并且花费不多，这些都可以让我们深信，他们的才能一般都没有获得应有的补偿。其愉快的技术被许多富人学了作为娱乐，所以用它来谋利的人无法得到非常大的好处，由于本应变成他们最好顾客的人常常都用自己栽种的最为宝贵的产品来欣赏。

但是地主从这些改良当中所获得的好处好像从来也没有大于他们投入的原始费用的补偿。在过去的耕作中，除去葡萄园，一个浇灌得非常好的菜园就可能被视作是能为农场主生产最有价值的产品的一部分了。大概2000多年之前，被看作是古代这种手艺之父之一的德莫克里特斯曾经写过一本有关耕作的书，他觉得把菜园围起来的方法并不聪明。他说道，其利润将会不足以补偿修筑一个石墙的费用。但是砖块（我猜测他是指用阳光晒的土砖）又因为雨水的冲刷还有冬日风暴的袭击需要一直修葺。科卢梅拉转达了德莫克里特斯的这一论断，他并没有反驳它，仅仅是提出了一个非常节省的办法，那就是用多刺的植物编造成一个篱笆把园子围起来。他说道，依据经验，他发觉那种篱笆既持续又不容易被侵入。但是那种方法在德莫克里特斯的时代似乎还不大为人们所知道。帕拉迪阿斯采用了科卢梅拉的意见，在此之前瓦罗，也曾经推荐过德莫克里特斯的那个意见。在这样的古代改良者的评论当中，一个菜园子的产品好像仅仅足够支付那异乎寻常的栽种方法以及浇水的费用。由于在离太阳非常近的国家，那个时候像现今一样，觉得最好有一条能够控制的水流，它能够把水转送到菜园的每一个角落。如今在欧洲的大多数地区并不觉得菜园应该有一个要比科卢梅拉推荐的更加好的围墙。在大不列颠还有其他西方国家，上等的水果假如没有围墙就无法生长得好。所以，在这些国家它们的价格需要足以支付建筑以及维持那些必不可少的设备的费用。用果树做成一道墙将菜园子四周围起来，如此就可享受到其自身产品没法支付的围子的优势。

葡萄园种得好，培养得完好是农场最有价值的一部分。这在过去的农业中就好像在现代所有生产葡萄酒的国家当中一样，已经成为一个没有人怀疑的信条。不过种植新的葡萄园能否有利，依据科卢梅拉的报告，在过去意大利的农民中反倒是一个争论。就像一个对于所有的新奇耕作的真诚爱好者那样，他主张种植葡萄园，并且通过一个利润以及费用的对比力图表达种植葡萄园是一个非常有利的改良。

但是，对于新项目的利润以及费用所进行的对比常常是靠不住的，特别是在农业当中。假如通过这种种植所获得利润真的像所想象的那样大，那自然不会有争议。而这点在今天仍然常常是生产葡萄酒国家争论不休的事情。的确，有关农业方面的作者，也就是高级耕作的爱好者以及鼓吹者好像一般都倾向于和科卢梅拉站在一起支持种植葡萄园。而在法国，有些老葡萄园主对于阻止种植任何新的葡萄园所表现出的焦虑，好像是对他们建议的支持。一些有经验的人觉得，现在在法国种植葡萄要比种植其他作物更加有利。另外一种意见也觉得，这种太高的利润不能够维持很久，它需要有现今限制自由栽种葡萄园的法律的保护。1731年他们得到了议会通过的法律：假如没有国王的特许，严禁种植新的葡萄园以及复垦老葡萄园。停止种植了两年的葡萄园只有通过州长对这个州土地的调查，证明了该州的土地不适合种植其他任何植物之后，才可以获得国王的特准。发布这道命令的借口是谷物以及牧草的缺乏还有葡萄酒的充足。

但是，假如这种充足是真实的话，那就是没有议会的法律，因为种植葡萄的利润低于谷物以及牧草的利润，事实上它也会阻挡新葡萄园的开垦。至于说因为葡萄园的增加而假想出来的谷物的缺乏则肯定是过虑了。在法国土壤适合于种植谷物同时又盛产葡萄酒的省份当中，谷物要比其他任何地方都栽种得更为细心。垦第吉恩以及上郎格多克就是如此。前者的栽种雇佣了非常多的人手，同时通过对后者的产品提供了充足的市场，肯定也就鼓励了其后者的种植。减少拥有购买力的人数明显是对鼓励谷物种植的一种非常不可取的权宜之计，它就像用效仿制造业的办法来促进农业的政策一样。

所以，为了让土地适宜于其种植而要求比较多的原始改良费用，或者每年要求更多的耕种费用的产品，其地租以及利润即使常常要远远高于谷物以及牧草的地租以及利润，但是当它们也仅仅能对其超额费用进行补偿的时候，事实上也是受那些普通的作物的地租以及利润所调控。

的确，有的时候也有这样的情况，适宜于种植某种特殊产品的土地非常少，不能够满足有效的需求。其所有的产品就只能全部出售给这样的人，他们宁愿支付略微高于这种产品从栽培到运到市场所需的地租、工资以及利润。这些地租、工资以及利润均按其自然价格即大多数其他耕地支付的价格来算。在除去改良以及耕作的整个费用后，其价格剩下的部分在这种情况之下，并且也只是在这样的情况下才和种植谷物或者牧草的剩余部分没有固定的比例，在任何程度上超越它。并且这个超出部分中的大多数通常都自然而然地归到地主的地租。

比如，在葡萄酒的地租以及利润和谷物以及牧草的地租以及利润之间这种通常在自然的比例仅仅和那些只能生产普通的葡萄酒的葡萄园——那些几乎在任何地方任何土质，即包含砾石的或者含有沙质的土上都能够栽培的葡萄园，那一些酒除了浓度高有利于健康外别无其他能够值得称道的地方——比较的时候才可能产生。国内普通的土地正是拥有这些葡萄园才能和它竞争。由于和那些拥有某种特质的葡萄园相比较，它明显是无法和它竞争的。

葡萄要比其他任何果树更容易受土壤差异的影响，有些葡萄树上散发的香味听说并不是在其他的任何土壤上通过栽培或者管理能产生的。这样的香味不论是真实的或者是想象的，有的时候它只为少量的葡萄园所独有，有的时候在一个非常小的地区的大多数葡萄园里都会有，有的时候在一个大州的大多数葡萄园里都会有。这种葡萄酒的所有产量送往市场上都无法满足有效需求，也就是无法满足这些人的需求。他们宁愿支付从培育到送往市场所需要的地租、工资以及利润率，这些地租、工资以及利润率的价格按照它们在普通葡萄园付的价格计算。所以它的所有产量就会出售给宁愿支付更多地租、工资以及利润的人，这样也就肯定提高了它的价格，使其高过普通葡萄酒的价钱。这一差价是大得多或者大得不太多，取决于这种葡萄酒的流行以及缺少的程度在买主中所激起的竞争程度的大小。无论其差额如何，其中的大多数归于地主的租金。这种葡萄园常常要比其他大多数葡萄园耕作得更加细致，但是葡萄酒的昂贵价钱似乎并不是细心栽培的后果，而是这样的精心栽培的原因。在这样昂贵的商品中，因为工作疏忽而引发的损失之大使得即便是最粗心大意的人也只好小心谨慎。所以，在这种昂贵价格当中的一小部分就是用支付投在它们的种植上的额外劳动的工资以及使那劳动运转的额外资金的利润。

欧洲国家在西印度所占有的种植甘蔗的殖民地能够和这些珍贵的葡萄园相媲美。它们的所有产品不能满足欧洲的有效需要，只可以出售给宁愿以超过从这一产品的栽培到上市所需要支付的所有的地租、利润以及工资的价格（按其任何产品通常支付的地租、工资以及利润的比率）而买的人。波佛尔先生对于当地的农业进行过非常细致的调查，他说在那优质的精制白糖是每昆特尔3皮亚斯特，大约合英币13先令6便士。那儿的所谓的昆特尔和巴黎的150磅到200磅等值，或者相等于法国的175磅。转化成英衡制，每100磅大约8先令。它和平常从殖民地进口的红糖或者粗砂糖所支付的价钱相比不到其1/4，和最优质的精制白糖的价格相比较也不及其1/6。那里的大多数耕地用于生产小麦以及大米，它们是大多数人民的粮食。小麦、大米以及食糖的价钱在那儿有一种自然的比例，也就是大多数耕地上的不相同作物天然形成的比例，就是依据尽可能准确的计算让地主以及农场主常常依照其原始改良费用以及每年的耕作费用获得应得的补偿。不过在我国种植蔗糖的殖民地，蔗糖的价格和欧洲或者美洲稻田或麦地的产品的价格却并没有这种比例。听说，蔗糖种植者希望糖酒以及糖浆可以支付他栽培的全部费用，那么食糖就可全部作为纯利润。对于此我不敢妄加断定，假如这是真实的话，则它就像种植小麦的农场主希望麦糠以及麦秆能够支付种植的全部费用，而小麦成为纯利润一样。我们常常看到伦敦以及其他一些大的商业城市的商会购买种植蔗糖的殖民地的荒地，他们希望通过地产管理人以及代理人对于荒地进行改良以及耕种获取利润，即使那些荒地地处遥远，并且那些国家司法机构不够健全，回报并没有保障。却没有人愿意以同样的方式去改良以及耕种苏格兰、爱尔兰以及北美产麦各个省份最肥沃的耕地，即使在这些国家司法机构更加健全，能够指望的正常回报也更加多。

在弗吉尼亚以及马里兰州种植烟草要比栽种小麦利润高一些，人们愿意种植烟草。在欧洲大多数地区栽种烟草都能够获利。几乎在欧洲各地烟草都是征税的最主要的对象，假如到国内每个可能栽种烟草的农场去收税，根据推测将要比对它加征海关进口税困难得多。所以，欧洲大多数地区非常荒谬地严禁栽种烟草。

如此一来就肯定给那些允许栽种烟草的国家以某种垄断：弗吉尼亚以及马里兰耕种得最多，它们和少数的几个竞争者分享着这个垄断的优势。但是，栽种烟草好像并不如栽种蔗糖有利。我还没有听说过哪个烟草种植园是由居住在大不列颠的生意人的资本进行改良以及栽种的，并且我国种植烟草的殖民地并没有给我们送回过一个像我们经常见的从我国种植蔗糖的小岛上回来的那种发财的殖民者。从那些殖民地对于烟草种植所给予的优惠（要比小麦种植好）来看，好像欧洲对烟草的需求要比对食糖的需求已更加接近满足。按照对于麦地常常所付的租金、工资以及利润的比率，如今烟草的价格即使可以支付从烟草的培植到上市所需要的全部地租、工资以及利润外还有剩余，但是它绝不像现在的食糖的价格那样高。

所以，我们的烟草种植人对于烟草的过剩已经表现出了几分之前法国老葡萄园所有者对葡萄酒的过于充裕所具有的恐惧。因此依据州议会的法规，他们已经对烟草种植园做了限制。每人一年栽种6000本，一年产出烟草1000磅。他们预测，每个黑人完成了这一数额的烟草之外，还可以耕种4亩玉米地。道格拉斯博士告知我们（我质疑他的信息不太准确），为了阻止市场上库存过多，有的时候在丰收年月，每人还要烧毁一些数量的烟草，就好像传说的荷兰人烧掉香料一样。假如说为了保持现在的烟草价格采用这样非常规方法是必须的话，那么种植烟草对于种植谷物这样的优势，或许也不会久长。

生产人类粮食的耕地的地租就是以这种方式控制着大多数耕地

的租金。并没有哪种特殊产品能够长期只提供非常低的地租，假如是那样的话，那块土地立刻就会转作他用。与此同时，假如哪种特殊产品总是可以提供较高的地租，那也仅仅是因为适宜于种植该种作物的土地过少，不能满足对它的有效需求。

欧洲小麦是直接用作人类粮食的最重要产物，所以，除去少数特殊的情况外，麦地的租金在欧洲调控着所有其他耕地的地租。大不列颠既不妒忌法国的葡萄园，也没必要忌妒意大利的橄榄种植园。由于除了少数情况外，这些产品的价值都是受到小麦价值所调控的，同时大不列颠土地肥沃的程度也毫不差于那两个国家中任意的一个。

所有的国家，假如其人民一般喜欢的植物食品来源于一种植物，同时它的栽培又和小麦相同或者几乎相同，但是一块最普通的土地上的产量却大大高于最肥沃的土地上的小麦产量，那么这个时候地主的地租或者说在支付劳动工资以及补偿农场主的资金和平均利润之后地主的剩余肯定要比平常的利润大得多。无论一个国家平常维持劳动力的比例怎样，这样过大的剩余总是可以维持更加大量的劳动力，所以使地主也能购买或者支配更多的劳动力。这个时候，其地租的真正价值，其实际权力以及权威，对于其他人的劳动力为他提供的生活必需品以及便利品的支配权，肯定也将会更大。

一块稻田所产的食粮比一块最为肥沃的麦地所产的粮食要多得多。一年两季，每季听说一亩地的平均产量是30到60浦式耳。即使稻田的耕作需要的劳动力更多一些，不过在维持所有劳动力以后所剩下的也大得多。所以在以大米为人民普遍喜欢的植物食品的产米国家，那儿的种植者主要靠它为生，同时地主在它超额的剩余当中所得的部分也大于种植小麦国家当中的地主所得到的份额。而在卡罗林纳，那儿的种植者就像在不列颠其他殖民地一样常常既是农场主又是地主，所以那里的地租和利润混杂在一起。即使那里的稻田一年仅仅一收，即使因为欧洲的习俗在那儿占上风，稻米并不是人民喜欢的植物食品，种植稻米仍然要比种植小麦的利润更高。

一块肥沃的稻田一年四季就是一个泥塘，并且有一个季节上面还有一层水。它既不适合栽种小麦、牧草、葡萄，也不合适栽种任何对于人有用的其植物。而适合于栽种小麦、牧草或者葡萄的土地，又不适合栽种稻谷。所以，即便在生产大米的国家，稻田的租金也无法调控其他不可以种植稻米而种植其他作物的土地的租金。

一块马铃薯地产出的食物在产量上不低于一块稻田的产量，与此同时也远高于麦田的产量。一亩土地生产12000磅土豆并不算是特别的高产，然而一亩麦地产2000磅小麦就可以算是高产了。当然，因为马铃薯的含水量要大，从这两类作物中可以提取的食品或者固体滋养品与它们的重量根本无法成比例。但是，即便去掉这种重量的一半——水，这已然是一个非常大的折扣，一亩马铃薯地依然可以生产6000磅固体的滋养品，仍然为一亩麦地产出的3倍。并且种植一亩马铃薯的费用也要比一亩麦地少。播种小麦之前，所需要的休耕费用就超过种植马铃薯在锄草以及其他特殊作业上的费用。只要这种根茎植物在欧洲的任何地区像在有些产米国家一样变成人民普遍喜欢的植物食品，然后在现有栽种小麦以及作为食物的其他谷物的土地上都栽种马铃薯，一样数量的耕地就将可以养活更多的人口，并且假如劳动者都食用了马铃薯，则在补偿了资金以及栽种过程当中雇佣的全部劳动力的生活费用外，它的剩余所得也将更多。这个剩余当中的最大的份额将归于地主。那个时候人口就会增长，地租也将会提高，远远高于现今的地租。

但凡适宜于种植马铃薯的土地，几乎也适宜于栽种所有其他有用的植物。假如现在栽种小麦的土地都栽种马铃薯，也将一样调控着其他耕地当中大多数土地的地租。

我听说过在兰开夏的某些地方吃燕麦面包的劳动人民要比吃小麦面包的人长得更加健壮。我在苏格兰也常常听到这样的理论。但是，我对于它的真实性有些怀疑，由于吃燕麦的苏格兰老百姓一般情况长得没有吃小麦面包的英国的老百姓那样健壮。经验好像说明苏格兰老百姓所吃的粮食并不像他们邻国的老百姓吃的粮食那样适合于人体的构造。

英国的轿夫，挑夫以及运煤工，当中的大多数来自于爱尔兰的最下层，他们平常吃的就是这样的根块。并没有什么食品可以对其营养价值提出比这个更加有力的证据了，这就是对于它非常适合于人的体质以及健康的一个更加有力的证据。

马铃薯无法四季储存，更无法像小麦一样储藏两三年。所以对于在腐烂之前能否全都销售出去的担心挫败了栽种的积极性。这就是它无法像面包一样变成任何一个大国各个阶层人民最主要植物食品的主要障碍。

第二节　间或可以提供地租的土地产物

人类的食粮看来是唯一的总是并且必须给地主提供某些地租的土地生产物。依据不同的状况，其他的产物则有的时候可能提供任何地租。

食品以外，衣服以及住宅就是人类的两大需要，

处在原始状态的土地，在衣服以及住宅的原料方面所可以供给的人数，要大大多于在食物方面可以养活的人数。就在土地改良了之后，它有的时候能养活比它可以提供衣服以及住宅材料方面供给还要多的人。最起码是在他们需要那些材料，并且又愿意为了它们付出代价的时候是如此。所以，在前面一种状态之下，总是有太过充实的材料。

因为过于充实，它们经常是没有价值或者具有非常小的价值的。在后面一种状态之下，因为经常匮乏，肯定使其价值大大增加。在前面一种状态之下，它们之中的大多数作为无用物被放弃，而那些被利用了的，它的价格也仅仅视作等于为使其适宜于使用而花费的劳动费用。所以，对于地主也无法提供任何地租。在后面一种状态之下，它们全部都被利用上了，并且还总是无法满足需求。所以总是有人愿意出超过支付把它们送到市场所需费用的价格来购买其中的任何一部分。所以，它们的价格总是可以对地主支付某些地租。

较大的动物皮毛是衣服的原始材料，并且在以打猎以及放牧为

生的民族中间，其食品主要也就是那些动物的肉。每一个人通过为自己提供食物，也为自己提供了更加多的他所能穿戴的衣服的材料。假如没有和外界的交易，那些材料的大多数就会被作为没有价值的东西而扔掉。这或许就是北美那一些狩猎民族在于他们的国家被欧洲人发现之前的情况。他们现在用余下的毛皮和欧洲人换取毯子、火枪以及白兰地，让他们多余的毛皮有了某些价值。在现在商业的状态世界里，我笃信，在已然建立起了地产的最为野蛮的民族当中也已经有了这一种对于外贸易，并且在他们的比较富裕的邻邦当中找到了对于他们的土地所生产的所有的这些衣服材料的需要（那些材料在国内既无法加工，也不会被消费掉），提高它们的价钱，所以他们把它们送到富裕的附属国。这样它们给地主也提供某些地租。每当高地的牲畜大多数都在自己的山头上被消费时，它们皮毛的出口就组成了那个国家最为可观的商品，而它们所可以交换的东西对于高地的地产提供了某一些附加的地租。英格兰的羊毛之前在本国既无法消费也无法加工，英格兰人就在比自己富裕以及更为勤劳的弗兰德人的国家中寻找了市场。其价格为生产它的土地提供的某些地租。在耕作还比不上那时英格兰的国家，或者不如现今的苏格兰高地的国度，它并没有对外贸易，衣服的材料明显会非常过剩，其中的大多数肯定将被作为废物而扔掉，所以也没有任何的部分可以为地主提供地租。

建造住房的材料不会总是像制作衣服的材料那样被运往遥远的地方，所以也就不是那样容易变成外贸的对象。每当它们在生产国家过剩的时候，甚而在现今世界相互通商的情况下，也常常成为对地主丝毫没有价值的东西。在伦敦附近地区的一个好的采石场能给地主提供非常可观的租金，但是在苏格兰以及威尔士的非常多地区，它就无法提供任何地租。在一个人口稠密以及农业种植进步的国度，建筑用木材有着非常大的价值，在出产这样木材的国家它能为地主提供非常可观的租金。不过在北美的许多地方，地主却会非常乐意有人将他的大多数大树运走。在苏格兰高地的许多地方，因为道路以及水运不通，树皮则是树木唯一的可运往市场的一个部分，树木则被抛弃在地上任由它腐烂。而当建筑住宅的材料是这样过剩的时候，被利用了的那部分的价值也仅仅等于为了让它适合于使用进行加工的时候所费的劳力以及费用。它无法为地主提供任何地租，地主常常也是谁愿意不怕麻烦找他去讨，他就会给谁。而较为富裕的国家有的时候让地主能获得一点儿地租。伦敦街道的建设就曾经使苏格兰沿岸寸草不生的石头的所有者从之前从没有给他提供过地租的岩石上得到了一些地租。挪威以及波罗的海沿岸的树林在大不列颠的许多地方寻找到了它们在自己家乡无法找到的市场，然后给他们的所有者提供一点儿地租。

国家的人数并不是和一个国家所产的衣服以及住宅可以供多少人穿衣以及居住成比例，而是与它生产的粮食可以养活多少人成比例。只要有食物，就非常容易找到必要的衣服以及住宅。反之，即使这些东西就在手头，食物却会经常非常难寻找到。甚至在大不列颠的版图之内有的所谓住宅一个人用一天的劳动就能够盖起来，而最为简单的一件衣裳却要更多一点儿的劳动才可以制作成。但是这也并不要太多劳力。在一些民族当中只要全年的劳力的1%或者稍多一些就足以，他们能够提供满足大多数人民的衣服以及住宅，而剩余99%的劳动经常仅够为他们提供食品。

但是当经过土地的改良以及耕种，一家人的劳动可以为两家人提供食物的时候，半个社会的劳力就足够为全社会提供食品。另外一半，或者起码是其中的大多数的劳动力就可以用于提供其他东西，或者用于满足人类的其他要求以及爱好。衣裳、住宅、家具以及所谓的成套用具就是这大多数要求以及爱好中的主要对象。富人消费的食品并不比他贫穷的邻居更多。食品的品质则可能非常不同，并且挑选以及制作可能需要更多的劳动力以及技术，但是在数量方面它们却是非常接近。把前者宽敞的豪宅以及巨大的衣橱和后者的茅舍以及几件破衣服相比，你就会意识到他们在衣、住以及家具上的量以及质上差异是非常大的。对于食物的欲望是受到每一个人的胃的能力大小的所限制的，但是对于便利品、房屋的修饰、衣服、车马家具的欲念好像没有什么界限以及边界。所以，那些掌握超越他们自己可以消费的食品的人老是愿意把其剩下的即剩余物品的价格来换取他喜欢的东西。满足了有限的欲望同时总是还有剩余的东西用于去交换无法获得满足的东西，并且欲望好像是永无止境的。穷人为得到食物，努力让自己去满足富人的那些爱好。并且为了得到更多一些食品，他们在价钱便宜以及工作完美上互相竞争。伴随着食物数量的增加，即伴随着土地的改良以及开垦，工人的人数也增多了。与此同时由于他们的职业性质容许劳动的大分工，所以他们可以加工的材料的数量的增多相对于他们人数增多的比例更大。所以，产生对于供人类使用的各种材料——无论是在建筑、服装、车马或者家具哪一方面有用的或者可做装饰用的材料——的需要，还有对地球内脏所存储的化石、矿产、贵重金属以及宝石的需要。

凭借这种方式生产粮食不仅仅是地租的最原始的源泉，并且也是后来可以提供租金的土地上各种各样其他产物的原始源泉，与此同时通过对土地的改良以及开垦，土地的其他各种产物又从对劳动力的改良中得到了其价值中等于地租的那部分。

但是，土地生产的那些其他部分后来即使提供了地租，也并不总是能够提供地租。甚至在进步以及文明的国家，对于它们的需求并不老是足以提供比支付劳动工资更加大的价格以及补偿把它们送到市场所必须投入的资金以及平均利润。它们能否提供取决于不相同的情况。

比如说，一个煤矿能否提供地租，一部分取决于它矿藏的丰富，一部分取决于它的位置。

任何矿山是富饶抑或贫瘠，要看一定的劳动力从矿山所能够开采出的矿石量是多于还是小于等量的劳动量从相同的其他大多数矿山所能够开采的矿石量来定。

有些煤矿的位置非常有利，但是因为矿藏贫瘠无法开采。它的产品不能够支付开采的费用。它们既无法提供利益，也无法提供地租。

有些矿山的产品仅足以支付劳动工资以及补偿用于开采的资金

还有平均利益。对从事开采的人提供某些利润，但对于地主无法提供地租。除去地主本人之外，它们不利于其他的任何人开采。仅仅由地主自己开采，才能够得到他所投入的资本的平均利润。苏格兰的许多煤矿就是处在这种状态。假如不交付某些地租，地主就不允许其他任何人开采，而其他任何人又无法付得起任何的地租。

苏格兰的另一些煤矿矿藏非常丰富，但是因为它们所处的位置不好无法进行开采。即使用平均的数量，甚至低于平均数量的劳动力就能开采出足够支付工作费用的煤，不过在一个人口较少的内陆国家之中，假如没有畅通的道路或者水运，开采出的煤矿也无法销售出去。

煤是要比木柴还不受欢迎的一类燃料：听说它并不是那么的洁净。所以，在烧煤的地区，煤的费用常常必须略低于木柴。

但是木柴的价钱随着农业状况的不同而不同，几乎是以相同的方式，确切地说，就是以相同的原因就像牲畜的价格一样随着农业状况的不同而不同。在原始时期，它对于地主完全是一个没有价值的累赘，地主愿意任何人进行砍伐。伴随着农业的发展，树木这部分因为不断扩张的田地而被清除，一部分则因为牲畜的增长而死去。牲畜即使不是和谷物成比例地增加，但是也是人类勤劳的产品。所以在人类的关心以及保护之下，它们加倍地增长。人类在富裕的季节中可以把维持牲畜在物资匮乏的季节里生活所必需的饲料贮藏起来，可以在一年四季里为它们提供比没有开垦过的自然为它们提供的食物更多；人类毁灭以及消除其敌人，以此来保护它们自由地享受自然为它们提供的所有。人们还允许无数的畜群没人管束地在树林之中横冲直撞，即使它们不可能毁坏老树，却可以危害幼树的成长，造成在一两个世纪当中所有的森林毁灭。木柴缺少就提升了它的价钱，它能够为地主提供好的租金。地主有的时候就会发现利用自己最好的土地培养木材是最有利可图的了，它巨大的利润常常可以补回回报的长期性。这一情况似乎与现在大不列颠的许多地区的情况类似。种植树木的利益和种植小麦或者牧草相等。但是地主从种植树木当中所得到的好处最起码在相当长的一段的时间内补回多于小麦或者牧草可以提供的地租。在一个耕种高度发达的内陆国度，种植树木经常不会和这个地租相差很多。确实，在非常进步的国家的沿海地段，假如买煤做燃料非常方便，则从不够进步的外国进口建筑的木材比在自己国内培育林木有的时候还要便宜一些。在近些年内建立起来的爱丁堡新城堡，或许就没有用一根苏格兰的木材。

无论木柴的价格如何，假如烧煤的费用和烧木柴的费用几乎相等，那么我们就能够肯定地说在那一地方在那样的条件下煤的价钱就已经是最高的了。英格兰的某些内陆地区比如牛津郡就是这样，在老百姓用的火炉当中就是把煤以及木柴混合在一起，当地使用这种的燃料的费用的差别也不可能很大。

在生产煤的国家，各个地方煤的价格要远远低于最高价格。假如不是如此，煤就无法负担陆路或者水路长途运输的费用。并且就会仅仅有少量能够销售出去。煤的主人就会发现用稍高于最低价格出售大量煤要比以最高价格售出少量的煤对他们更加有利。如此一来，最为富饶的煤矿就控制着邻近所有其他煤矿的煤的价钱。煤矿的所有者以及开采者发现只要用略低于所有邻人的价钱出售，一方面能够获得较大的地租，另一方面也可以得到较大的利润。其邻人非常快就会被迫用同样的价钱出售了，即使他们并没有能力如此做，即使这样做总是降低，有的时候甚至是完全吞食了他们的地租以及利润。所以有些矿山被遗弃了，有些则无法提供任何的地租，仅仅能由所有者自己来开采。

就像所有其他商品最低的价格那样，在任何相当长时间内煤可以售出的最低价格仅仅能补偿把它们送到市场所需要投入的资金还有平均利润的价钱。在一个地主无法得到任何地租的煤矿，地主必须自己工作，或者需要完全放弃，这个时候煤的价格常常会接近最低的价格。

即使在可以提供地租的煤矿，租金在煤的价格中常常所占的份额一般也低于它在土地其他的大多数原生产物的价格中占有的份额。地上一个地产的地租常常可达到总产量的1/3，并且常常是一个固定的地租，并没有谷物收成当中的那种意外的变化。而在煤矿中总产量的1/5就是非常高的地租了；1/10是较为常见的地租，并且是不够稳定的，它取决于生产当中各种意外的变化。这些意外变化非常大，以至于在一个国家中，假如在那里30年的地租可以看作购买一个地产的中等价格，则10年的地租就可以看作购买一个煤矿好的价格了。

一个煤矿对于其所有者来讲，其价值经常取决于其位置和矿藏的贫富。一个金属矿的价值更多取决于它的矿藏富饶程度，而较少取决于它的地理位置。

普通的金属，特别是贵重金属从矿石中分解出来后都非常值钱，常常它们就能负担起长时间的陆运以及最远的海运的费用。它们的市场不局限在矿山所在的附近的国家，而是延伸到整个世界。日本的铜就是欧洲贸易的物品，西班牙的铁矿在智利以及秘鲁的市场上进行贸易。秘鲁的银不仅仅运往欧洲，并且从欧洲又运到中国。

西莫兰或者什罗普郡的煤价对于纽卡斯尔的煤价并不会有什么大的影响，利奥诺尔斯的煤价对于纽卡斯尔也没有任何影响。由于相距如此遥远的煤矿产品根本不会相互进入竞争。不过相距最遥远的金属矿产品则常常可以互相进入竞争，并且事实上也一直如此。所以，在世界上最为富有的矿山生产的金属的价钱，特别是贵重金属的价格肯定多少会影响世界上其他矿山金属的价钱。日本的铜价肯定对于欧洲铜价有一定影响。秘鲁银价，或者说它在那里能够购买的劳动量或其他商品数量肯定不仅仅对于欧洲银矿并且对于中国银矿的价钱都有一些影响。在秘鲁发掘银矿以后，欧洲银矿的大多数就都被关了。银价贬值得这样厉害，其产品再也无法偿还开采的费用，或者说偿还在开采过程当中所消费的食物、衣服、住宅以及其他生活必需品还有支付相应的利益。就在波托西的银矿被发掘后，古巴以及圣·多明戈的银矿就是这样的情况，甚至就连秘鲁的老矿也出现了类似的情况。

所以，每个矿山的每种金属的价格在某种程度上要受世界上开采中的最富裕的矿山所生产金属的价格的控制。世界上大多数的矿山仅仅足够支付开采的费用，并且非常少能对于地主提供一个非常高的地租。所以，地租看来在大多数的矿产里，特别是粗金属的价格中仅仅占一小部分，并且在贵金属的价格当中所占份额更加小。劳动以及利润则组成了两种金属价格的大多数。

敬爱的康沃尔锡矿副总管波勒斯先生曾告诉我们：总产量的1/6能够看作是康沃尔锡矿——世界上已知的最富的矿山——的平均地租。与此同时，他说有些矿山会提供的地租更多，有些矿山可能会提供的地租少一点。总产量的1/6也是苏格兰某些最富有的铅矿的地租。

佛勒齐以及乌罗阿告诉我们秘鲁的银矿所有者对于开采的人仅仅要求在他的磨坊当中碾磨矿石的时候支付一些使用费或者碾磨费。直到1736年西班牙国王才开始对银矿征税，税额是标准银产额的1/5，它能够看作到那个时候为止秘鲁大多数银矿、世界上所公认的最富裕的银矿的真实地租。假如没有税，这个1/5自然就归地主所有，并且那时未能开采的多矿产就会被开采，这些银矿之所以没有开采就是由于它们无法交这个税。康沃尔公爵对于锡矿所征收的税，听说是大于5%，也就是其价值的1/20以上。

无论它的比率如何，假如锡矿是免税的，那部分自然也就归于矿主了。不过假如你把1/20加在1/6之上，你就可以发现康沃尔公爵的锡矿的平均地租和秘鲁银矿的平均地租的比例是13比12。但是秘鲁的银矿现今却连这样低的地租也无法支付，所以对于白银的税收在1736年从1/5下降到了1/10。即使对于白银征收的税仅仅有这么一点儿，也要比对于锡征收的1/20的税更加诱使人们去进行走私，而走私这一贵金属肯定要比走私笨重的货物更加容易。所以，听说西班牙国王的银税收上来的非常少，然而康沃尔公爵的锡税则征收得非常顺利。所以，很可能地租在最为富饶的锡矿所生产的锡的价格当中所占有的份额要比地租在世界上最为富饶的银矿所产的银的价格中占有的份额要大一些。在偿还用于开采这些不同矿山的资金还有市场的平均利润之后，归于矿山拥有者的余数在粗金属当中似乎要比在贵金属中大一些。

秘鲁银矿开采人的利润常常并不大。之前那两位最受尊敬以及消息灵通的作者就曾经向我们说过，任何人计划在秘鲁开采一个新矿时，人们大多把他看作是一个注定要破产以及毁灭的人，并且人人都避开他。在那儿开矿好像被看作在这里买彩票那样，即使几个大彩诱惑着许多冒险者将他们的财产投入这一不会成功的事业，而所中的奖品却不足够补偿并没有中奖的空白彩票。

但是，因为国王能够从银矿的产品中得到其收入中非常大的一部分，秘鲁的法律对于发现以及开采新矿给予尽可能的鼓励。任何人发现了一个新矿，他就有权利根据他推测的矿脉的走向量出一块长246尺、宽123尺的区域作为私有。他成为矿山那部分的所有者，并没有必要向地主支付任何报酬，就可以进行开采。出于自身利益，康沃尔公爵在他的古代的公国里也颁布了与此几乎相同的法令。任何人在荒地以及并没有被圈的土地上发现锡矿，就能够在一定范围内标记出一个界限，即所谓的矿区边界。没有必要经过土地所有者的同意，这一划定界限的人就变成了这个矿山的拥有者。他能够自己开采，也能够租借给其他人开采。但是在开采的时候必须给土地所有者一些小小的报酬。在以上两个法规当中，私有财产的神圣权利都为公共收入中所想象的利益而牺牲了。

在秘鲁对于发现以及开采新的金矿的人也赋予了同样的鼓励，并且国王对于金矿所收的税也只是所开采标准金属的1/20。原来的金税是1/5，之后像银税一样下降到了1/10。但是后来发现，矿山甚至连这样两个最低的税款也无法负担。佛勒齐以及乌罗阿说过，假如要找到一个因为开采银矿而发财的人都非常困难的话，那要找出一个因为开采金矿而发财的人就更难了。这1/20好像就是智利以及秘鲁大多数金矿所纳的全部地租。黄金要比白银更加容易走私，不仅仅是由于黄金的价值对于其体积有非常大的优势，并且还因为大自然生产其独特的方式。发掘的银子很少有不掺杂质的，并且像绝大多数其他金属一样常常都是含有其他矿物质。从其他的矿物质当中分解出的白银不足够支付其费用，并且分解的过程又非常烦琐，它只可以在为分解而专门修建的车间中进行。如此一来就要暴露在国王官员的监视之下。反之，发现的黄金好像总是纯金。有的时候发现的甚至是金块，即便混杂有小的以及几乎觉察不到的沙子、泥土以及其他的杂质，它也能够通过一个非常简单的操作而加以分解，并且任何人只要有少量的水银就可以在自己的私宅里面进行提炼。所以，假如说国王的银税都无法收缴，则金税收缴的情况就更加糟了。因此地租在黄金的价格当中所占比重甚至要比在银价中所占比重还小。

贵重金属可能出售的最低价格，或者说在长时间内贵金属和其他货物交换得到的最少数量，一样是由规定任何其他的货物一般最低的价格的原则来调节。决定贵重金属最低价格的一般是必须运用的资本，也就是把贵金属从矿区运送到市场所消费的食物、衣服以及住宅。它最起码必须足以补偿全部的资金以及平均利润。

但是，它们的高价格仅由金属的实际的供应情况，即稀缺或者充足来决定的。它不为任何其他商品的稀缺或者充足所决定，不像煤的价格那么受木柴的价格所决定。除此之外，其他的任何商品的稀少都无法提高煤价。黄金的稀少达到一定的程度，最小的一块都能够变得比钻石还要昂贵，并且可以交换到更多其他的商品。

对于这些金属的需求部分是来自于它们的实用性，一部分则源于它们的美丽。假如我们将铁除去，金银或许要比其他金属更有用。它们不容易生锈，并且纯度高，比较容易保持清洁。因为这些原因，用它们制成的餐具或者厨房用具更加惹人喜爱。一个银水壶要比铅水壶、铜水壶或者锡水壶更加清洁。同样这一优良品质让金水壶要比银水壶更好。但是，它们最重要的优点还是来自于它们的美观。美观让它们特别适宜于用作服装或者家具的饰物。并没有任何的油漆或者染料可以产生出镀金那样华贵的色彩。同时它们美观的优点由于稀缺性而大大增多了。大多数的富人，他们最主要的享受就是夸耀他们的富有。在其眼中只有每当他们表现出自己拥有别人无法享有而仅仅他们独有的这些富裕的特有标志的时候，财富的夸耀才达到了从未有的完美。在其眼中任何一件物品的优点无论它是多么有用或者漂亮，都仅仅是稀少才能让它大放异彩。换言之，只有采集任何一个小小数量都需要花费巨大的劳动，而这一劳动除去他们以外别人都无力负担的时候，那件物品的优点才更为突出。对于这样的物品他们宁愿出要比更美丽，更有用但更为普通的物品高得多的价格来购买。实用性、美丽以及稀缺是这些贵重金属价格昂贵的原始基础。这个价值是在用作硬币之前就有了的，它和硬币的用途相独立，尽管正是这一特质才让它们适宜于用作硬币。与此同时，那个用途又引发了对于它们新的需要，并且由于减少了它们可能用于其他用途的数量，也就让它们可以保持其价值或者不断增加它的价值。

对于贵重宝石的需要全然因为它们的美丽。它们并没有实用性，只能用做装饰品。同时而它们的美这一优点又由于它们的稀少，或者在矿山中难于开采，还有开采费用昂贵而拥有百倍身价。所以在大多数场合工资以及利润似乎就构成了其全部的昂贵价格。地租即使有一些，但是只是非常小的一个份额，常常忽略不计。最富有的矿山也仅仅能提供相应的一些地租。珠宝商塔弗尼埃拜访戈尔康尔以及维沙波尔两地的钻石矿的时候，他获知当地所有的矿山都是为了国王的利益而开采的，所以国王已经命令除去那些生产最大以及最好的钻石的矿山外关闭其余所有矿山。好像其他的钻矿对于所有者来说都不值得去开采。

因为贵金属以及宝石的价格都被它们在世界上最为富有的矿山的价钱所控制，所以一个矿山可以向其矿主所提供的地租并不和其绝对的富饶程度，而是和其能够称作相对的富饶程度，也就是它对于其他同类矿山的优越程度互成比例。假如新发现的矿山远远优越于波托西的那些矿山，它的优越程度就好像波托西的矿山远远优越于欧洲的矿山那样的，银价或许就要大大地下跌，波托西的银矿反而变得不值得开采。在西班牙发现西印度群岛之前，欧洲最为富饶的矿山能够向它们的所有者提供的地租就好像今天秘鲁的最为富饶的矿山向矿主所提供的那样大。即使那个时候银子的数量和今天比要更少，不过它能够换取相同数量的其他货物，矿主的份额足够使他可以购买或者支配和今天同等量的劳动或者商品。然而产品以及地租的价值，也就是它们提供给公众以及矿主的真实收入可能和今日也一样。

无论是最为富饶的贵金属矿，抑或是最富饶的宝石矿，它们都无法增加世界的整体财富。一个产品的价值最主要来源于它的稀缺，肯定就会因为其充足而贬值，所以以较少量的劳动或者较少量的商品就能够买得到一套餐具以及衣服还有家具上的奢侈饰物了，这或许就是世界可以从那个充足中得到的唯一好处。

在地面上的地产的情况就不相同了。其产品以及地租的价值和地产的绝对肥沃程度，而并不是和其相对肥沃程度成比例。可以提供一定数量的粮食、衣服以及住宅的土地总是可以为一定数量的人们提供足够多的衣、食和住。并且无论地主的份额怎样，它将总是可以给地主一个相对应的对于那些人的劳动力还有那部分劳动所能够给他提供的商品的支配权。最贫瘠的土地的价值不会因为邻近的最肥沃的土地而降低，反之，它常常会由于邻近的最肥沃的土地而价值提高。肥沃的土壤所供养的大量的人口刚好给贫瘠的土地的许多产品提供了市场。

但凡增加生产粮食的土地的肥沃程度的东西不仅仅增加了被改良土地的价值，并且给非常多其他土地的生产物创造了新的需要，从而促进了许多其他土地的增值。因为土地的改良，粮食丰富了，很多人都有可供自己处理的消费不了的粮食。这既是对于贵金属以及宝石，又是衣服、住宅、家具装饰等产生需求的重要原因。粮食不仅仅构成世界财富的重要部分，并且正是粮食的富足让许多其他财富拥有了价值。古巴以及圣·多明戈的贫苦居民第一次被西班牙人发现的时候，他们都用小块的黄金作为饰品插在头发里、服装上。在其眼中，那些小块黄金的价值，好像比我们眼中普通石头略微漂亮一些的小鹅卵石那样，把它们仅仅视作值得捡起而已，所有人想要就可以给他。在新到的客人开口索取的时候，他们就给客人，根本没有想到这是送给他们如何珍贵的礼品。他们对于西班牙人为得到小小金块所表现出来的狂热感觉惊讶，他们压根不知道世界上还有一个国度，那里的很多人可以处置非常多的剩余粮食，而他们却老是如此缺乏粮食。他们压根并没有想到为了非常少量的那些发光的小玩意儿，那些人会愿意支付他们足以养活一家人几年的粮食。假如他们能够理解这其中缘由，对于西班牙人的狂热就不可能感到惊讶了。

第三节　个别价值之间比例的变化

对于耕作不断的改良还有粮食的不断增加和富足肯定会增长对土地除粮食以外可供使用或者可用作装饰的各种生产物的需要。在整个改良过程当中，可以料想获得这两种不同生产物的价值当中只有一种变动。有的时候能够提供地租，有的时候无法提供地租的生产物的价值应当总是伴随那种总是能提供某些地租的生产物的价值成比例地增长。由于技艺以及工业的进步，人们对于服装、住宅的建筑材料、地球上有用的化石以及矿产、贵金属以及宝石的需求愈来愈大，它们应当能够交换到日益增多的粮食，即应当变得越来越贵。这就是这些商品在大多数场合所发生的情况。并且将会是在各种场合对于所有商品将要发生的情况，假如在某些场合并没有特殊的意外事件使其中某些商品的供应仍然以大于需求的比例增加的话。

比如说，一个砂石矿随着四周乡村的不断进步以及人口增长，它的价值也肯定不断地增长，特别是当它是周围地区唯一的一个砂石矿的时候。但是一个银矿的价值，即使在周围1英里内并没有第二个银矿，随着所在的农村的进步其价值也不一定会有所增加。一个砂石矿的产品市场不会超过其方圆几英里的地方，所以对于它的需求常常必须和那个小地区的人口互成比例。不过一个银矿的产品的市场则可以延伸到整个世界。所以，除去世界总的来讲在进步以及人口在不断增加，对于银子的需求就不会因为银矿附近一个大国的进步而增长。不过，假如在进步的过程中，发觉了要比已有的银矿更加富足的新银矿，即使对于银子的需求有所增多，不过由于供应的增长加大，所以银子的真实的价格反会逐渐降低，也就是说任何一个数量，比如1磅重的银，可能购买或者支配的劳动量会越来越少。换言之，可以交换的谷物的数量，劳动者维持生活的主要资料的数量就会越来越小。

世界上商业发达以及文明的国家是银子非常大的市场。

假如通过一般的改良白银市场的需要就可增长，而同时供应却没有成比例的增加，则银子的价值就在和谷物价值的比例中将渐渐提高。任何一个数量的白银将可以交换到更大量的农作物，也就是谷物的平均货币价格将渐渐变得便宜。相反，假如由于某些意外事件的缘故连着好几年供应的增长远远大于需求，则银子将会变得越来越便宜，那就是说，即使有这些改良，谷物的平均货币价格也将变得越来越贵。

不过，另外一方面，假如银子的供应增长的速度几乎和需求同步，那它就将能购买或者交换到几乎等量的谷物，谷物的平均的货币价格将无论所有改变继续和之前几乎相同。

这三种情况看起来就全部包括了在改良过程当中所能发生的不同的组合情况。并且在过去的四个世纪当中，假如我们能够根据在法国以及在不列颠所发生的情况来评判的话，以上三种不同组合情况好像在欧洲市场上都发生过，并且几乎和我在这儿叙述的次序相同。

过去的四个世纪中有关白银价值的变动的离题论述

第一阶段

在1350年还有之前的一段的时间，英格兰1夸脱小麦的平均价格好像一直低于陶衡4盎司的银子，大约合我们今天的货币20先令。之后，似乎从这个价格一直下跌到2盎司白银，大约合我们今天的货币10先令。我们发觉这正是16世纪自开始的时候的价格，并且这个价格好像一直持续到1570年。

在1350年，也就是爱德华三世25年，颁发了所谓“劳动者法规”。在法规的序言中用大量的篇幅抱怨了奴仆的蛮横无理，迫使主人提高他们的工资。所以，法规规定所有仆人以及劳动者此后应当满足在爱德华三世20年还有其前4年的时候通常所领取的工资以及津贴（津贴在那个时候不仅仅包括服装，同时包括口粮）。由于这个原因，作为其口粮的小麦在任意地方都无法超过10便士1蒲式耳，同时雇主有权决定向他们支付小麦还是货币。

所以，在爱德华三世25年，10便士1蒲式耳被当作是一个非常适中的小麦价，所以它要求颁布一个特殊的法规来迫使仆人在交换他们日常的津贴以及口粮的时候接受这个价格。并且在第25年之前的10年，也就是爱德华16年，法规所指的那个时候，它被看作是一个合理的价格。不过在爱德华三世16年，10便士包含有半盎司的申银（陶衡），接近于我们今天货币的半克朗。因此，陶衡4盎司的白银相等于那个时候的货币的6先令8便士，几乎相当于今天的20先令，应当视作是1夸脱即日蒲式耳的合适价格。

关于这个在那个时候被视作是谷物的合适价格，这一法规所提供的证明肯定要比历史学家以及其他作者有关谷物在某些特殊年份异乎寻常的昂贵或者便宜的纪录更加可靠。并且根据那一些纪录非常难做出关于什么可能是它的平均价格的任何的判断。除此之外，还有一些其他的因素可以让我们相信，在14世纪的初期，还有其前的某些时候，小麦的通常的价格不少于1夸脱4盎司（白银），而其他的谷物的价格也和它相应。

1309年坎特布里的圣·奥古斯丁修道院的副院长拉弗·波恩在其就职日曾经举行了一次盛宴。威廉·桑恩不仅仅保存了那一天的菜单，并且记载了非常多项目的价格。在那一次宴席上消费的第一次是53夸脱小麦，价格是19镑，也就是7先令2便士1夸脱，大约相当于我们现在货币20先令2便士1夸脱；第二项是58夸脱麦芽酒，价格为17镑10先令，也就是6先令1夸脱，大约相当于我们现在货币18先令，第三项是20夸脱燕麦，价格为4镑，也就是4先令1夸脱，大约相当于我们现在货币12先令。其中麦芽酒以及燕麦的价格好像高于它们和小麦价格的平均比例。

这些价格之所以被记载并不是因为它们特别昂贵或者特别低

廉，而仅仅是作为一次拥有重大意义的有名宴席所花费的大量粮食实际支付的价格的偶然记载。

1262年，亨利三世的第51年，恢复了一个在古代称作面包以及麦酒的法定价格的法规。国王在序言当中说，那一个法令是在国王的祖父的时候由英格兰国王制定的。所以，它很大可能是国王的祖父亨利二世的时候制定的，甚至于还可能古老到诺尔曼征服的时候。法令依据小麦可能发生的价格，规定小麦从那个时候的1夸脱1先令到20先令时的面包价格。并且这类法令常常考虑到了所有对于中等价格的偏离，也就是高于或者低于它的价格。所以，10先令包括6盎司白银（陶衡），大约等于我们现在的货币30先令。依据这个推测，它肯定是这个法令起初颁布的时候被视作1夸脱小麦的中等价格。并且随后一直持续到亨利三世第51年。因此假如我们设想那个时候的中等价格不少于这个法令所规定的最高的价格的1/3，或者说不少于含有陶衡4盎司白银当时货币的6先令8便士，是不会有非常大的错误的。

所以，根据这些不同的事实，我们有理由得出一个结论，大约在14世纪中叶还有之前的一段相当长时间，1夸脱小麦的平均或者常常价格可推测为白银4盎司（陶衡）之上。

大概从14世纪中叶再到16世纪初，小麦的通常或者平均价格，即所谓的被视作合理的以及适中的价格好像逐渐降低了一半，导致了最终降到白银2盎司（陶衡）左右，大约等于我们现在的货币10先令。直到1570年前后，可能仍维持在这一价格。

在诺萨伯兰五世亨利伯爵1513年所记载的家务开支账上有关小麦有两个不同的价格。其中一个是1夸脱6先令18便士，另外一个是5先令8便士。在1512年6先令8便士只包含有2盎司白银（陶衡），大约相等于我们现在的货币10先令。

从爱德华三世第25年再到伊丽莎白统治开始，在这两百多年的时间里，从不同的法规来看，6先令8便士一直被当作是所谓适中以及合理的价格，是小麦的通常或者平均价格。在那段时间因为几个变化的结果，在那个名义上的金额里，硬币的含银量一直在不断地减少。但是银的价值增长了，足够补偿那个名义上的金额所包含的银量的减少，以至于立法当局也不觉得有必要去考虑这个情况。

所以，在1436年通过了一个法令：每当小麦的价格低于6先令8便士的时候无须特准，小麦就可出口。在1463年又通过了一道法令，假如小麦价格并没有超过6先令8便士，不准许小麦进口。司法当局曾经以为当麦价这样低廉的时候，方便出口，不过当麦价上涨的时候，对于进口则变得慎重了。因此，6先令8便士的含银量和我们今天货币的13先令4便士的含银量几乎相等（比爱德华三世的时候同一名义数目的含银量减少了1/3）。那个时候6先令8便士曾经被视作所谓适中以及合理的价格。

依据1554年菲力普王以及玛丽女王的第1年以及第2年的法律还有1558年伊丽莎白第1年的法规，当1夸脱小麦的价格多于6先令8便士（在那个时候要比现今的同一名义数目含银量多不到2便士）的时候，小麦的出口就被以相同的方式禁止了。不过很快就发现假如麦价到如此低贱的时候，才不限谷物出口，事实上就等于全部禁止了出口。所以，在1562年也就是伊丽莎白第5年，当1夸脱小麦的价值不超过10先令，包含和现今名义数目几乎相同数量的白银的时候，小麦在有一些港口是容许出口的。因此，这个价格在那个时候被视作所谓的适中以及合理的麦价。它和1512年诺萨伯兰家务开支中的价格几乎一致。

在法国，谷物平均的价格在15世纪末以及16世纪初同样要比杜普列·戴·圣莫尔先生有关谷物政策论文的斯文作者所发现的前两个世纪当中的谷价要低许多。在同样的时期，麦价在全欧或许都降低了。

因为耕作不断的改良以及改进的结果，银价随着谷物价格成比例上涨，它的原因可能是：对于银子的需求增多了，而供应却依然像之前一样，或者是供应渐渐减少，而需求却好像之前一样未变；世界上那个时候知名的矿山大多数已经变得枯竭，所以开采的费用大量增加。它或许部分地属于前种情况，部分地属于后种情况。在15世纪末以及16世纪初，欧洲的大多数国家和几百年前相比日益趋向一个较为固定的政府形式，安全保障的增加自然也促进工业的进步。对于贵金属的需求，好像对于各种奢侈品以及装饰品的需求一样自然会随着财富的增长而增大。年产物的增大肯定要求更多的铸币来让货物流通。富人的数目增加了，肯定要求更多的白银餐具以及其他银饰品。那个时候供应欧洲市场白银的大多数矿山很可能已大大地枯竭，并且开采所需的费用越来越贵，这是非常容易就能够推测出来的。由于欧洲的许多矿山是从罗马时期就开始开采的。

在古时候，从诺尔曼征服的时候起，或许还应从恺撒入侵之日算起，直到美洲金矿的发现，银价一直在不断地下降。这是大多数论述古代商品价格的作者的见解。他们之所以会有这样的看法，部分是因为对于谷物价格以及其他某些土地原生产物价格偶然间进行的观察，部分是因为一种普遍的看法，也就是由于各国银产量伴随着财富的增加而增长，因此其价值随着量的增加而降低。

在他们观察谷物的价格的时候，三种不同的情况似乎常常把他们带进歧途。

第一，在古时候几乎所有的地租都是以实物，也就是以一定量的谷物、牲畜、家禽等等交付的。但是，有的时候也有这种情况，地主规定他能够对于佃户任意要求，或者全年交付实物，或者用一定数目的货币来代替。如此所交付的实物可转换成一定数目的货币，在苏格兰这个就叫作价格转换。因为地主总是有权选择收取实物或者收取货币，所以为了佃户的安全起见就需要使转换的价格低于而不是高于市场的平均价格。所以，在很多地方其价格常常仅略高于市场平均价格的一半。

在苏格兰的大多数地区，交纳家禽这一习惯直到现在依然保持着，而在有的地方也还习惯纳牲畜。假如不是公定的谷价制度结束了换价，换价或许在交纳谷物方面还可以继续存在。公定的谷价是依据法定标准，每一年依照不同县区实际的市场价格对于各种不同质量的谷物所评定的一个价格。这一制度照他们的说法在转换谷物地租方面使佃户获得了充分的保障，也让地主更方便，双方都依照当年的公定价格而并不是依据其他任何定价。不过看来一些收集古代谷物价格的作者常常把苏格兰所谓的转换价格误作了实际市场价格。弗利伍德就曾经承认有一次犯了这样的错误。但是，为了著述的原因，他觉得不宜于做出这样的承认，因此直至他把这个转换价格运用了15次之后，他才承认。那一个转换价格是小麦1夸脱8先令。这一数目在1423年，他所研究的第一个年头，包含的银量和我们今天的货币16先令的含银数量相等。不过在1562年，在他研究的最后的一年，那一数目的含银量也不比现在的这个名义数目所包含的白银多。

第二，他们有的时候被有些关于法定价格的古代法规在抄写的时候由于抄写人的粗心所造成的错误所误导，有的时候实际上被立法当局所起草的条款所误导。

古代关于法定价格的法令好像首先总是从规定小麦以及大麦的价格处于最低的时候上等面包以及淡色啤酒应有的价格，然后规定在这两种谷物的价格逐渐涨到最低价格以上的时候面包以及淡色啤酒应有的价格。不过这些法规的誊写人似乎常常认为抄写三四个最高以及最低价格就够了。我猜想他们是想凭此来节省劳动，并且判定这些已经足以表明在所有较高的价格中应当是什么样的一个比例。

所以，在亨利三世的第51年关于面包以及淡色啤酒的法令中，面包的价格是依据小麦不同价格，从1夸脱1先令到20先令还有那些年代的货币的价格来调整的。不过在拉弗赫先生的刻印法规汇编之前，在所有法规的抄本当中誊写人从没有誊写过超过12先令的价格的法规。因此有些作者被这一不实的誊写所误导。非常自然地做出结论：1夸脱6先令大约相等于我们现在货币18先令，是小麦的通常或者平均价格。

在大约同时颁布的刑车法以及颈手枷法中规定淡色啤酒依据大麦价格要从1夸脱2先令到4先令，每次上涨6便士调整一次。但是，4先令并没有被视作最高价格，即使那个时候大麦常常会涨到4先令，并且这些价格只是作为其他价格（不论是高一些或者低一些）中应当遵守的并与其保持比例的例子。这一点我们能够从法令的最后一句话："etsic deinceps crescetur vel diminuetur per sex denarius"推断出来。这句话即使文字非常不确切，但是意思非常明白："淡色啤酒的价格刚好是以这种方式根据大麦的价格每次涨跌6便士而上涨或者下跌"。立法当局在起草这一法令的时候本身似乎像誊写员在誊写其他的法令一样粗心大意。

在苏格兰的一部古法律书的古代手稿中，有一个公定的价格法规，其中规定面包的价格按照小麦的不同价格进行调整。具体来说，从每一苏格兰波尔（大约等于英国半夸脱）10便士到3先令不等。在被认为是制定该项法令的时候，3苏格兰先令大约等于我们今天的英币9先令。拉迪曼先生似乎从这一点做出了结论，3先令是那时小麦曾经涨到过的最高价格，然而10便士1先令或者最多2先令是那个时候的通常价格。但是查阅手稿后，一切就明白了，所有这些价格都只是作为例子，用以说明小麦以及面包个别价格间应该有的比例。法令的最后的一句是"Reliqua judicabis secundum praescripta habendo respectum ad prefium bladi"，它的意思是"关于谷物价格的其余的情况你可根据上面所写的条款来进行判断"。

第三，他们好像也被小麦在远古的时候有的时候售价非常低廉所误导，觉得既然那个时候其最低价格要比后来一些的时候低得多，则其通常价格肯定也要低非常多。但是，他们可能也发现了在古代它的最高价格也非常高，如其最低廉的价格低于后来所知道的任何的东西的价格一样。

所以，在1270年，弗里伍德为我们提供了1夸脱小麦的两个价格。一个是那个时候的货币4镑16先令，相当于我们今天的货币14镑8先令，另外一个是6镑8先令，相当于我们今天的货币19镑4先令。在15世纪末或者16世纪初无法找出一个和这些过高的价格相近的价格。谷物的价格即使在任何时候都有不同，不过在动乱以及混乱的社会中波动得最剧烈，在那些动乱的社会里所有商业以及通讯的中断妨碍着国家的富裕部分救济贫穷部分。金雀花王朝自从12世纪中叶左右到15世纪末一直统治着英格兰，那个时候的英格兰长期处于混乱状态。某个地区可能富裕，而另外一个不太远的地区由于谷物遭受季节性的某些意外事件的破坏，或者由于邻近某一男爵的入侵或许遭受到饥荒的威胁，假如某敌对于贵族的土地处在这两个地区之间，前者就不会给予后者起码的援助。都铎王朝从15世纪后期直到17世纪初一直统治着英格兰，但是由于都铎王的强有力的管理，并没有一个男爵有足够的武力胆敢扰乱社会安全。

在本章的末尾读者将会发现弗里伍德收集的从1202年到1597年小麦的所有的价格，包括转换为现代货币以及按照时间顺序分成的7个时间段，每一时间段为12年。同一时候，在每一时间段的末尾，读者将发现在那12年当中的平均价格。在那个漫长的时期里，弗里伍德搜集了不到80年的价格，以至于最后一组12年中还缺少了4年的价格。

因此，我从伊顿学院的账本上补充上了1598年、1599年、1600年以及1601年的价格。这是我做的唯一补充。读者将能够看到从13世纪到16世纪中叶每12年的平均价格是在渐渐下降，而到16世纪末又开始上涨。确实，弗里伍德所搜集的价格好像主要是那些特别昂贵或者特别便宜的，所以我不想妄言依据它们可以做出非常可靠的结论。

但是，迄今为止，只有它们可以证明，因此正好肯定了我一直努力希望阐明的东西。弗里伍德自己即使和大多数其他作者一样好像都相信在所有这段时间里银子的价值由于其产量的渐渐增加而一直在下降，但是他所收集的谷物价格一定和这种意见是相左的，但是它们都和杜普列·戴·圣莫尔先生的看法是一致的，同一时候也和我力图说明的相一致。弗里伍德主教以及杜普列·戴·圣莫尔先生好像是以最大的勤奋以及忠诚收集古代各种物品价格的两位作者。多少有些奇怪的是，虽然他们的意见是这样不同，但是他们收集的事实，他们所涉及谷物的价格最起码能够说是非常准确地吻合。

但是，一些最慎重的作者推测，远古的时代银子的昂贵并不是完全因为谷物的价格低廉，而是因为土地的某一些其他原生产物的价格低廉。听说，谷物作为一种商品，在那个原始年代和其他大多数商品相比较要昂贵得多。我觉得这里指的是牲畜、家禽还有各种猎物等大多数未经制造的商品。在那个贫困以及野蛮的时候，这些东西远低贱于谷物，毫无疑问是真实的。不过这个低廉并不是银价高昂的后果，而是那些商品的价值低贱的结果。即它并不是由于银子在那些年代能够购买或者代表更大量的劳动力，而是由于那一些商品在较为富裕以及进步的年代只能购买或者代表更少量的劳动力。美洲属于西班牙的白银肯定要比欧洲便宜得多。由于陆路以及海路的长途运输，货运以及保险均需花费费用，出产银子的国家要比进口银子的国家的银子便宜。

但是，乌洛阿告知我们，几年之前在布宜诺斯艾利斯，花21便士就可从三四百头的牛群中任意选一头牛。拜伦先生告知我们16先令（英币）是在智利首都买一匹马的价钱。在一个自然条件十分优越的国家，因为其中大多数土地完全没有开发，只要用极小量的劳动就可以捕获牲畜、飞禽以及各种猎物，因此它们也只能购买或者支配极小量的劳动。它们的售价非常低并无法说明在那儿银子的真实价值非常高，而只可以说明那一些商品的真实价值非常低。

需要始终牢记，是劳动而并不是任何一种特殊商品或者一类商品是衡量银子以及所有其他商品价值的真正的尺度。

不过在几乎荒芜或者人烟稀少的国家，牲畜、飞禽、各种猎物等，因为它们都是大自然的产物，所以大自然生产的远多于居民所需要的。在这样的状态下，供应经常超过需求。所以，在社会不同的状态，进步的不同阶段，这些商品所代表或者可交换的劳动量很不相同。

在社会各种各样的状态下，进步的每一个阶段，谷物都是人类辛劳的产物。不过每种勤劳的平均产物或多或少总是和平均消费相适应，平均供应和平均需求相适应。

除此之外，在进步的不同阶段，在同样的土壤以及气候条件下，生产相同数量的谷物，按照平均水平，要求接近相同数量的劳动，换言之，要求接近相同数量的价格。在耕作不断改良的状态下，劳动生产力的不断增长或多或少将为牲畜——农业的主要工具的价格不断上涨所抵消。因此我们尽可放心相同数量的谷物在社会的每一个状态下，在进步的每一个阶段，要比同等数量土地的其他天然生产物都更准确地代表同等数量的劳动。所以，依据观察，在财富以及进步的所有不同阶段，谷物是一个比其他任何商品更加准确的衡量尺度。在所有那些不相同的阶段，我们通过把银子和谷物相比较要比把银子和其他任何的商品相比较更能准确地判断银子的真实价值。

除此之外，谷物或者诸如此类的东西是人们普通喜爱的植物食品，在每个文明国家组成了劳动者的主要食粮。因为农业的扩大，每个国家的土地生产的植物食品要比动物食品多得多，所以各地劳动者主要是依赖这个最便宜而又最为丰富的有益健康的食品过活。除了最繁荣的国家或者劳动报酬最高的地方，鲜肉仅仅是劳动者食品中很少的一部分，家禽则是更小的一部分，猎物则完完全全不存在。在法国，甚至在苏格兰，除了节日以及某一些特殊场合外，贫苦的劳动者极少吃鲜肉，而苏格兰的劳动酬劳略高于法国。因此，劳动的货币价值更多的是取决于作为劳动者食粮的谷物的平均货币价格，而不是鲜肉或者任何其他土地原生产物的平均货币价格。所以，金银的真实价值，也就是它们所能购买或者支配的劳动的真实量，更多地取决于它们所能购买的或者支配的谷物的数量，而不是鲜肉或者任何其他土地原生产物的数目。

但是，对于谷物或者其他商品价格的这些少量的观察应当不会误导许多聪明的作者，假如他们并没有遭到流行的见解影响的话。那就是因为白银的数量在各个国家将随着财富的增长而自然增长，所以其价值将随其数量的增加而下降。但是，这个见解看来是全然没有根据的。

在任何一个国家里贵金属的数量可以由两个不同的原因而增加：（一）供应贵重金属的矿山的产量增多而货源充足；（二）人民劳动的产品的增多，财富增加。这两个因素中的第一个肯定会引起贵重金属的贬值，而第二个就和其无关。

当更加富饶的矿山被发掘后，更大量的贵金属进入了市场，而它们所要换取的生活必需品以及便利品的数量却和之前完全一样，这样同等数量的金属肯定就只能换取较为小数量的商品了。所以，在任何一个国家，假如贵金属数量的增长是源自于矿产的增加，那么它肯定会引起它们的某些贬值。

反之，当任何一个国家的财富增长的时候，当其劳动的年产物变得越来越多的时候，为了使更多的商品可以流通，肯定就需要更多的铸币，而人民购买得起，因为他们有了更多的商品可和它交换，自然愿意购买更多的银餐具。他们的铸币数目亦将因需要而增加。出于虚荣以及炫耀他们的银餐具，或者出于一样的原因，他们拥有的美丽的雕像、绘画以及其他奢侈品和珍品的数量可能同样增加。不过由于雕刻家以及画家在富裕以及繁荣的时候非常可能要比在贫困以及萧条的时候所得的报酬更要优厚，所以金银也可能变得更值钱一些。

假如偶然发现的更为富饶的矿山未能让金银的价格下降，则金银的价格自然而然是随着每个国家的财富的增长而上涨，因此不论矿山处在什么状态，任何时候富裕国家中金银的价格都要比贫困国家中的高。金银像所有的其他商品一样，当然要寻求能卖到最好价格的市场。而任何商品能卖到最好价格的地方通常是可以出得起最好价格的国家。需要记住，劳动是支付给任何东西的最终价格。在劳动能获得同样优厚报酬的国家，劳动的货币价格也将会和劳动者的食粮价钱成比例。不过金银在一个口粮富足的国家要比在一个口粮供应困难的国家，换言之在富国要比在穷国能换取更多的口粮。假如这两个国家相距非常远，其中的差异便可能更大，虽然金银自然地会从较差的市场流向较好的市场，但是要运输大量的金银或许会十分困难，而又只有运送大量的金银才能让它们在两地的价格接近同一个水平。假如两个国家相距较近，两地价格的差异就会小一些，并且有的时候可能小得都觉察不出来，这是因为在这种情况下运输非常容易。中国是要比欧洲任何部分都富裕得多的国度，但其口粮的价格和欧洲相比却相差非常大。大米在中国的价格要比小麦在欧洲任何地方都还要便宜许多。英格兰要比苏格兰富裕很多，不过谷物的货币价格在这两国相差非常小，小到仅可觉察获得的程度。

就数目来说，苏格兰的谷物一般显得要比英格兰的便宜很多，不过就其质量来说，苏格兰的谷物一定要略微贵一些。苏格兰似乎每年都要从英格兰获得大量的供应，而每种商品的价格在进口国家肯定略微要比在其出口的国家贵一些。因此，英格兰的谷物在苏格兰肯定要比在英格兰贵一些。不过从质量上来说，或者就英格兰小麦所制成的面粉或者麦片的数量以及质量来说，它在苏格兰市场上售出的价格通常不比在市场上与之竞争的苏格兰谷物更昂贵。

在劳动的货币价格上，中国和欧洲的差异要比这两个国家在口粮的货币价格上的差异更大，由于在欧洲劳动的真实补偿要比在中国高。欧洲的大多数地区都处在进步状态，苏格兰的劳动的货币价格要比英格兰低，是因为劳动的真实补偿低廉得多。苏格兰即使在向富裕迈进，但是进步的步伐要比英格兰慢很多。从苏格兰到英格兰的移民多，而从英格兰移出的移民非常少，这充分证明了两国对于劳动需求的截然不同。不同国家间劳动真实补偿的比例当然并不受他们的实际财富或者贫困所调控，而是受到他们是处于进步、停滞或者衰落的状态所调控。这一点一定要牢牢记住。

因为金银在最富裕的国家当中自然就具有最大的价值，所以它们在最贫穷的国家中自然仅仅具有最小的价值，即所有民族中最为贫穷的民族里，它们基本上没有任何价值。

粮食在大城镇中总是要比在偏远地区贵一些。但是，这并不是银子真正便宜的后果，而是粮食真正昂贵的后果。把银子运到大城镇并不比运往偏远地区需要花费的劳动更少，而把粮食运往大城镇消费的则要多得多。

在非常富裕以及商业非常发达的国家，譬如荷兰还有热那亚地区粮食昂贵，其原因和大城镇粮食昂贵一样。它们无法生产足以养活其居民的粮食。它们在工业方面富裕，在制造方面以及节省劳动的各种机器方面，在制造航运还有其他运输及商业工具和手段方面，都有非常好的手艺以及技巧，不过他们在谷物生产方面却一筹莫展，粮食需要从遥远的国家运来，因此他们必须通过提高它的价格来支付从那些国家运来的运费。把银子运到阿姆斯特丹并不比运往但泽需要的劳动少，不过运输粮食则费用要多得多。银子的真实价值在那两个地方肯定非常接近，不过粮食的真实价格则非常不同。即使荷兰或者热那亚地区的居民的数目未变，但是他们的富裕程度下降了，他们从遥远的国家供应自己的能力减低了，随着这种衰退出现的肯定是白银数量的减少（无论是作为衰退的原因还是结果）。这个时候谷物的价格不但不会随着白银数量的减少而下降，反而会上涨到饥荒的时候的价格。当我们缺乏生活必需品的时候，我们应当放弃所有奢侈品，因为奢侈品的价格在富裕以及繁荣的时候是一直上涨，在贫困以及萧条的时候下降。而生活必需品的情况则完完全全相反。它们的真实价格，它们所购买或者支配的劳动量在贫困以及萧条的时候上涨，在富裕以及繁荣的时候下降，因为繁荣的时期谷物总是非常富足。谷物是一个必需品，银子仅仅是一件奢侈品。

因此，在14世纪中叶到16世纪中叶这段时间里，无论贵金属的增长情况如何，贵金属的数量由于财富的增长以及土地的进一步改良也增长了。无论在大不列颠还是欧洲其他任何部分都不可能有减少的趋势。假如谁收集了古时候各种东西的价格，无论从对于谷物还是其他商品的价格来观察，他们都没有理由推论说在这段时期银子的价值贬值了，他们更加没有理由根据假定的财富的增长以及土地改良的加大而得出这样的结论。

第二阶段

无论各学者对于在第一阶段银子价值的增加的意见有多么不同，他们对于第二阶段的想法则是完全一致的。

从1570年到1640年，在这大约70年的时间里银子的价值以及谷物的价值中间比例的变化采取了一个完全相反的方向。银子的真实价值下降了，或者说，可以交换的劳动量比之前少了。但是谷物的名义价格上涨了，并不是通常卖的1夸脱2盎司白银，大约合我们今天的货币10先令，而是1夸脱卖到了6盎司以及8盎司白银，大约合我们现在的货币三四十先令。

富饶的矿山在美洲的发掘，看来好像是白银价值和谷物价值比价下降的唯一原因。每个人都是这样估计的，对于这一事实或者这一原因，不曾有过任何争论。在这段时间里欧洲大多数地区在工业以及土地改良上是大步前进了，因此对于银子的需求肯定一直在增长。不过供应的增长似乎大大超过了需求，结果银子的价值非常可观地下降了。美洲的银矿的发掘，据观察似乎到1570年对英格兰的物价并没有什么十分明显的影响，甚至20多年前波托西银矿的发掘也是这样。

依据伊登学院的报道，从1595年到1620年，包括1595年以及1620年在内，温莎市场上1夸脱（或者9蒲式耳）上等小麦的平均价格是2镑1先令69/13便士。从这一个数字去掉分数，减去1/9或者减去4先令7个便士，则1夸脱（或者8蒲式耳）的价格就为1镑16先令10便士。再从这一个数字同样去掉分数，减去1/9或者4先令1个便士，即上等小麦以及中等小麦两者价格之差额，因此中等小麦的价格应该是1镑12先令8个便士左右或者大约合白银6 /21便士。

从1621年到1636年，包括1621年以及1636年两年在内，依据同一记载，在同一个市场上同等数量的上等小麦的平均价格是2镑10先令，对于这个数字进行之前一样的减除，1夸脱（或者8蒲式耳）中等小麦的平均价格就为1镑19先令6便士，大约合7便士。

第三阶段

在1630到1640年间，即大约在1636年，受到美洲发现金矿的影响，白银价值好像已经跌到最低点，白银价值和谷物价值的比价好像也跌到了从未有过的低点。在本世纪的这一段时间里它似乎还略有上涨，甚至还在上一世纪末可能就开始了这种上涨的势头。

从1637年至1700年，包含这两年在内，上一世纪的最后64年间在温莎市场1夸脱（或者9蒲式耳）上等小麦的平均价格，依据同一记载，一直是2镑11先令3便士，比16年前上涨了1先令1/3便士。不过在这64年之间发生了两件大事，它们让谷物的匮乏大大超过气候不好所能够引发的歉收。并没有必要设想银价的更多下跌，就那两个事件已经足以说明谷物价格小幅度上升的因素了。

这两个事情中的第一件是内战。它阻碍了耕种，阻断了商业，肯定使谷物价格上涨，并且大大超过气候不好所引起的灾害的影响。它肯定对于联合王国各个不同市场产生或多或少的影响，特别是对于伦敦周围的那些市场，由于它们需要从极远的地方获得供应。依据同一记载，1648年温莎市场上的上等小麦的价格一直是4镑5先令，而在1649年却是1夸脱（9蒲式耳）4镑。这两年当中谷物价钱在2镑10先令（1637年之前16年的平均价格）的基础之上上涨了3镑5先令，把它平均分在上世纪最后的64年里，仅凭此就足以说明为何这些年谷物价格仅有微弱的上涨。但是，它们即使是最高的谷物价格，也绝对不是由内战引起的唯一昂贵的价钱。

第二个事件是1681年所颁布的关于谷物出口的奖励金。很多人一直以为通过对耕种的鼓励，奖励金在长期以内可能会导致较大的富足，使得国内市场上谷物价格比没有奖励金的时候便宜。至于这个奖励金在任何时候能产生如何深远的影响，我将在之后进行探讨。现今我只是注意到在1688年至1703年间它还没有产生影响。在这么一个短时间里，它的唯一结果是通过鼓励出口每一年的剩余产品，以至于使得前一年的丰产无法补偿后一年的匮乏，从而提高了国内市场的价钱。从1693到1699年之间（包括这两年在内）弥漫整个英格兰的匮乏，虽然气候不好无疑是其主要的原因，并因此让缺粮扩展到了欧洲非常大一部分地区，不过奖励金在一定程度上加重了谷物的缺乏。因此在1699年，阻止谷物出口9个月之久。

与此同时还发生了第三件事。即使那件事不会引起谷物的缺乏，可能也不会引起平常支付给它的白银的真实数量的任何的增加，但肯定要引起名义金额上的某些增加。这个事件就是由于削减以及磨损所造成的银币贬值。这一件坏事开始于查理二世统治的时期，而后一直持续到了1695年。在那个时期，如同我们从劳恩迪斯先生那里获知的一样，当时通行的银币平均低于标准价格将近

25%。不过构成每件商品的市场价格的名义资金与其说是依据其标准中应有的含银量所调控，不如说是依据经验发现的其中的实际含银量所调控。所以这个名义金额在银币由于削减以及磨损已经十分贬值的时候必须高于当银币接近其标准值的时候的金额。

在本世纪，银币在任何时候都没有比现在更低于它的标准重量了。但是即使贬值得非常厉害，其价值却由它能够与之兑换的金币的价值坚持了下来。由于即使在上次重新铸造之前，金币的外表也磨损得厉害，仅仅是要比银币磨损得少一些罢了。相反，在1695年，银币的价值却没有获得金币的支撑，1基尼那个时候通常可兑换磨损以及削减了的银币30先令。在上一次金币重新铸造之前，银锭的价格不多于5先令7便士1盎司，它仅仅要比铸币厂价格高5便士，不过在1695年，银锭的普通价格是6先令5便士1盎司，它要比铸币厂价格高出了15便士。因此，即使在金币重新铸造之前，金银硬币在与银锭相比的时候，不会多于其标准价值的8%。

相反，在1695年，根据推测几乎要低于那个标准价值的25%。不过在本世纪初期，也就是在威廉时代，银币大规模重新铸造后不久，大多数流通的银币仍然要比现今更加接近其标准重量。在本世纪中并没有什么大的社会灾难，比如内战，它不是阻碍耕种，就是中断国内商业。并且本世纪的大多数时候都实行奖励金，肯定总是会把谷物的价格略高于按照那个时候实际耕种情况所应该有的价格。在本世纪，奖励金有充分的时间产生通常它所应该有的好效果，促进耕种，从而增多谷物在国内市场的数量。依据我将阐明以及检验的一系列原则，能够设想它一方面在降低谷物的价格之上起了一些作用，另外一方面同样对于提高它的价格也起了一些作用。许多人认为它起的作用还不只这一些。所以，在本世纪最开始的64年，温莎市场1夸脱（也就是9蒲式耳）上等小麦的平均价格依据伊顿学院的记载，已然是2镑6便士，大约合10先令6便士，要比上世纪最后64年的价格便宜了25%，要比1636年之前的16年也就是美洲发现的富饶的金银矿已经能够充分产生效果的时候的价格便宜了9先令6便士，并且要比1620年之前的26年，即能够有充分理由推测在那个发现可以充分产生其效果之前26年的平均价格大约低1先令。根据此在本世纪初的64年间中等小麦的平均价格大约为32先令1夸脱（8蒲式耳）。

因此，银子的价值在本世纪在和谷物价值的比例上好像是略微上涨了一些，并且非常可能在上世纪末就开始了这一上涨。

1687年，9蒲式耳1夸脱的上等小麦在温莎市场中是1镑5先令2便士，这是自从1595年以来最便宜的价格。

格里戈里·金先生是一位对这类事情有着丰富经验的知名人士，1688年他估算在一般的丰收年份小麦生产者的平均价格是每蒲式耳3先令6便士，或者说1夸脱28先令。我所理解的生产者的价格就是有的时候我们称作的合同价格，即农场主签订合同在一定的年份向商人提供一定数量谷物的价钱。因为这种合同节约了农场主把谷物送到市场上去的费用以及麻烦，所以合同价格常常低于所设想的平均市场价格。金先生觉得，28先令1夸脱在那个时候是一般丰收年份的平均合同价格。我相信，在上次非常坏的气候所引起的匮乏之前，这个价钱是所有正常年间的普通的合同价格。

1688年国会通过了对谷物出口的奖励金。乡绅们那个时候在立法机构所占的要比重要比现在大，他们感觉到谷物的货币价格在下降。奖励金是一种应急的措施，是将谷物的价格人为地提高到查理一世以及查理二世的时代的通常价格。因此，直到小麦价格已经高到48先令1夸脱的时候，都采用了那个应急措施。即这个价格要比金先生在那一年估计的一般丰收的年份生产者的价格高20先令，也就是高5/7。假如他的估计获得了十分普遍的赞许的话，那是完全应当的。除去特别匮乏的年份，48先令1夸脱这个价格在那个时候假如没有奖励金这个应急措施是无法达到的。不过威廉王的政府在那个时候还并没有完全巩固，他没有理由拒绝乡绅的任何建议。那个时候，正是威廉王向他们恳请第一次建立了年度土地税。

因此，银子的价值在与谷物的价值的比例上或许在上世纪的末期有一些上升，在本世纪的大多数时间里似乎一直在继续上升。即使奖励金的肯定作用阻止了那一上升的势头，使它无法依照那个时候的实际耕作状态发生更为显著的作用。

在丰收的年头里通过意外的出口，奖励金肯定会把谷价提高到并没有奖励金的那些年份的价格之上。经过继续保持谷物在最为富足的年份里的价格来鼓励耕种是那个制度公开宣布的目标。

当然，在非常匮乏的年份里奖励金制度一般情况下就中止了。但是，它对于那些年份的价格还是会有一些影响，丰收年份奖励金引发的异乎寻常的出口，肯定常常会妨碍以一年的富裕补偿另外一年的匮乏。

所以不论在富足的年份或者是在匮乏的年份，奖励金将谷物价格提高到并没有它的时候的价格之上。所以，在本世纪初64年其平均价格一直低于上个世纪的后64年的平均价格，在耕作状态一样的情况下假如并没有奖励金的作用，谷物价格肯定会低一些。

能够这样说，没有奖励金耕作状态不可能是这样。这个制度对于国家的农业会有怎样的影响，我在之后专门阐述奖励金制的时候将努力解释清楚。现今我只是观察到银子价值和谷物价格成比例的上涨并不仅仅为英格兰所特有。在相同的时期，三个十分忠实、勤劳以及努力的谷价收集者——杜普列·戴·圣莫尔先生，麦桑斯先生以及关于谷物政策专论的作者均观察到在法国也一样发生了这个现象，并且程度几乎相同。不过在法国，直到1764年，谷物的出口是被法律所禁止的，所以多少有些难以想象在一个禁止出口的国度里发生的降价会在另外一个对于出口实行异常鼓励的国度发生。

或许，把谷物的平均货币价格当中的这个变化视作银子在欧洲市场真实价值的一些逐步上涨，要比视作谷物的真实平均价值的任何的下跌还更合适一些。大家都已然注意到，谷物是在一个长时间里要比银子，甚至要比其他任何商品都更加准确的一个价值尺度。在美洲发掘了一些富饶的矿山后，谷物的货币价格要比之前上涨了三四倍，这一变化常常被归咎于银子真实价值的下降，而并没有归咎于谷物真实价值的任何的上涨。假如说本世纪的头64年间，谷物的平均货币价格下跌得要比上世纪的大多数时候的平均货币价格低一些的话，我们就应该以同样的态度把这一变化归因于银子在欧洲市场真实价值的某一些上涨，而不应该归因于谷物真实价值的任何下跌。

确实，在过去10年或者12年间谷物价格的昂贵引起了一种怀疑，认为银子的真实价值在欧洲市场上仍然在继续下跌。但是，谷物的昂贵价格明显地看来是气候非常不利所造成的，所以应当把它视作一种过渡以及偶然事件，而并不是一个长时期的事件。过去10年或者12年的气候在欧洲大多数地区一直十分不好，波兰的动乱更加大大地加剧了欧洲各个国家的匮乏，由于在谷物价格高昂的年岁，这些国家通常都是依赖于波兰市场的供应。气候长时期不好，即使并不是一个非常普遍的现象，也绝对不是个别现象。并且只要是对于先前时期的谷物价格的历史进行过深入研究的人都肯定会搜集到几个其他同类的例子。除此之外，10年的异乎寻常的缺乏要比10年异乎寻常的富足更没有什么让人奇怪的地方。自从1741年到1750年，包含这两年本身，谷物价格的低廉刚好可以和过去的8年或者10年的谷价昂贵形成一个对照。从1741年到1750年，包含9蒲式耳的1夸脱上等小麦在温莎市场上的平均价格，依据伊顿学院的记载，仅仅为1镑13先令9便士，要比本世纪头64年的平均价格低将近6先令3便士。包含81夸脱的中等小麦，依据那个记载，在那10年当中价格仅为1镑6先令8便士。

但是，在1741到1750年间，奖励金肯定阻止了谷物价格在国内市场本来应有的下跌。在那10年当中各种谷物出口的数量依据海关的纪录达到 8029156夸脱1蒲式耳。对于此支付的奖励金达到1 514962镑17先令4便士。一样在1749年，那个时候的内阁首相佩兰先生向下院陈述时说道，在前三年当作谷物出口的奖励金支出了一个异乎寻常的数目。他如此讲是有充分的理由的，并且在来年他可能还有更加好的理由。由于单是那一年支出的奖励金就高达324176镑10先令6便士。这个强制性出口把谷物的价格比它在国内市场上应有的价格提高了多少，就不必要再说了。

在本章的末尾所附的统计表当中，读者将会发现有一份从其余年份单独分出的10年的特殊统计。读者还将会发现前10年的一份特殊的统计表，在那一表中平均价格同样的低于本世纪头64年的一般的平均价格，虽然低的并不是非常多，1740年却是特殊缺乏的一年。1750年之前的20年，刚好和1770年前的20年形成对比。前者是大大地低于本世纪的一般平均价格，尽管其中也穿插了一两个昂贵的年岁。后者是大大高于本世纪的一般平均价格，尽管其中也穿插了一两个便宜的年岁，比如1759年。假如说前者低于一般平均价格并不是太多，不超过后者高于一般的平均价格的程度，则我们或许就应把它归功于奖励金了。这个变化非常明显发生得太过突然，不可以归咎于银子价值的任何变化，由于银价的变化总是缓慢而渐进的。这个效果的突然性只可能归咎于一种能够突然起作用的原因，就是气候的意外变化。

当然，在本世纪大不列颠的劳动的货币价格上涨了。但是，这个上涨与其说是欧洲市场中银价下降的后果，不如说是大不列颠几乎遍及全国的繁荣引起对于劳动需求增长的后果。在法国，一个并没有英国繁荣的国家，劳动的货币价值自从上世纪中叶起就明显地伴随着谷物的平均货币价格渐渐下降。在上一世纪还有本世纪普通劳动的日工资听说在那里相当一致，大约为小麦1塞蒂埃的平均价格的1/20，1塞蒂埃略微多于4温切斯特蒲式耳。前面已然说过，在大不列颠劳动的真实报酬，也就是给予劳动者的生活必需品以及便利品的真实数量，在本世纪已然有了非常大的增长。其货币价格的上涨好像并不是欧洲市场银价普遍下跌的后果，而是大不列颠个别市场因为国家环境非常良好，劳动的真实价格上涨的结果。

在第一次发现美洲后的一段的时间，银子依然以原先的价格，或者以较原先价格稍低的价格在市场上卖出。开采的利润有一段时间非常大，大大地高于它的自然率。但是，把银子进口到欧洲的人非常快就可以发现全年的进口量不会都以这种高价出售。银子可以交换的货物的数目越来越少，它的价格将不断降低，直到跌落到它的自然价格，或者跌到仅足以依据自然率支付的劳动工资，资金利润以及土地的地租。这些都是将银子从矿山运到市场所必需的费用。秘鲁的大多数银矿向西班牙国王所上交的税高达毛产的1/10，根据已有的观察，它吃去了土地的所有地租。这个税开始的时候为金矿产量的一半，非常快它地降到1/3，之后是1/5，最后是1/10。这个税现在依然保留着。在秘鲁的大多数银矿，好像这就是在补偿了从事开采的人的资金还有平均利润后所剩余的全部。之前是非常高的那些利润现在已低到仅仅够维持生产的程度，看来这已经是公认的了。

1504年，也就是1545年发现波托西银矿前41年，西班牙国王所征收的税已下降到登记白银的1/5。在1636年之前的90年间，全美洲最为富饶的矿山有足够的时间发挥它们的所有影响，也就是说在它继续上缴西班牙国王这个税的条件之下，把欧洲市场的银价降低到无法再低的价格。只要一个商品并没有被垄断，90年的时间足够把任何商品的价格下降到其自然价格，也就是纳税的同一时候仍然能够在长期内出售的最低廉的价格。

欧洲市场的银价或许可能降得更加低，并且它可能必须再降低税额，不仅仅是降到1736年的1/10，甚至降到1/20。同样也需要降低对于金子征收的赋税，不然就应关闭美洲大多数现在已开采的矿山。对于银子的需求的渐渐增长，或者对于美洲银矿产品的市场的渐渐扩大也许是防止这个事件发生的原因，并且它不仅仅支撑了欧洲市场上的银价，甚至还把它提高了，让它多少高于上世纪中叶的价钱。

自从第一次发现美洲之后，美洲银矿产品的市场一直在渐渐扩大。

第一，欧洲市场变得越来越大。自从美洲发现之后，欧洲的大多数地区进步了很多。英格兰、苏格兰、法国以及德国，甚至瑞典，丹麦以及俄罗斯在农业以及制造业方面都有了非常大的进步。意大利看来也并没倒退。意大利的衰落是在秘鲁被征服之前。从那以后，意大利好像恢复了一点儿元气。西班牙以及葡萄牙被认为确实是倒退了。但是，葡萄牙是欧洲非常小的一部分，而西班牙的衰落或许并没有平常人们想象的那么厉害。在16世纪初期，甚至西班牙和法国相比也是一个非常贫穷的国家。而自那之后，法国有了非常大的进步。查理五世皇帝过去常常到这两国旅游，他曾经说过一句名言：在法国是所有都富足，在西班牙是所有都匮乏。欧洲农业以及制造业的增产肯定需要逐渐增加银币的数量来促进产品的流通，而有钱人的增多也肯定要求银餐具以及其他银饰品的增加。

第二，美洲自身是其自己银矿产品的一个新的市场。并且由于它的农业、工业上的进步以及人口的增长都大大高于欧洲最为兴旺的国家，因此它对于银产品的需求增长肯定也迅速得多。英国所有的殖民地合在一起就是一个新的市场。它要求不断地增多对于银子的供应，那是一片崭新的大陆。那里之前对于银子从未有过任何的需求。这个新的市场对于银子的不断需求部分是因为铸币的需要，部分则是因为银餐具的需求。西属以及葡属殖民地的大多数也是新市场。新格林纳达、尤卡登、巴拉圭以及巴西在被欧洲人发现之前，是由野蛮民族住着，他们并没有工艺，也没有农业。现在工艺以及农业都在很大的程度上被引入到了那儿。

即使是墨西哥以及秘鲁，它们无法完全被看作是新市场，但是那里的市场也要比从前扩张了许多。即使出版了非常多有关这些国家古代辉煌的书，但是稍有清醒头脑以及判断能力的读者在阅读它们被发现以及被征服的历史的时候都将清楚地看到那儿的居民对于工艺、农业以及商业的无知。即使他们用金银作为饰品，却对铸币一无所知。他们所有的商业活动都是通过以货易货进行的，所以他们也没有任何劳动分工。耕种土地的人都需要自己建造房屋，自己打造家具，为自己缝补衣服、鞋子以及制作农具。他们当中少数的几个手艺人听说全部被国王、贵族以及牧师所供养，或许就是他们的仆人或者奴隶。墨西哥以及秘鲁的所有古代工艺从来没有以任何的制成品形式供应过欧洲市场。

西班牙的军队即使不超过500人，并且常常还不到那个数目的一半，却好像在各地都难以获得食物。这个在那个时候作为人口众多以及耕种非常好的代表的国家，他们听说几乎也是到达一地就要在那儿引起饥荒。它充分地说明所谓的人口众多以及耕种发达在非常大的程度上只是一个编织的童话。西班牙的殖民地政府的统治方式在很多方面都不利于农业改良以及人口增长，这是它们和英属殖民地所无法比拟的。但是，它们好像要比欧洲任何一个国家在所有这些方面进展要快得多。由于它们土地肥沃，气候宜人，土地充足同时便宜。这是所有的新殖民地的共同情况，如此看来这是一个巨大的优势，足以补偿文职政府的很多缺点。弗雷齐埃在1713年到访过秘鲁，他描述利马那个时候的居民是25000到28000人之间。从1740年到1746年间曾经居住在秘鲁的乌洛阿却称道那里的居民超过500003人。关于智利以及秘鲁其他几个主要城市的人口，他们两个记载的差异几乎相同。因为我们并没有理由怀疑他们两个人的记载不实，因此它最起码说明了一点，那就是那儿人口的增长并不逊色于英属殖民地。因此，美洲是其本国银矿产品的一个崭新的市场，它对于银子的需求的增长肯定要比欧洲最为兴旺的国家的要求增长迅速得多。

第三，东印度就是美洲银矿产品的另外一个市场，并且这个市场自从那些银矿最开始被发现之日起就一直持续不断地从银矿的总产中取走越来越多的白银。从那个时候起，由亚卡普科船队经营的美洲以及东印度之间的直接贸易一直不断地扩大，并且通过欧洲所进行的间接往来更是以更大的比例在扩张。在16世纪，葡萄牙是和东印度进行正规贸易的唯一的欧洲国家。但是到16世纪末期，荷兰人开始打破这个垄断，并且在不到几年的时间里就把葡萄牙人从他们在印度主要的定居点驱逐了出去。在上个世纪大多数的时间里，这两个国家瓜分了绝大多数东印度贸易。荷兰人的贸易继续以更大的比例扩大，葡萄牙则走向衰败。

在上个世纪英法两国和印度进行过某些贸易，本世纪才有了大幅增长。东印度和瑞典人以及丹麦人的贸易是在这个世纪开始的。甚至莫斯科人现在和中国的正常贸易也是通过某些商队穿过西伯利亚到达北京的。东印度和所有的这些国家的贸易，假如把我们在最近这次战争当中几乎被消灭的法国和东方的贸易除外，则几乎是一直在增加。东印度货物在歇洲的消费量的增加使东印度各行业逐渐发展。如，茶叶在上个世纪中叶是欧洲用得非常少，现在由英国东印度公司为了本国人消费进口的茶叶的价值每一年就超过150万镑，并且这还不够，还有更多的茶从荷兰港口，从瑞典的哥登堡还有法国海岸（在法国东印度公司兴旺的时候）长期走私进入英国。中国的瓷器、马六甲的香料、孟加拉的布，还有无数的其他货物，它们的消费量都以非常相近的比例在增多。所以，在上一世纪的任何时候用于东印度贸易的所有欧洲船舶的吨位也比不上英国东印度公司在最近减少它的船只前所使用的。

不过在欧洲国家第一次和那些国家贸易的时候，在东印度，特别是在中国以及印度贵金属的价值要远远地高于欧洲，并且一直如此。在生产稻谷的国度，常常一年可收割两次，有的时候甚至一年3次，其中的每一季都要比任何一季小麦的一般收成好得多，其粮食的丰富肯定要远远超过面积相同的非产水稻的国家。所以，这样的国家人口肯定要多得多。在那些国家里富人在自己消费的粮食之外，拥有大量过剩的粮食可供他们自由地处置，所以他们拥有购买他人更加大的劳动手段。依据所有记载，一些国家的达官显贵的侍从在数量上要比欧洲最为富有的臣民的随从要多得多，并且更气派。他们可以自由处置的大量过剩的粮食，能够支付较大数量的粮食来换取那些大自然生产极少的独一无二的以及稀有的珍品，要比如富人们竞相购买的贵金属、宝石。因此尽管供应印度市场的矿山一直就像供应欧洲市场的矿山那样的富饶，这些商品在印度能够交换的粮食当然要比在欧洲多得多。

但是供应印度市场贵金属的矿山看来远远没有供应欧洲市场的矿山那样富饶，然而供应印度市场宝石的矿山却要比供应欧洲市场宝石的矿山更加富饶。因此贵金属当然在印度能交换更加多的宝石，并且要比在欧洲能交换更多的粮食。所有的奢侈品中最贵重的钻石的货币价格在印度要比在欧洲多少低廉一些，而粮食和生活必需品当中的首要物品的货币价钱在印度却要比在欧洲低非常多。

不过前面已经指出，劳动的真实价格，劳动所能够换取的生活必需品的真实数量在中国以及印度这两大市场要比在欧洲大多数地区能换取的低得多。所以，劳动者的工钱在那里可以购买的食品量要小一些，与此同时由于食品的货币价格在印度要比在欧洲低得多，劳动的货币价钱在印度就要低廉一半。这是由于它能购买的食品量小还有食品的价格低廉。不过在技术以及工业同等发达的国家，大多数制造品的货币价格将和劳动的货币价格成比例；中国以及印度的制造技术和工业即使不很发达，看来并不比欧洲任何地区低多少。所以，大多数制造品的货币价格在那些大的帝国里自然要比在欧洲的任何地方低得多。

在欧洲大多数地区陆路运费大大地提高了大多数制造品的真实价格以及名义价格。由于首先把材料，随后将制造品运往市场都需要更多的劳动力，所以也需要更多钱。在中国以及印度，由于内陆航运非常方便，节约了大量劳动，所以也节省了钱，从而降低了其制造品的真实价格以及名义价格。因为所有的这些原因，贵重金属一直都是，并且仍然是从欧洲运到印度极为有利可图的商品。并没有任何一种其他的商品能够比贵金属卖到更好的价钱了。按照它和它在欧洲所值的劳动量以及商品量的比例，它在印度将可以购买或者支配更多的劳动量以及商品量。带着银子到印度去要比携带金子更加有利，由于在中国以及印度其他大多数市场，上等白银和上等黄金间的比例是10或者最多是12比1，而在欧洲则是14或者15比1。在中国以及印度的其他的大多数市场上10或者最多12盎司的白银可以购买1盎司黄金，而在欧洲要14到15盎司白银才可以购买1盎司黄金。因此，从欧洲开到印度的船只上的大多数货物中，白银常常是其中最有价值的货物之一，同时也是亚卡普科开往马尼拉船舶当中最有价值的货物。新大陆的白银好像就因此成为在旧大陆的两极之间所进行的商业活动当中的主要商品之一。并且正是通过这一方式，在很大程度上，世界上相距非常远的地区互相联结了起来。

为了供应这样广阔的市场，每年从矿山运出的白银的数量不仅仅必须足够满足所有繁荣国家对于铸币以及制造餐具的不断增长的需要，还必须满足使用白银的各国对于银币以及银器修补和不断磨损的需要。

在硬币中由于磨损还有餐具中由于磨损以及洗刷而不断消费的

贵金属非常可观。并且使用白银的商品非常广泛，也需要大量的补充。某些特殊的制造业对于贵重金属的消费，总量即使或许不如上述的逐日消费，但是因其增长迅速而更加明显。单单以伯明翰的制造业来说，听说每年用于镀金和包金的金银以及用后再无法恢复原状的金银数量就高达50000镑以上，我们据此能够估算一下，在与伯明翰同类制造业当中，世界各个地方在包边、彩饰、书籍以及家具镀金等用途中一年要消费多少金银。在从一地运到另外一地的海运以及陆运过程当中，每年也肯定要损失相当数量的金银。除此之外亚洲的大多数地方几乎普遍都有一个将财宝埋藏在地下的习惯，而埋藏的地方常常又只有本人知道，主人一死也就再没有人知晓。这样肯定又要损失更加多的金银。

根据最可靠的统计，在卡迪兹以及里斯本两地进口的金银，包含通过海关登记了的以及可能走私的，一年高达600万镑。

依据麦根斯先生的记录，每年进口的贵重金属，西班牙平均六年当中（从1748年至1753年，包含这两年），葡萄牙平均7年当中（从1747年到1753年，包含这两年），输入的白银高达1101107镑，黄金则高达49940镑。白银按照金衡每磅值62先令，一共值3413431镑10先令，黄金按照金衡每磅价值44个半基尼，一共值2333446镑14先令，两样合计一共值5746878镑4先令。麦根斯向我们保证这个进口登记数字是肯定的。他还为我们提供了一个金银出处的详细清单，还有海关登记每种金属的数量。他同时扣除了他认为或许已经走私进来的每一种金属量。这个有见识的商人丰富的经验使他的意见有着相当的分量。

依据《欧洲在东西印度建立殖民地的哲学以及政治史》的善于言谈并且消息灵通的作者的叙述，每年在海关登记输进西班牙的金银，在1754年至1764年，包括这两年在内的11年间，平均每年达到13984185万皮亚斯特（1皮亚斯特为10里尔银币）。但是，由于还有许多或许已经走私进来的金银，他推断全年的进口或许达到1700万皮亚斯特。1皮亚斯特相当于4先令6便士，相当于英币3825000镑。他同时也给了一个详细的清单：金银是从具体哪个地方来的，还有依据海关登记每种金属有多少。他告知我们，假如我们根据所交给葡萄牙国王的税款数目（税率好像是标准金的1/5）来判断每年从巴西输入里斯本的黄金数目的话，我们能够估价它为1800万克鲁查多，也就是4500万法国利弗，大约等于200万英镑。他说由于有的已经走私进来了，我们绝对有把握在这个数目之上再加上一个1/8，即25万镑，所以总数将会达到225万镑。依据这个统计，输入西班牙以及葡萄牙两地的贵金属每一年高达6075000镑。

我相信其他几个统计数字即使是手稿，也是非常可靠的。它们一致觉得每年的进口总额大约平均为600万英镑，只是有的时候多一些，有的时候少一些。

自然每年输入卡迪兹以及里斯本的贵金属并不等于美洲矿山的全年产量。年产量的一部分每年由亚卡普科船队运到马尼拉，一部分用在了西班牙殖民地和其他欧洲国家的殖民地的走私贸易，当然还有一部分留在了国内。

除此之外，美洲的矿山虽然并不是世界上唯一的金银矿山，但是，它们是最为富饶的矿山，我们所了解的所有其他矿山的产量和美洲的相比较都是微不足道的，这点是大家公认了的。他们产量的绝大多数每年输入了卡迪兹以及里斯本，这一点同样是大家公认了的。不过单伯明翰一地的消费量平均每年就是5万镑，相当于每一年平均输入的600万镑的1/120。所以，世界上凡是使用金银的国家对于金银的全年消费量或许接近于全年的产量，其剩余或许仅仅够供应所有繁荣国家增长的需要。它也可能还远远无法满足增长了的需求，以至于多少还需要提高这些金属在欧洲市场的价钱。

铜铁每年从矿山送往市场的数量远远大于金银的上市量。但是，我们不要因此就觉得这一些贱金属会成倍地多于需求，或者变得越来越便宜。那么，为何我们对于贵金属又会有这样的想法呢？的确，贱金属是坚硬一些，它们就有不怕磨损的用途，但正因为它们的价值低一些，所以对于它们的保存也粗心一些。但是，贵金属并不一定就要比它们保存得长久多少，贵金属也较容易通过许多不同的渠道丢失、浪费以及耗费。

所有的金属价格即使也有缓慢地变化，但是它们每一年要比土地其他的任何原生产物的价格变化小一些。而贵金属的价格比贱金属的价格突然变化的可能性又更小一些，金属的持久性是价格稳定的基础。去年运到市场的谷物没到今年年末就必须全部或者几乎全部消费掉。不过两三百年前从矿山运到市场的铁矿，其中的某些部分可能到现在还在继续使用，而两三千年前从矿山运到市场的黄金，或许今天某些部分也仍然在继续使用。供应世界消费的各种不同谷物的总量几乎和不同年份的各种相对应的谷物的产量成比例，不过两个不同年份可能使用的铁的不同数量的比例几乎不大会遭受这两年铁矿产量的任何偶然差异的影响。而金的不同数量的比例将更加不会受到金矿产量的任何差异的影响。所以，即使大多数金属矿的产量，或许一年一年的变化要比大多数麦地的产量大一些，但是这些产量的变化对于这两类商品的价格并没有同样的影响。

金银个别价值之间比例的变动在美洲金矿发现之前，纯金对于纯银的价值要比在欧洲的不同铸币厂一直调整在1比10以及1比12的比例之间。即1盎司纯金应当值10至12盎司纯银。大约在上世纪中叶，纯金对于纯银的价值比调整在1比14以及1比15之间，那就是说，1盎司纯金应当价值14至15盎司纯银。黄金的名义价值上涨了，也就是能交换的银量增加了。金银的真实价值降低，即它们能够购买的劳动量下降。不过白银要比黄金下降的更多。即使美洲的金银矿在富饶程度方面超过所有之前曾经发现过的金银矿，但是银矿的富饶程度好像在比例上仍大于金矿。

每一年从欧洲运往印度的大量白银在英属的某些殖民地逐渐地降低了白银和黄金的相对价值。在加尔各答的铸币厂1盎司纯金应当价值15盎司纯银，在欧洲也是如此。假如把它和孟加拉市场相比较的话，就有点儿过高。或许是铸币厂把比率定得太高了。在中国金价和银价的比例依然是1比10或者1比12。在日本听说是1比8。

依据麦根斯的记录，每年输入欧洲的金银量的比例大约是1比22。即凡进口1盎司黄金就会进口22盎司多的白银。每年大量送往东印度的白银，他推断，降低了保持在欧洲的金银量的比例，变成了

1比14或者15，也降低了其价值比。看来他觉得，它们价值之间的比例肯定和它们的数量间的比例相同。假如并没有更多白银出口，金银价值的比例或许也是1比22。

不过一般两种商品的价值之间的比例并不必须和那两种商品在市场上数量之间的比例相同。一头牛的价钱估计是10基尼，大概是1只羊价钱的60倍，大约为3先令6便士。但是，假如据此推论市场上一般是需要60只羊才可以换1头牛，那就荒诞了。那个时候假如因为1盎司黄金一般可以购买14到15盎司白银，继而推论，市场一般只需14到15盎司的白银就能够兑换1盎司的黄金也是荒谬的。

非常可能市场上银子的数量常常要比金子的数量多得多，并且这个数量上的比例要比一定量的黄金的价值和相同的白银的价值的比例更大。一种便宜商品投入市场的总量常常不仅仅要比一种贵重商品投入市场的总量更大，并且价值也大。投入市场的每一年的面包总量不仅仅比投入市场的鲜肉总量大，并且价值也大一些；同样投入市场的鲜肉的总量要大于投入市场的家禽总量，家禽总量又多于野禽总量。便宜商品的销售量要比贵重商品的销售量大得多，以至于不仅仅常常销售量要大一些，并且能够销售的商品价值也大一些。所以，便宜商品的总量常常必须在比例上要多于贵重商品的总量，并且大于一定量贵重商品的价值和一定量便宜商品的价值的比例。每当我们把这些贵金属相互比较的时候，银子就是便宜商品，金子就是贵重商品。所以，我们自然应该多指望市场上总是有要比金子数量更多的银子，并且有要比金子价值更加大的银子。每一个多少有一些金银的人将他自己所有的银餐具以及金餐具作个比较，他就可以发现前者不仅仅在数量上，并且在价值上都远远地超过后者。除此之外，许多人有非常多的银餐具，却没有金餐具。即便他们有一点儿金器，常常也局限于表壳、鼻烟盒这样一些小玩意儿，加到一块也不值多少钱。

确实，在英国的硬币当中，所有的金币价值远远高于银币价值。但是并不是所有国家的铸币都是如此。在有一些国家的硬币中，这两种金属的价值几乎相等。在和英格兰联合之前，苏格兰的硬币，依据铸币厂的记录来看，金币即使有优势，但这种优势也非常小。在许多国家的硬币当中，银币的价值大于金币。在法国最大的数额常常都是用银子支付的，并且在那里也非常难搞到比你口袋能够携带的更多的金币。但是，在所有国家里银餐具的价值老是高于金餐具的价值，银餐具对于金餐具的这一价值优势就足够补偿某些国家金币对于银币的优势。

即使，在某种意义上银子一直并且将来仍然可能要比金子便宜得多；不过在另一种意义上，金子在现在西班牙市场的情况或许可以说是要比银子还多少便宜一些。一件商品说其是贵还是贱，不仅仅要根据其平常价格的绝对大小，并且要根据把它投入市场相当一段时间内其价格是高于还是低于其最低价格。最低价格就是它的价格仅足以补偿将商品投入市场所需要投入的资金及其适当的利润。这个价格对于地主无法提供任何报酬，地租在这个价格当中不构成任何组成部分，价格本身仅仅包括工资以及利润。不过在西班牙市场的现状下，黄金肯定要比银子更接近于这个最低价格。西班牙国王对于黄金所征的税仅仅是标准金总产的1/20，也就是5%，而他对于银子所征的税则达到总产的1/10，也就是10%。之前已经指出过，在这些税当中也包括西附属国大多数金银矿山的全部地租。而金矿的纳税情况要比银矿的纳税情况更加糟糕。开采金矿的人的利益，因为他们极少发财，肯定也要比开采银矿的人的利润小一些。因此，西班牙的黄金价钱，肯定在本国市场要比银价更接近于把其投入市场的最低价格。每当把所有费用都计算在一起的时候，西班牙市场上的所有黄金看来不可能像所有的白银那样有利润地销售出去。确实，葡萄牙国王对于巴西黄金所征收的税和古代西班牙国王对于墨西哥以及秘鲁的白银所征收的税相同，也就是标准银的总产的1/5。所以还无法肯定美洲大量的黄金输入欧洲普通市场的价格是否要比美洲大量的白银输入欧洲普通市场的价格更加接近于运到市场可能有的最低价格。

钻石以及其他宝石的价格甚而可能要比黄金的价格更加接近于运往市场可能有的最低价格。

银子不仅仅是最适合于征税的商品之一、一种单纯的奢侈品，并且银税为国王提供了非常重要的收入，只要那个税还可以征收获得，那就绝对不会放弃。因为收税困难，在1736年只好将银税从1/5降低到1/10，可能到时候还需要进一步降低，同样对于黄金的征税也只好降低到1/202。西属美洲的银矿由于进行开采的矿井越来越深，就像所有其他矿山一样开采费用变得越来越高。将水从深井抽出来以及向深井供应新鲜空气的费用也越来越高。这是所有对于那些矿山的状态进行过调查研究的人都承认了的。

这些原因等于说白银日益缺乏（一件商品当它变得越来越难采集，并且采集一定数量变得日益昂贵的时候，就能够说它变得稀少了），那个时候肯定产生以下三种结果之一：（一）费用的增长必须从金属价格成比例的上涨中获得全部补偿；（二）它需要从白银所征收的税额成比例的下降中获得全部补偿；（三）它必须从上述两项应急措施当中的前一项获得部分的补偿，与此同时又从后一项中获得部分的补偿。第三种结果是很可能发生的。尽管对于黄金的征税降低了很多，因为黄金的价格上涨和白银成比例所以尽管对于白银所征收的税一样地降低了，白银的价格仍然可与劳动以及商品成比例地上涨。

但是，这样连续地降税，虽然它们不可能全然阻止，肯定会多少放慢欧洲市场上白银价格的上涨。这样降税的结果，是很多从前因为交纳不起旧税而没办法开采的矿山会因而获得了开采。因此，白银的上市量肯定总是多少有一些增长，任何一个数量的白银的价值就要比原先多少降低一些。因为1736年的降税，欧洲市场之上白银价值即使不会在今天比这次降税前还低，但是非常可能要比西班牙政府继续强征旧税的时候出现的情况最少低10%。

以上提出的事实以及争辩使我倾向于相信，或者更为恰当地说是揣测，即使有这个降税，在这个世纪白银的价值在欧洲开始了小幅度地上涨。由于对这个问题我所能够形成的最好的意见或许都不值得用相信这两个字。确实，假如在欧洲市场上有一些上涨，那个上涨迄今为止也肯定是非常小的，小到以至于在上面讲述了一切以后，对于许多人来说，或许仍然拿不定主意：银价到底是否上涨，并且是否发生过相反的现象，即白银的价值在欧洲市场是否并没有继续下跌。

但是，需要注意，无论所设想的每年金银进口量可能是多少，肯定有一段时期，金银每年的消费量相当于每年的进口量的。它们的消费量必须和它们总体的增长一起增长，或者消费量增长的比例还大一些。因为总体的增长，它们的价值肯定下降。与此同时，它们使用得多，而爱惜得少，所以它们的消费量的增加要比它们的总体的增加更大，所以经过一定的时间后，这些金属的年消费量肯定会因此变得等于它们的年进口量，前提是进口并不是在一直增加；但是在目前这段时间，情况好像并非如此。

当年消费量已经和年进口量相等的时候，假如年进口量逐渐减少，那么年消费量可能在某些时候会超过年进口量。这些金属的数量或许逐渐地并且不被察觉地减少，所以它们的价值逐渐地不被觉察地上涨，直到年进口量重新变得不增不减。这个时候年消费量将逐渐地不被觉察地让自身适应年进口量所能够维持的数额。

怀疑白银价值仍然在继续下跌的依据是欧洲财富的增长还有流行的观念——因为贵金属的数量随着财富的增长而增长，所以贵金属的价值肯定随着数量的增加而下降——或许可能使非常多人倾向于相信它们的价值在欧洲市场上仍然在继续下跌。并且很多土地原生产物的价格仍然在逐渐上涨，这一事实更加增强他们对这个看法的信念。

我已经竭力表明，在任何一个国家里贵金属的数量因为财富的增长而增长的时候并没有降低它们的价值倾向。金银当然流向富裕的国家，一样的原因所有奢侈品以及珍奇品也流向富裕的国家。这并不是由于它们在富国要比在穷国便宜，而是由于它们在富国昂贵，或者说，能卖个更加好的价钱。正是这个价格的优势吸引着它们，并且这个优势只要不复存在，它们肯定也就停止向那里流去。

我已经竭力表明，假如除去完全由人的勤劳栽种的谷物以及其他蔬菜，则所有其他的原生产物，牲畜、家禽、各种猎物、地下的有用化石以及矿产等等，在财富不断增长以及进步的社会里当然会越来越贵。因此，尽管这些商品交换的银子的数量要比之前大一些了，但是并不能就此得出结论觉得白银真的变得便宜一些了，或者能购买的劳动要比之前少了。反之这些商品变得的确昂贵一些了，或者说可以购买的劳动要比之前多了。不仅仅是它们的名义价格，并且它们的真实价格在进步的过程当中也上涨了。它们的名义价格上涨并不是银子价值贬值的结果，而是它们真实价格上涨的结果。

进步过程对于三种不同原生产物的不同影响

这些不相同的原生产物可以分为三类。第一类那些人类的勤劳全然无力让其产量翻番的产品；第二类那些可以和需求成比例翻番的产品；第三类那些劳动对于其增产的效力有限或者不确定的产品。在财富以及进步的过程中，第一类产品的价格可以上涨到奢侈品的程度，并且似乎不可能有任何限度；第二类产品的价格即使可以大大地上涨，但是有一定的限度，超越了限度，它的价格就不会持久；第三类产品的价钱，即使其自然趋势是随着进步而上涨，不过在相同的进步程度里它可能有的时候下跌，有的时候持续不涨，有的时候或多或少上涨一些。这些都取决于不相同的意外事件，它们让人类的努力在增加这类原生产物的产量上或多或少地取得一些成功。

第一类

在进步的过程当中，价格上涨的第一类原生产物是人类勤劳全然无力让其产量增多的产品。它包含这样一些东西，它们在大自然当中生产的数量有限，并且它们十分容易腐烂，不会把不同季节的非常多的产品贮积在一起。大多数的稀有鸟类以及鱼类，许多不同的猎物，几乎所有的野禽，特别是所有的候鸟，以及一些其他的东西就属于这一类。当社会的财富以及奢侈增长的时候，对于这类东西的需求或许和它们一起增长，但是人类的任何努力却不会大量增加对于其需求的供应。因此，这些商品的数目保持不变，或者几乎不变，而购买它们的竞争却不断地加剧，所以它们的价格可以极度上涨，并且似乎不受任何界限的限制。

假如山鹊变成时尚，1只能够卖到20基尼的话，人类的努力却无法增加上市的山鹊数量，让它大大超过现在市场现有的数目，这样就非常容易理解在罗马辉煌的时代，罗马人为什么要为稀有鸟类以及鱼类付出昂贵的价格了。这些鱼以及鸟的昂贵的价格并不是那个时候白银价值低廉的结果，而是人类无法随意使其数量增加的珍稀动物价值高昂的结果。罗马白银的真实价值在罗马共和国衰退的前后一段的时间要比现今欧洲大多数地区的白银真实价值还高一些。3塞斯特斯，大约等于英币6便士，是共和国对于西西里缴纳什一税的小麦每1莫迪斯或者1配克所付的价格。但是这个价格可能要比市场平均价格略微低，农场主以这一价格交售小麦被看作是对于西西里农场主所课的一种赋税。因此，当罗马人需要订购多于什一税所征收的小麦的时候，就需要依照契约对于定额之外的小麦支付4塞斯特斯或者英币8便士，并且这个价格可能被看作适中而合理的价格，即那个时候的普通或者平均合同价格。它等于英币21先令1夸脱。

在最近的粮食歉收年份之前，28先令1夸脱是英格兰小麦的普通合同价格，英格兰小麦在质量上要比西西里小麦差，在欧洲市场中售价一般较低。因此，在古代那个时候，白银的价值和现今的价值相比，肯定是3：4的反比例。即那个时候3盎司白银能够购买今天我们4盎司白银所能够购买的同量的劳动力以及商品。所以，在我们阅读普林尼的书的时候，我们读到塞俄阿斯购买了一只白色夜莺当作礼物送给皇后阿格利皮纳。其价格是6000塞斯特，大约合我们现今货币50镑。阿西尼阿斯·塞纳用8000塞斯特的价格买了一条鲱鲤，大约合我们现在货币66镑13先令4便士。这些破天荒的价格尽管让我们惊讶不已，但是不管怎样，还不到它们真实价格的1/3。塞俄阿斯为1只夜莺付出的劳动以及生活必需品的数量相当于今天66镑13先令4便士所能购买的劳动以及生活必需品的数量。而阿西尼阿斯为了1条鲱鲤所付出的对于劳动以及生活必需品的支配量相当于今天88镑17先令921便士所能够购买的劳动以及生活必需品的数量。促使这些物品价格这样昂贵的原因并不是白银十分充裕，而是劳动以及生活必需品非常充裕，罗马人能够自由处置的数量远远超过他们所要消费的数量。那个时候他们能够自由处置的白银数量要比今天对于同等数量的劳动以及生活必需品的支配权所能为他们获取的白银数量要少得多。

第二类

在进步的过程当中，价格上涨的第二类原生产物是人类勤劳可以使之按需求成比例增加的产品，它由那些有用的植物以及动物组成。在并没有被开发的国家里，自然界生长非常丰富，以至于它们非常少或者并没有什么价值。伴随着土地的开垦以及耕种的向前扩展，它们被迫让位给某些更加有用的产品。在进步的长期进程中，这些产品的数量不断减少，同时对于它们的需求又不断地增长。因此它们的真实价值、它们能够购买或者支配的真实劳动量逐渐上升，直到最后它上升到这样的一个高度：让它们像人类劳动在最肥沃以及耕作得最好的土地上所能够栽种的任何有用的产品一样。当它的价值上涨到这样一个程度，就不会再上涨了，假如它再涨，很快就会有更多的土地以及更多的劳动投入增多它们的产量。

当牲畜的价格上涨到这样一个程度，也就是开垦土地栽种牲畜饲料就像为了人类种植粮食一样有利可图的时候，它就不会再上涨了。假如它还继续上涨，那么更多的麦地立马就会改为牧场。相反，以减少野生牧草的数量来扩大耕地，就会减少国家无须劳动或者耕种而自然生产的鲜肉量，与此同时通过拥有谷物或者拥有谷物的价格来交换鲜肉的人的数量的增加，增加了对鲜肉的需求，因此，鲜肉的价钱，以及牲畜的价格肯定逐渐上涨，涨到利用最肥沃以及耕作得最好的土地种植牲畜饲料变得同栽种谷物一样有利。但是，要使耕种这样扩张，将牲畜的价格提高得如此高，那肯定要等到进步过程中的晚期了。并且在它并没有达到这个高度之前，假如那个国家是在不断进步的，它们的价格也肯定是在不断上涨。或许欧洲部分的牲畜价格并没有达到这个高度。

在和英格兰联合之前，苏格兰也并没有任何一个地区达到了这一高度。假如苏格兰的牲畜总是仅限于供应苏格兰的市场，在这样一个只能用于饲养牲畜的土地面积远远超过能用于其他生产目的土地面积的国度里，或许，牲畜的价格不会提高得这么快，以至于使为饲养牲畜而来耕作土地都变得有利可图。之前已经说过，在英格兰伦敦周围的地区，牲畜的价格好像在上世纪初叶就已经达到了这个高度。不过在大多数偏远县市，也许晚了很长时间才达到了这个高度，在某些地区或许现在都还没有达到。但是，在构成第二类的不同原生产物中，在进步的过程当中牲畜也许是其价格第一个上涨到这个高度的产物。

确实，直到牲畜的价格上涨至这个高度之前，大多数的土地，甚至那些有能力耕作得最好的土地都不会完全获得耕种。所有那些远离任何一个城镇的农场不会到城镇去运粪肥，也就是说在每一个辽阔的国家里绝大多数的农场里耕种得非常好的土地的数量需要和农场自身所能生产的粪肥量成比例。而这一点又需要和那个土地能够养活的牲畜头数互成比例。土地所施的粪肥或者是通过地面上放牧的牲畜，或者是通过把牲畜饲养在牛棚当中，然后从那儿把粪便运到土地上去。但是，除非牲畜的价格足够支付开垦了的土地的地租以及利润，农场主就无力在开垦了的土地之上放牧，他更加无力把它们饲养在牛棚当中。只有用改良了的以及耕作过的土地上的牧草才可以饲养牲畜，由于采集荒野地里以及未加改良过的土地上的贫乏而分散的牧草需要过多的劳动，成本过高。

因此，当牲畜被允许在耕地上放牧的时候，加入牲畜的价格不足够支付未改良过以及耕作过的土地上的牧草，牲畜的价钱将更不足以支付必须用大量额外劳动收集并运往牛棚的牧草。所以在这种情况下，除去饲养耕种所必需的牲畜外，用牛棚饲养牲畜不会还有什么利润。不过这么一点儿牲畜又无法提供足够的粪便来保持所有其能耕种的土地长期处在良好的状态。因为所提供的粪便不足够供应整个农场，这个时候自然就会把粪便保留起来用于最能创造利润以及最方便施用的土地上，即用于最肥沃或者农场建筑物附近最肥沃的土地上。所以，这些耕地一直保持着良好的状态，适合耕种。

其余的部分，即大多数的土地将只得让其荒芜，它们除了生产少数可怜的牧草之外再也生产不出别的任何东西了。那些可怜的牧草也仅仅足以维持少数零星的处在半饥饿状态的牲畜免于死亡。农场假如按照全部耕种的需要来估算，牲畜是非常不足的，依照其实际所生产牧草来说，又经常是牲畜过多。但是，一部分这样的荒地在荒芜六七年后，或许又会被重新耕种，或许它会长出一两季薄收的低质燕麦或者其他某些粗糙谷物，所以地力完全枯竭，它又得像之前一样休耕，重新长草。人们于是又以相同的方式去耕种另外一部分荒地，那一部分土地又重新枯竭，又必须休耕。这就是苏格兰在和英格兰联合之前在所有低地所施行的一种管理制度。整个农场施足了粪肥以及处于良好状态的土地一直保持在农场土地的1/3或者1/4左右，有的时候还达不到整个农场的1/5或者1/6的比例。而其余的土地则从未施过粪肥，不过其中一部分耕地交替定期耕作，然后地力被逐渐耗竭。

非常明显，在这种管理制度之下，甚至苏格兰土地中那部分可以非常好耕作的土地所生产的和其完全可以生产的相比较也要低得多。但是，这种制度无论有多么不利，在英格兰以及苏格兰联合之前牲畜价格的低廉使那种轮种变得好像是无法避免的。但是在牲畜的价格涨了非常多以后，假如那种制度依然继续盛行于苏格兰的大多数地区的话，无疑那是因为许多地方人民的无知以及对于旧习惯的依恋，而在大多数地方则是因为一些不可避免的障碍，而事物的自然进程正是利用这些障碍来反对建立一个直接而高效的较好的制度。

这些无法避免的障碍首先是因为佃户的贫困，因为他们没有足够的时间来获得足以充分耕种其土地的牲畜。牲畜价格的上涨虽使佃户饲养更多的牲畜变得有利可图，但与此同时也使他们难于获得更多的牲畜；其次，即便他们能获得牲畜，他们也并没有闲暇去整治他们的土地，使其可以养活更多的牲畜。牲畜的增加以及土地的改良是两件必须同时进行的事情，其中一个不会跑得比另外一个更快。没有牲畜的增多，也就不会有任何土地的改良，不过并没有土地的非常大的改良，牲畜就不会有非常大的增加，不然土地就无法养活它们。对于建立一个较好制度的这些障碍，假如不经过长期的节俭以及勤劳是不可能消除的。或许需要经过半个世纪甚至一个世纪，这个旧制度才可能逐渐死去，才会在全国各地彻底被废除。但是，苏格兰从和英格兰联合中获得的所有好处中，牲畜价格的上涨也许是最大的了。它不仅仅提高了所有高地地产的价值，并且也许成为苏格兰低地改良以及进步的主要因素。

在所有的新殖民地里，不用于生产仅用于饲养牲畜的大量荒地可能数年里非常快就会使牲畜大量繁殖起来，并且在一切事物中非常低的价格常是极大富足的结果。即使欧洲在美洲殖民地的所有牲畜原先都是从欧洲运去的，但是它们在那儿很快就成倍地繁殖了起来以至于变得一钱不值，甚至可以听任马群在森林里飞驰，而没人认领。在第一个这样的殖民地建立起来之后，必须经过非常长的时间用耕种了的土地上的产物饲养牲畜才可能变得有利可图。

因此，相同的原因，即肥料的短缺以及用于耕种的牲畜和用于耕种的土地不成比例，很可能就会在那里产生一种像在苏格兰许多地区依然继续实行的那种耕作制度。瑞典的旅行家卡姆先生是在1749年到达那儿的，他对于北美英属某些殖民地的耕作做过一些记录，他说道，他很难在那儿找到英国民族的性格——对于各种农活非常娴熟的技巧。他说道，他们不为麦地施任何粪肥，每当一片土地因为连年的栽种而地力枯竭的时候，他们就又开垦耕作另外一片新地；每当这一片新地又枯竭的时候，他们又转移到第三片。他们放任牲畜在林子里以及其他未耕种的土地上来回游荡，半饥半饱，每年长出的青草，因为牲畜食之过早，还来不及开花或者散播种子，就几乎全部灭绝。

原本，青草是美洲那一地带最好的自然植物。当欧洲人最开始在那里定居的时候，它们长得又深又厚重，高达三四英尺。他相信在他写作的时候无法养活1头牛的那片土地之前可以养活4头牛，并且每1头牛的挤奶量是现在1头牛的4倍。按照他的意见，牧草的缺少引起了牲畜的退化，并且明显地一代不如一代。它们很可能像三四十年前苏格兰各地常见的那种发育不良的品种，而现今那种品种在这个低地国家的大多数地区已获得大大的改良。并且这种改良并不是通过全部品种的更换，虽然那种应急措施在有一些地方也采用过，而是通过更加有成效的饲养方式。

因此，在进步的过程当中，在牲畜可以卖到这样一个好价钱以至于使耕种的土地栽种饲料变成有利可图之前，非常明显有很长一段路要走，但是在构成第二类原生产物的所有不同产品中它们或许是首先能卖得这个好价钱的，由于在它们能带来这一好价格之前，改良要想达到在欧洲非常多的地区已达到的这样一个完美的程度好像是不可能的。

牲畜是属于第二类原生产物当中首先可以达到这个价格的一批，而鹿肉是属于可以达到这个价格的最后一批。在大不列颠鹿肉的价格无论有多高，都不足以补偿养鹿场的费用，这是所有略有养鹿经验的人都十分清楚的。假如不是如此的话，鹿非常快就可能变成大家饲养的对象。古罗马人饲养那种叫作特迪的小鸟就是这种情况。瓦罗以及科卢梅拉告诉我们那是一件利润最为丰厚的商品。圃鹀是候鸟的一种，听说它们在到达法国的一些地方的时候十分瘦弱，但是停下来后很快就长肥了，听说获利极丰。假如鹿肉继续走俏，并且大不列颠的财富以及奢侈像过去一段时间那样继续增长，鹿肉的价格很可能会涨得要比现在更加高。

在进步的过程当中，把像牲畜这样一件非常必需的商品的价格提高到一定高度以及把鹿肉这样一件奢侈品的价格提高到一定高度，这两者之间肯定要有一段非常长的间隙，而在这一过程中，依据不同的情况，原生产物当中的许多其他产品也会渐渐达到它们自己的最高价格，只是有些快一点儿，有些慢一点儿。

如此一来，每一个农场里谷物以及马厩的渣滓和垃圾就可饲养一定数量的家禽。饲养这些家禽的饲料是原来或许要丢掉的东西，因此它们仅仅是一种节余下来的东西。它们对于农场主一文不值，农场主乐意非常便宜地把它们卖出去。它们的所有所得几乎都是纯收益，并且它们的价格也不会低到让他们不愿意饲养的程度。不过在耕作粗放、居民稀少的国度，他们饲养家禽本来就不需要什么费用，所以家禽常可充分满足所有的需求。因此，家禽常常便宜得像鲜肉一样，或者像其他任何肉食一样。不过农场这样不需什么费用生产的家禽总量肯定总是要大大地小于农场里饲养的鲜肉总量。在富裕以及奢华的时代，稀少的东西总是常常要比价值几乎相同的普通东西更为人们所偏爱。

因此随着财富以及奢华的增长，因为进步以及耕作的结果，家禽的价格便逐渐上涨高出鲜肉价格，直到涨到这样一个程度：为了饲养家禽而耕种土地都变得有利可图。当它达到这个高度的时候，它就无法再涨了。假如再上涨，更多的土地就会都转为这个用途。在法国的有些省份，饲养家禽就被看作农村经济一个非常重要的内容，其利润足够鼓励农场主为此而栽种大量玉米以及荞麦。一个中等农场主有的时候在自己的院子里饲养400只鸡鸭。饲养家禽在英格兰看来还没有被看作这样一种重要的事情。但是，在英格兰它们一定要比在法国昂贵，由于英格兰要从法国进口相当数量的家禽。

在进步的过程当中，每种特殊的动物食品变成最贵的食品的时候，它肯定就是为饲养家禽而耕种土地的前奏。在这一措施普及之前的一段时间，家禽的稀缺肯定会提高其价格。每当这个措施普遍实施之后，新的饲养方法常常使农场主可以在同一块大小的土地上养殖更加多的那种特殊的动物食品。充足的货源不仅仅迫使他以较低的价格出售，并且由于上述改良的结果，他也可以以较低的价格出售。假如他无法以较低的价格出售，则多产就不会长期存在。或许三叶草、芜菁，胡萝卜卷心菜等等的栽种，就是以这种方式促进了伦敦市场上鲜肉的普通价格多少低于上世纪初叶的价格。

猪把粪便看作自己的食物，就像家禽一样贪婪地吞食被其他有用动物所唾弃的东西，一种剩下来的东西。不需要花钱，或者少花费便可以饲养足够数量的动物以满足需要，则这种鲜肉在市场上的价格就会比其他任何动物的鲜肉便宜很多。但是一旦需求超过所供应的数量，当猪的饲养以及催肥其他牲畜一样需要专门栽种的食物的时候，饲养生猪要比饲养其他牲畜昂贵。在法国，按照布丰先生的意见，猪肉的价格几乎和牛肉相同。在大不列颠的大多数地方，猪肉的价钱现在要高于牛肉。

在大不列颠，经常把猪以及家禽价格的大幅度上涨归咎于农家小户以及小土地占有者数目的减少。后者数目的减少在欧洲各个地方都是技术改良以及耕种改良的直接先驱。不过与此同时它又可能促成猪以及家禽的价格上涨，并且要比在没有发生这个现象的时候还要涨得快一些。就像一个最贫困的家庭常常无须花费任何费用就可以饲养一只猫，一个最为贫困的小土地占有者常常花费少许就可以饲养一群家禽，或者一头母猪以及几只小猪。他们餐桌上的剩余，他们的乳浆、脱脂乳以及黄油乳都可以作为饲养那些动物的一部分食物，其余的部分那些动物能够在附近的田地里自己去寻找而又不会为任何人造成明显的伤害。因此由于那些小土地拥有者数目的减少，这些不需要什么花费就能生产的商品的数量肯定大大地减少，所以它们的价格肯定要比没有减少的时候提高得更快。但是，在改良的过程当中，无论如何它总要上涨到它所能达到的最大高度，或者达到这样的一个价钱，即足以支付耕种为动物提供食物的土地所需劳动的费用，就像对于大多数其他耕地偿付投入其劳动以及支出那样。

制乳业像喂猪以及饲养家禽一样原来也是作为一种废物利用的业务。农场必须饲养的牲畜所生产的奶多过饲养小牛或者多于农场主家庭所需要的消费量，并且有一个特定季节产奶最多。不过在所有土地产品当中，牛奶或许是最易于变坏的。在炎热的夏季，也是最为丰产的季节，它很难保存42个小时。

农场主把一小部分牛奶做成新鲜牛油可以保存一周，制成咸黄油则可以保存一年，制作成奶酪，他能够把更多的牛奶保存数年。所有的这些乳制品一部分是为了自己家庭的食用储备，其余部分则送到市场以求卖得一个尽可能好的价钱，不过无法卖得太低，否则就会挫伤他把超出家用的部分送到市场的积极性。假如价格太低，他就会把制乳房管理得非常马虎，或许根本就不会想到要为了它专门弄一间房子，并且会让整个制造在烟雾、污秽以及肮脏的厨房当中进行。

三四十年之前苏格兰所有农场主的制乳房就是如此，今天还有非常多的制乳房是这样。促使鲜肉价格逐渐上涨的原因，也就是需求的增长，还有由于国家进步而导致花费非常少甚至无须花费就可以使饲养的牲畜的数量的减少，以相同的方式提高了乳制品的价格。乳制品的价格当然和鲜肉的价格相联系，或者和饲养牲畜的费用相联系，增长的价格足够支付更多的劳动报酬，让农场主更为关心制作过程中的清洁。所以制乳房获得了农场主更多的重视，乳制品的质量获得了不断的改善。乳制品的价钱最后达到了这样一个高度，以至于为了制乳用某些最肥沃以及耕作得最好的土地来饲养牲畜都变得值得。并且当价格达到这个高度的时候，它就不可能再上涨了。假如再次上涨，更多的土地马上就会转用于这个目的。英格兰的大多数地区看来就已经达到了这一高度，在那里许多好地一般都投入了这个用途。假如我们除去几个非常大的城市的郊区，在苏格兰好像并没有一个地方达到了这一高度。那里普通的农场主极少会单纯为了乳制品用自己非常好的土地去栽种牲畜的饲料。虽然乳制品的价格在最近几年有了非常大的提高，但仍然太低。确实，和英格兰的乳制品相比，苏格兰的乳制品质量较差，因此与其价格是完全相符合的。但是，质量低或许正是其价格低的结果，而不是它价格低的原因。我理解，即便质量好非常多，在国家现在的情况下，大多数送往市场的乳制品也不会卖得比现在好得多的价钱；而现今的这个价格可能不足以来支付生产质量更加好的产品所必需的土地以及劳动的费用。在英格兰的大多数地区虽然价格高一些，不过乳制业并未被认为是比栽种小麦或者催肥牲畜——农业的两个大项目——具有更加多的利润，而在苏格兰的大多数地区，它甚至还不会有英格兰现在这么大的利润。

非常明显，在每种由人类的劳动栽种的产品的价格并没有高到足以完全支付改良以及完善的耕作费用之前，并没有一个国家的土地可以获得充分的耕作以及改良。为了做到这点，每种产品的价格首先必须足够支付良好谷地的地租，由于它调控着其他大多数土地的地租。其次，需要足以支付劳动以及农场主的费用，就像常常对于良好的谷地所支付的一样，或者换句话说，要足以补偿农场主所投入的资金还有普通利润。每种产品价格的这种上涨显然必须先用以栽培它的土地的改良以及开垦。获利是一切技术改良的结果，任何东西假如其肯定结果是亏损，就不应当称之为技术改良。为了一个商品而改良土地，它的价格却又无法收回成本，这就是亏损。假如一个国家的完美的技术改良以及耕种，就像大多数的情况那样被看作所有公共利益中的最大利益，则所有那些不同种类的原生产物的价格的上涨就不应视作一种公共灾难，而应该视作所有公共利益中的最大利益的先驱以及伴随物。

以上所有不同原生产物的名义价格或者货币价格的上涨并不是银价贬值的结果，而是它们真实价格上涨的结果。它们变得不仅仅要比之前值得交换更加多数量的白银，并且值得交换更多数量的劳动量以及生活必需品。因为把它们送往市场需要花费更多的劳动以及生活必需品，因此它们投入市场之后，代表的劳动以及生活必需品的数量也更加大，或者说等于更多的劳动量以及更多的生活必需品。

第三类

原生产物的第三类以及最后一类是这样的一些原生产物，人类的劳动对于增加它们的数量的作用有限或者不确定。这一类产品的价格在技术改良的过程当中自然上涨。因此，即使这类原生产物的真实价格在技术改良的过程当中自然而然趋向于上涨，但是不同的意外事件也可以偶然使得人类的勤劳在扩大它们的产量上获得一些成功，其真实价格有的时候也可能下跌，有的时候在改良的不同时期保持原状，有的时候在同一时期又多少有一些上涨。

还有一些原生产物，它们的天性让它们成为其他原生产物的附属品。如此一来，任何一个国家可以提供的后一类原生产物的数量就肯定受到前一类原生产物数量的限制。譬如，任何的一个国家可以提供的羊毛或者生皮的数量是受到那个国家所饲养的牲畜的数量大小的限制的。国家的进步状态以及农业的性质又肯定决定着这一个数目。

能够设想，在技术改良的进程当中，那些逐渐让鲜肉价格提高的原因应该对于羊毛以及生皮的价格具有一样的效果，并且使它们成比例地提高。假如在技术改良的原始阶段将后一类商品的市场局限在前一类商品的狭窄市场之内，则上面所说或许就会成为事实。不过它们各自的市场常常是非常不同的。

鲜肉的市场在各个地方几乎都是局限在自己国内。当然，爱尔兰以及英属美洲的某一些地区进行着相当规模的腌肉贸易。不过我相信，它们仅仅是商业世界中绝无仅有的这样做的国家，换言之，它们是仅有的两个向其他的国家出口相当数量的鲜肉的国度。

反之，羊毛以及生皮的市场在技术改良的原始阶段就不完全局限在本国。它们可以非常容易地运输到遥远的国度，并且羊毛在运出的时候无须进行任何加工，生皮也只需要略微加工。因为它们是许多制造业的原料，即使其本国可能对于它并没有任何的需求，但是其他国家的工业可能对于它们有所需求。

在耕种落后也是人口稀少的国度，羊毛以及生皮的价格常常总是要比整个动物的价格还高一些。而在技术改良不断深入、人口不断增长的国家，对于鲜肉的需求则还要大一些。休谟先生提出，在撒克逊的时代，一头羊身上一次剪下的羊毛就占了一只羊的价值的2/5。这就要比它在现今估计的比例高很多。依据我所知，在西班牙的某些省，宰羊的时候常常只是单纯为了取毛以及取脂。而羊的躯体经常被丢弃在地上任其腐烂，或者让野兽或猛禽嚼食。假如说在西班牙有的时候才发生这种现象，则在智利是常常发生的事了。在布宜诺斯艾利斯还有西属美洲的非常多的地区几乎常常是单纯为了获取生皮以及油脂而宰杀有角牲畜。而海地岛常常受到海盗侵扰，法国移民定居（现在沿海岸延伸到几近于整个西部半个岛）之初，改良以及人口繁殖都并没有达到使西班牙人的牲畜具有某些价值之前，那里也常常专为获取生皮以及油脂而宰杀牲畜。西班牙人现在仍拥有该岛的东海岸还有整个内陆地区和山区。

即使在技术改良以及人口增长的过程当中，整个动物的价格肯定上涨，不过躯体的价格也受到这个上涨的影响，并且可能要比羊毛以及生皮价格所受的影响还大。躯体的市场在原始的社会状态之下，总是局限在生产它的本国当中，现在肯定和技术改良以及人口增长成比例地扩大。而羊毛以及生皮的市场即便在一个野蛮的国家里常常也延伸到了整个商业世界，所以它就不会以同样的比例扩大了。个别国家的技术改良不会对于整个商业世界有太多的影响。所以这样一些商品的市场在这些改良后或许保持不变，或者几乎和之前相同。

但是，在事物的自然进程当中因为改良的结果从整体上来说市场应当也有所扩展。特别是假如这些商品都是某些制造业的原料的话，则那些制造业就应当在国内兴旺起来，而市场即使不会扩大非常多，最起码也会转移到比之前更接近于产地的地方去，那些原料的价格最起码应该由于节省了从前把它们运到遥远的国家的费用而上涨。所以，即使它不可能和鲜肉的价格同比例增加，也应该自然而然地上涨一些，并且肯定不应该下跌。

但是，在英格兰即使毛织品制造业处在兴旺状态，不过从爱德华三世以来英国羊毛的价格下跌了非常多。有许多可靠的记录显示在爱德华三世统治的时候（14世纪中叶，或者约1339年）1托德（即28英镑）羊毛的适中而合理的价钱是不少于那个时候的货币10先令。以20便士1盎司计算包含白银陶衡6盎司，大约等于我们现在的货币30先令。现在21先令1托德或许是英格兰最优良羊毛的一个好价格。因此，在爱德华三世的时候羊毛的货币价格和它今天的货币价格是10：7。其真实价格的优势则还要大一些。以6先令8便士1夸脱计算，10先令在那个时候是12蒲式耳小麦的价钱。以28先令1夸脱计算，21先令是现在6蒲式耳的价格。所以，古代羊毛的真实价格和现代羊毛的真实价格间的比例是12：6，或者2：1。在古代，1托德羊毛所能够购买的生活必需品是今天所能购买的2倍，所以，假如劳动的真实报酬在这两个时期是相同的话，那它所能买到的劳动量就是今天的2倍。

羊毛的真实价值以及名义价值的贬值在事物的自然进程当中是不可能发生的。所以，它只能是暴力以及人为的结果：（一）是绝对禁止从英格兰出口羊毛的结果；（二）是允许从西班牙免税进口羊毛的后果；（三）是禁止爱尔兰向英格兰之外其他任何国家出口的结果。因为这些法规的后果，英格兰的羊毛市场并不是因为英格兰的改良而获得扩大，相反一直被禁锢在国内市场当中，并且其他几个国家的羊毛也被允许进来参与竞争，爱尔兰的羊毛被迫与之竞争。因为爱尔兰的毛纺业遭到不公平以及不公正的待遇，爱尔兰只允许加工其本土的很小部分的羊毛，人们只好把大多数羊毛送到大不列颠——对于他们唯一开放的市场。

我并没有能找到任何有关古时候生皮价格的可靠记载。羊毛常常是作为一种补助金上交给国王的，对于补助金的评价最起码在某种程度上也就确定了那个时候应有的普通价格，不过生皮的价格似乎又并不是这样的。但是，弗里伍德从1425年牛津伯塞斯特修道院副院长和该院牧师两人的账单当中给我们提供了它们的价格，最起码是在那个特殊场合的价钱：即12先令可买到5张公牛的生皮：7先令3便士可以购买5张母牛的生皮；9先令可以购买36张两岁的羊皮，2先令可以购买16张小羊皮。在1425年，12先令包含我们现今货币24先令相同数量的白银。所以，一张公牛皮在那一账单里估价为我们现在货币4先令的白银量。它的名义价格大大的低于现今的价格。不过以6先令8便士1夸脱计算，12先令在那个时候可以购买14/52蒲式耳小麦，以3先令6便士1夸脱计算，将等于我们现在的51先令4便士。因此，一张公牛皮在那个时候可以购买现在我们10先令3便士所能购买的小麦。它的真实价值相当于我们现在货币的10先令3便士。

在古代，在冬天的大多数时候，当牲畜只能吃得半饱的时候，我们无法设想它们会长得非常肥壮。重4英石也就是常衡16磅1张的公牛皮，在现在可能被当作是中等牛皮，而在那个时候就可能被认为是十分好的牛皮了。不过我知道在那个时候，在1773年2月每英石半克朗就是公牛皮的普通价格，而那样的一张牛皮今天仅仅价值10先令。因此，即使它今天的名义价格要比古代的要高一些，但它的真实价格，它所能购买或者支配的生活必需品的真实数量要少一些。就像上述账单所述，母牛皮的价格接近于普通公牛皮的价格，羊皮的价格则超出它许多。它或许和羊毛一起出售。反之，小牛皮则又大大低于母牛皮的价格。在牲畜价格非常低的国家，但凡不打算留下来保持存栏头数的小牛常常非常小就被宰杀了，就好像苏格兰二三十年之前的情形那样。由于这样能够节省牛奶，而牛皮的价格还不足以来补偿奶价。

生皮的价格现在是大大地低于前几年。这或许是由于取消了对于海豹皮的关税，并且1796年又允许在一定的时间内从爱尔兰以及殖民地免税进口生皮的缘故。取整个这个世纪的平均数，其真实价格或许多少要比古代高一些。这个商品的性质不像羊毛那样能够非常方便地运往远方的市场，与此同时，它不容易保存。一张腌制过的皮革常常认为不如新鲜皮革，它的卖价要低一些。这个情况肯定会降低生皮在只可以生产而无法制造加工的国家内的价格，所以生产国只好出口生皮。如此一来，这个情况肯定会降低生皮在野蛮国家里的价钱，而提高生皮在进步以及制造加工的国家的价钱。所以，在古代生皮的价格肯定是趋向于降低，而在现代则趋于提高。除此之外，我们的制革工人也远远不能像织布工人那样成功地让国人相信国家的福祉安全维系在他们行业的繁荣中，所以他们受到的保护就要少得多。

确实，生皮被阻止出口，并且被宣布是有害的行为。不过它们却能够通过纳税从国外进口，即使从爱尔兰以及殖民地的进口关税被取消了（期限仅为5年），但是爱尔兰在出售其剩余还有其他国内无法制造加工的商品上并不将自己局限在大不列颠的市场当中。普通牲畜的生皮在这些年份里被列入殖民地只可以送回母国不可以运往别处的商品之内。但是爱尔兰的商业在这样的情况下也并未由于支持了大不列颠的制造业而遭到什么大的损害。

任何的法规只要是想要降低羊毛或者生皮的价格，让它低于它应该有的价格，那么在一个进步以及文明的国家里就肯定会提高鲜肉的价格。在经过技术改良以及耕作过的土地上饲养的大小牲畜的价格需要足以支付地主对于改良以及耕作过的土地所期望的地租以及农场主有理由期望的从经过改良以及开垦过的土地上获得的利润。假如无法这样，农场主立刻就会停止饲养它们。所以，所有通过羊毛以及生皮的价格还无法支付的那部分就必须由躯体来支付。前者支付得比较少，后者就需要支付得多。至于将这个价格如何分摊在躯体的不同部位之上，地主以及农场主并不关心，只要对于他们应该支付的都支付了就可以了。因此，在一个进步以及文明的国家当中，这些法规对于地主以及农场主利益的影响不会非常大，即使作为消费者他们的利益或许会受到食品价格上涨的某些影响。

但是，在一个并没有经过改良以及野蛮的国家里情况就完完全全不同了。由于在那里大多数的土地只能用于饲养牲畜，在那里羊毛以及生皮构成了那些牲畜的价值的主要部分。在这样的情况下，作为地主以及农场主他们的利益将深深受这类法规的影响，而作为消费者其利益则将几乎不受什么影响。羊毛以及生皮价格的下跌在这样的情况下将不可能提高躯体的价格；由于国家的大多数土地只适于饲养牲畜，不适于作他用，所以人们还是会继续饲养相同数目的牲畜。相同数量的鲜肉仍然将投入市场，对于它的需求也不会比之前增大，其价格也仍然和之前相同。牲畜的整体价格将下跌，并且伴随它的下跌，主要生产牲畜的那些土地，即那个国家的大多数土地的地租以及利润也将下跌，长时间禁止羊毛出口的禁令（禁令并不是由爱德华三世所制定，但是却常常被说成是爱德华三世所制定的）在那个时候的情况下变成了可能想象获得的最具破坏性的法规。它不仅仅降低了联合王国大多数土地的真实价值，并且通过降低最重要的一种小牲畜的价钱，它将大大地延缓土地之后的改良。

苏格兰的羊毛因为和英格兰的联合被从欧洲的市场驱逐了出来，被禁锢在大不列颠狭隘的市场里，结果价钱大幅度地下降，苏格兰南部县市的大多数土地的价值（由于苏格兰主要是一个养羊的国家）将会深受联合的影响，假如鲜肉价格的上涨并没能充分补偿羊毛价格的下跌的话。

人的勤劳对于增加羊毛或者生皮产量的作用就其依赖于本国牲畜的产量来说是有限的，就其依赖于其他国家的产量而言也是不确定的。就这点来说，它主要并不取决于那些国家的产量，而取决于那些国家自身是否能进行加工，与此同时也取决于他们认为是否应该对于这种原生产物的出口采取禁止的措施。因为这些情况都完全和国内工业无关，它们肯定使人的勤劳的作用变得无法确定。因此在增加这种原生产物的生产当中，人的勤劳作用不仅仅是有限的，并且是不确定的。

在增加另一种非常重要的原生产物鲜鱼的上市数量中，人的勤劳作用同样也是有限以及不确定的。它要受到国家地理位置的限制，它要受到不同各省距离海港的远近的限制，受到河流湖泊的数量的限制，还有受到那些海洋、湖泊、河流当中这种原生产物的蕴藏的丰富和贫瘠的限制。伴随着人口的增长，伴随着国家土地以及劳动的年产量越来越大，买鱼的人更加多了，而这些买鱼的人也有比之前更多的其他的各种货物，或者说，有数量更加大、品种更加多的货物能够来买鱼。不过假如不雇佣比之前只供应一个狭小以及封闭的市场所雇佣的劳动更多的劳动，一般也就不会供应这个大的以及扩张了的市场。一个市场从每年仅仅要求1000吨鱼到每年要求10吨咖鱼，假如不雇佣比之前多10倍的劳动量，市场就不会获得充分的供应。鱼常常都必须到较远的地方去捕获，这就必须用较大的船只，使用各种各样较昂贵的机器。因此，这个商品的真实价格当然要在技术改良的进程中不断上涨。我相信各个国家的情况多少都是如此。

即使具体某天捕鱼的成功性可能不非常确定，不过假定一国的当地的情况不变，则人类劳动在将一定量的鱼送到市场中的一般效力，在一年或者几年以内能够想象是相当确定的，并且无疑它也一定会是如此。但是，因为它更多取决于国家的地理位置，而不是取决于国家的财富以及工业，所以在不同的国家在改良的每个不同时期人的勤劳的作用可以是相同的，在同一时候又可能是十分不同的。它和改良的状态的联系是不完全肯定的，我这里说的就是这种不确定性。

在增加从地下开采的不同矿物以及金属中，特别是某些较为宝贵的金属中，人的勤劳作用好像是并没有限制的，但是也是完全不确定的。

任何一个国家所拥有的贵金属量不受到其地理位置中的任何东西的限制，如其自身矿藏的丰富或者贫瘠。在那些并没有矿山的国家常常拥有大量的这些贵金属。其数量在每一个国家里看来取决于两种不同的情况：首先，取决于其购买力，取决于其工业的状况、土地以及劳动的年产量。依据上述各种情况它就能够决定在从本国的矿山或者从其他国家的矿山输入或者购买黄金以及白银这些奢侈品的时候，是雇佣较多的劳动量还是较少的劳动量以及投入较多的还是较少的生活必需品。其次，决定于在一特定的时间里能够向商业世界供应这些贵金属的矿山是富饶还是贫瘠。由于这些贵金属运输容易并且便宜，它们体积小并且价值高。所以即便在距离这些矿山非常远的国家，这些贵金属的数量肯定也要受到矿山的富饶或者贫瘠的影响。它们在中国以及印度的数量肯定一直受到美洲矿产的富饶程度的影响。

因为在每个特定的国家里它们的数量取决于以上两种情况的前一种（购买力），其真实价格，就像所有其他奢侈品以及多余品的真实价格一样，或许随同该国的财富以及技术改良一同上升，随着该国的贫困以及萧条而一同下跌。拥有大量剩余劳动以及生活必需品的国家可以比并没有什么剩余劳动以及生活必需品的国家用更多的劳动以及生活必需品来购买这些贵金属。

因为它们的数量在任何一个特定的国家里取决于以上两种情况中的后一种（供应商业世界的矿产的富饶或者贫瘠），因此其真实价格，它们所能够购买或者交换的劳动以及生活必需品的真实数量无疑也多少与那些矿山富饶程度成比例地下降，而和矿山的贫瘠程度成比例地上涨。

即使，在一特定的时间里能够向商业世界供应这一些贵金属的矿山的富饶或者贫瘠是一个条件，但是它和一特定国家的工业状况并没有任何的联系。它似乎甚至和世界的工业状况也并没有非常必要的联系。当然，技艺以及商业逐渐地扩展到地球上更多地区，在扩展了的更加广阔的地面上找寻新矿或许要比禁锢在一个狭小的地带更加具有一些成功的机会。但是，因为旧矿的逐渐趋向于枯竭，新矿的发掘是一件最不确定的事情，并且也是非技术或者努力所能够绝对保证的。大家都承认所有的迹象是不可靠的，只有真正发现一个新矿并且成功地开采了才可以确定这个矿的价值的现实性以及存在。在这种寻找当中似乎对于可能的成功或者人类努力的可能失败并没有确定的界限。在一两个世纪的进程当中也可能发现一些新矿，它们要比我们现有的任何矿山都更加富饶。

一样可能的是，已知的最丰富的矿山将要比在美洲的矿山发现之前所开采过的任何一个矿山都要显得更加贫瘠。无论是这两种事件中的前者或者后者是否可能发生，对于这个世界的真实财富以及繁荣并不具有什么重要意义，对于人类土地以及劳动的年产物的真实价值也并不具有什么样的重要意义。其名义的价值，换言之，表示或者代表这个年产物的金银量无疑将非常不同；不过其真实价值，它所可以购买或者支配的真实劳动量则将非常相同。在前一种情况1先令或许代表的劳动不多于现在1便士所代表的劳动，而在后面一种情况下1便士可能代表的和现今1便士所代表的相同。不过在前一种情况下，一个之前口袋里有1先令的人并不比现在口袋里有1便士的人更加富有；而在后面一种情况下，一个之前有1便士的人将和现在有1先令的人一样富有。金银餐具的便宜以及充足将会是这世界从前一事件中获得的唯一好处，而那些奢侈的小玩意儿的昂贵以及稀缺则是这世界从后面一事件中获得的唯一不便。

关于银价变动的离题话的结论

大多数搜集古代商品货币价格的作者好像都认为谷物及一般物品的货币价格低，换言之，认为金银价值的昂贵不仅仅是那些金属缺乏的一个证据，并且也是那个时候国家贫穷野蛮的一个证据。这一概念和金银富足让国家富裕以及金银缺乏让国家贫困的政治经济学体系有着紧密的联系。关于这个体系我将会在本书的第四篇当中做详细的说明以及探讨。目前我仅仅想说明贵金属昂贵的价值无法作为任何一个国家当时的贫穷或者野蛮的证据。它只是那个时候供应商业世界的矿产贫瘠的证据。一个穷困的国家因为它没有能力购买非常多的金银，所以它不会比一个富国为金银支付更加高的价格，那么这一些金属的价值在前面一种国家要比在后面一种国家更高。在中国，一个要比欧洲任何部分都富裕得多的国度，贵金属的价值要比在欧洲任何部分都高。

当然，因为欧洲的财富自从美洲的金矿被发现后有了非常大的增长，因此金银的价值渐渐下降。但是它们价值的下降并不是因为欧洲真实财富的增长还有土地以及劳动的年产量的增长，而是因为偶然发现了比之前所知道的矿山更加富饶的矿山。欧洲金银量的增长还有制造业以及农业的增长是两大事件，它们即使几乎发生在同一个时间，却产生于不同的原因，因此两者相互间并没有任何的自然联系。前者源自于一个偶然事件，其中既没有谨慎又无政治参与的可能性。后者源自于封建制度的崩溃以及政府的建立，对于工业的发展提供了所必需的鼓励以及人民可以享受其自身劳动成果以及生活的安全感。波兰的封建制度依然继续存在，它在现在还是一个像发现美洲之前一样贫穷得可怜的国家。但是，谷物的货币价格上涨了，贵金属的真实价值就像在欧洲其他部分一样下降了。因此它们的数量肯定像在其他地方一样增加了，并且是和其土地以及劳动的年产量以相同的比例增长的。

但是，这些贵金属量的增长看起来并没有增加其年产量，既没有改革国家的制造业以及农业，也没有改善它的居民的生活环境。西班牙以及葡萄牙是拥有矿山的国家，或许是欧洲两个仅次于波兰最为赤贫的国家。但是，贵金属的价值在西班牙以及葡萄牙肯定要比欧洲其他部分低一些。因为它们是从这两个国家运到欧洲其他各地去的，在运输过程当中不仅仅作为货物装运以及保险需要花费费用，并且还要花走私费用，由于它们的出口是被禁止的，不然就要交纳关税。因此和土地以及劳动的年产量相比较，它们的数量在那些国家肯定大于欧洲其他任何地区。但是，这些国家都要比欧洲大多数国家穷。即使在西班牙以及葡萄牙封建制度废止了，它们并没有比之前改进多少。

因为金银的低廉价值并不是所在国的财富以及繁荣状态的证据，所以其昂贵的价值，还有一般商品——特别是谷物的低廉的货币价值也都并不是它的贫穷以及野蛮的任何证据。

一般商品的低廉的货币价值，特别是谷物的货币价值的低廉，也并不是那一时代的贫穷或者野蛮的证据。和谷物低廉的货币价格成比例的某些特殊种类货物（比如牲畜、家禽，所有的各种野味等）的低廉的货币价格才是非常具有决定性意义的一个证据。它清楚地表示：首先，牲畜的非常大的丰富与谷物的丰富成比例，所以牲畜所占用的大面积的土地也和谷物所占用的土地成比例，其次，这种土地的低廉价值与麦地的低廉价值成比例，所以也和国家绝大多数土地的未开垦以及未经改良的状态成比例。它清楚地显示国家的资金以及人口和其领土的幅员并无法形成平常在文明国家所有的比例，并且表明那个时候那个国家的社会都还处在发展的婴儿期。从一般商品的或者个别谷物的货币价格的高低，我们只可以推论出那个时候向商业界供应金银的矿山是富饶还是贫瘠，推断不出那个国家是富裕抑或贫穷。不过从某种商品的货币价格的高低和其他商品的货币价格的高低的比例，我们可以以几乎接近肯定的可能性推论出那一国家是富裕还是贫穷，以其大多数土地是经过了改良还是并没有经过改良；能够推论出那个国家是处在一种野蛮状态，抑或处于一种文明的状态。

因为白银价值的下降，商品的货币价格的上涨将对于所有各种商品产生同等的影响：即假如白银的价值降低了1/3，或者1/4，或者1/5，那么所有的商品的价格肯定普遍地提高1/3或者1/4，甚至1/5。不过一直作为公众议论以及谈话主题的各种食品价格的上涨，对于所有粮食并不产生相同的影响。用本世纪的平均数作为实例，谷物的价格即便依照那些把这个上涨归结于白银价值下降的人来说，谷物价格上涨远不如其他有些食品价格上涨的那么多。因此其他那些食品的价格的上涨无法完全归咎于白银价值的降低，这个时候其他的某些原因必须要考虑进去。上面已经提及过的一些情况，或许就足以充分说明那一些个别食品上涨的原因。它们的价格的确是和谷物的价格成比例地上涨了，而并没有必要求助于设想的银价的降低。

至于谷物自身的价格，在这个世纪的头64年期间还有在上次严重的气候反常之前，一直是低于上个世纪的后64年的。这个事实不仅仅为温莎市场的记录所证实，也被苏格兰所有的县市的公定谷价调查表，还有麦桑斯先生以及杜普列·戴·圣莫尔先生：勤劳而忠实地收集的法国几个不同市场的记录所证实。这个证据是对于这样一件非常难以确定的事件所能够指望的最全面的证据。

至于过去的那10年或者12年间谷物价钱的昂贵，它能够从气候的不好寻找到充分的原因，而并没有必要推测银价有什么贬值。

因此，认为白银的价值一直是在贬值的看法看来并不是建立在细致的观察上的，或者说并不是建立在谷物的价钱，或者其他粮食的价格上的。

或许可以说，依据这里已有的记录，现在相同数量的白银可以购买的几种食品的数量要比上世纪有些年份可以购买的数量少一些；并且要确定这一变化是产生于那些商品价值的上涨，还是因为白银价值的下跌，这是一种徒劳而无用的区分。它对于一个只带有一定数量的银子到市场上去购买东西的人或者只有一定货币收入的人来说不会有什么用处。

我不敢断言，了解这个区分就可以以较为便宜的价格买到商品，而且也无法因而说这个区分就变得完全没有一点用处。

提供一个国家繁荣状况的简洁证据也许对于公众会有一些用处，假如某些食品价格的上涨全然是因为白银价值的下跌，那就仅仅有一种情况。那就是因为美洲矿山的富饶，由于只有从这里能够推论出银价的贬值。即使有这种情况，国家真实财富、土地以及劳动的年产物，也将会像在葡萄牙以及波兰一样渐渐下降，或者像在欧洲其他大多数地区一样逐渐上涨。不过假如某些品种食品价格的上涨是因为生产它们的土地的真实价值的上涨，因为土地的肥力增强，或者由于对于土地进行了更大的改良以及良好的耕种，因为土地变得更适于谷物生长。假如是这样一种情况，那它就以最为清晰的方式表明了国家是处于繁荣以及进步的状态。土地组成每一个幅员辽阔的国家中最大、最重要以及最耐久的一个部分的财富。这个区分对于公众可能有某一些用处，或者最起码它可向公众证实国家财富当中最大、最重要以及最耐久的那部分的价值在不断增长。

它对于公众调整其低级仆人的货币报酬也许有某些用处。假如某些品种食品价格的上涨是因为白银价值的下跌，其货币报酬，假如之前并不是太大，肯定就应该按照这个下跌的幅度而增多。假如并没有增加，他们的真实补偿将会明显地减少。不过假如这个价格的上涨是由于增长了的价值，是因为出产这些食品的土地经过改良，更为肥沃了，则判断应当以什么比例增加货币报酬，或者是否应该增加就变为一件需要人们极其慎重对待的事情了。因为改良以及耕作的扩大，肯定要或多或少按谷物价格的比例提高每种肉食的价格。我确信，它同时肯定也会降低每种植物性食品的价格。它提高了肉食的价格，这是因为大多数生产肉食的土地原来是适合于生产谷物的，现在生产肉食的土地需要给地主以及农场主的麦地提供地租和利润。它降低了植物食物的价格，这是由于通过增加土地的肥力，增加了其繁殖力。农业的改良同样引进了非常多的植物食品的新品种，它们要比小麦要求的地少，劳动量少，上市也更加便宜。这些东西既是土豆以及玉米，或者叫作印度小麦。它们是欧洲农业，或许是欧洲本身从其商业以及航运的扩张中所得到的两个最为重要的改良。除此之外，许多植物食品的品种，它们在农业的原始状态都是局限于菜园子里，并且是用锹种植的，而现在经过改良被移植到了普通的地里，并且是用犁头种植，比如菁芜、胡萝卜、卷心菜等等。

所以假如在技术发展进程当中一种食物的真实价格肯定上涨，

那么另外一种食物的真实价格就肯定下跌。而判断一种食品的价格的上涨会在多大程度上从另外一种食品的价格的下跌中获得补偿，将变为一件更需要慎重行事的事情。当鲜肉的真实价格达到了其高度（或许除了猪肉，每种鲜肉好像早在一个世纪之前英格兰的大多数地区就都已达到），其后任何的其他一种动物食品发生的任何涨价，都不会对下层人民群众的境况产生许多的影响。英格兰大多数地区穷人的境况必然不会因家禽、鱼、牲畜或者鹿肉的价格的任何上涨而感到苦恼，反之他们肯定会由于土豆价格的下降而感觉轻松愉快。

在现在这个匮乏的季节当中，小麦的昂贵价格必定会使穷人感到苦恼。但是在中等的丰年，当小麦处在常年的平均价格的时候，其他任何的原生产物的价格的自然上涨都不会对他们有非常大的影响。他们感觉痛苦的也许更多的是因为课税而引起的某些工业品价格的人为上涨，如食盐、肥皂、皮革、蜡烛、麦芽酒，啤酒以及淡色啤酒等。

技术改良进程对于制造品真实价格的影响

但是，几乎所有的制造品的真实价格的逐渐降低是技术改良的自然结果。在所有制造业中，毫无例外地制造工艺的真实价值也下降了。因为机器更加完善，技术更加熟练，以及对工作分工更加适当，所有这一切技术改良的后果自然使得制造任何一件产品需要的劳动量大大减少。与此同时，因为社会的繁荣，劳动的真实价格应当是大幅度地上涨，不过所需要劳动量的大量减少常常远远超过对于价格中最大上涨的补偿。

的确，有一些制造业中原材料的真实价格的必要的上涨远远超过了技术给生产带来的所有好处。在粗木工以及细木工的工作中，和细木工中的粗活中，由于土地改良，木材的真实价格的必要上涨也远远超过最好的机器、最熟练的技巧以及对于工作最恰当的分工所带来的全部好处。

不过在原材料的真实价格或者完全并没有上涨，或者上涨不多的情况下，制造品的真实价格却降低了非常多。

在本世纪还有上世纪的进程当中，在原材料为贱金属的那些制造业当中制造品价格的下降最显著。一个较好的手表机件，在上世纪中叶前后或许要卖20镑，现在或许只要20先令就可以买到了。刀匠以及锁匠的制造品还有所有以贱金属作为原料制作的玩具以及所有伯明翰、设菲尔德出产的商品在同一时候其价格都有非常大的下降，即使并没有大到钟表制造业那样的程度。但是，它已经足使欧洲其他各地的工匠们感觉吃惊了。他们在非常多场合承认过去即便以2倍、3倍的价钱也无法生产出质量一样好的产品。或许再也没有要比这一些以贱金属作为原料的制造业所进行的劳动分工更加细致的分工了，或许再也并没有要比这些以贱金属作为原料的制造业使用的机器可以有更多的改良的余地了。

在这同一时期内，服装制造业的价格就没有如此明显的下降。反之我有把握说最为上等的服装的价格在那25年或者30年间还和其质量成比例地上涨。听说，这是因为制作服装所用的衣料全部是用西班牙羊毛织成的，它的价格有了非常大的上涨。全部用英格兰羊毛织成的约克郡呢绒的价格在这个世纪确实和其质量成比例地下跌。但是，质量是一个非常有争议的问题，我查阅了这方面的所有信息，都多少有一些不确定性。服装制造业里劳动的分工现今和一个世纪前几乎完全相同，所使用的机器也并没有什么大的不同。但是，在分工以及机器这两方面或许还是有一些较小改进的，它们也许引起了价格的某些下降。

不过，假如我们把现今这个制造业的价格和过去较早的时候即在接近15世纪末的时候的价格相比的话，这一点下降看来仍然较为合理以及无可厚非。因为那个时候劳动可能还没有什么分工，使用的机器和现在相比也非常不完善。

在1487年也就是亨利七世第4年，颁布的法令规定："任何人卖出最上等红色平呢绒或者上等精制的其他平呢1码售价多于16先令，每出售1码将会被罚款40先令。"所以，16先令含有大约我们今天货币24先令的白银就是那个时候被看作1码最上等呢料的合理价格。

并且因为这是一个节约法，这种呢料或许通常出售的价格还要高一些。然而1基尼在现在可能就被认为是最高的价钱了。所以，这些呢料的质量想来应当是相同的，并且今天的质量可能要更好。但是，即便依照这个假设，最为上等的呢料的货币价格看来从15世纪末以来已经大大地降低，而其真实价格也下降了许多。6先令8便士，那个时候是并且在其后非常长一段时间里一直被认作是1夸脱小麦的平均价格。因此，16先令那个时候就是2夸脱小麦的价钱，并且是3蒲式耳多的小麦的价钱；估计1夸脱小麦现在的价格是28先令，1码上等毛料的真实价格在那个时候最起码必须等于我们今天的货币3镑6先令6便士。买了1码毛料的人就需要放弃他对于等于今天所能购买的相同数量的劳动以及生活必需品的支配权。

粗呢的真实价格的降低即使非常可观，但是还是没有上等毛呢的真实价格降低得那么大。

在1463年，爱德华四世第3年颁发的法令规定："任何家用仆人、普通劳动者，还有居住在城外或者自治市外的工匠的仆人不可以穿1码超过2先令的衣料。"在爱德华四世第3年，2先令所含银量和我们现在的货币4先令的含银量几乎相同，不过现在每码价格为4先令的，或许要比之前普通仆人中最穷困的人所穿的任何衣料都要好得多。所以，他们服装的货币价钱按照质量的比例，现在的要比古代那个时候的便宜一些，其真实价格必定也要便宜很多。10便士在当时视作1蒲式耳小麦的所谓适中而合适的价格。因此，2先令就是2蒲式耳以及2派克小麦的价格，而现今3先令6便士1蒲式耳，那么那个时候的2先令将会价值8先令9便士。为购买1码这种衣料，穷苦仆人需要舍弃购买相当于今天8先令9便士所能够购买的生活必需品的数量。这也是一项限制穷人奢侈以及浪费的节俭办法，由此可见他们的服装过去一直要比现在昂贵得多。

依据同一法律，那一阶层的人民禁止穿价格多于14便士约等于我们今天的货币28便士1双的长袜。而14便士是那个时候1蒲式耳以及将近2派克小麦的价格。以现在的1蒲式耳3先令6便士计算，将价值5先令3便士。在现在对于最穷苦以及下贱的仆人来说，我们应当把它看作是一双长袜子的非常昂贵的价格。不过，在那个时候为了1双长袜他需要付完全等于这个数目的价格。

在爱德华四世的时候，或许在欧洲还并不是任何一个地区都知道织袜子的技术。他们的长袜都是用普通布料做的，这或许就是它们昂贵的原因之一。听说第一个在英格兰穿着长袜的人是伊丽莎白女王。那是西班牙大使赠给她的礼物。

无论在粗呢制造业抑或是在精呢制造业当中，古代使用的机器要比现在所使用的要不完善得多。从那以后经历了三次重大的改良，或许还有非常多小的改良。无论这些改良的具体次数还是它们的重要性，现今都非常难加以断定。这三项重大的改良是：（一）将手工纺纱杆（老式锭子）以及纺锤换成纺轮。有了这样的纺轮同样的劳动能够完成2倍以上的工作；（二）使用几项十分新颖的机器，它们大大地方便也减少了精纺毛线的卷绕的时间；换言之，缩短了在把经纱以及纬纱放入织机之前对于它们进行安排的时间。这一道工序在那一些机器发明之前是非常冗长乏味而烦琐的；（三）采用漂洗机代替人在水中踩，让布料变密。一直到16世纪初期，在英格兰既没有任何种类的风车，也没有任何的种类的水车，并且据我所知在阿尔卑斯山以北的欧洲其他任何地方也不曾有过水车以及风车。它们是在不久之前才被引进到意大利的。

这些情况或许在某种程度上能够向我们说明，粗纺以及精纺制造品的真实价格为何在古代要比现在高那么多。再说将商品运到市场也需要大量的劳动。因此当这些商品到达市场之后，它们需要购买或者交换更加大量的商品的价格。

在古代英格兰的粗纺制造业或许跟工艺以及制造业都处在萌芽状态的其他国家一样，它或许是一种家庭制造业，其中每种不同的工作是偶尔由家庭当中不同成员完成的，并且是只有当他们没有其他事要做的时候，纺织才是其工作。与此同时那也并不是他们赚取大多数生活必需品的主要工作。之前已经指出过，用这种方式完成的产品总是要比以纺织为职业作为主要的或者唯一的生计的人完成的商品便宜得多。另外一方面，在那个时候英格兰还没有精纺业，仅仅有富裕的商业国家弗兰德才会有精纺业。并且在那个时候可能就是以和现在相同的方式由完全依赖或者主要依赖以纺织为生的人所进行的。除此之外，它是一种外国制造品，因此必须向国王缴纳某些关税，即古代的吨税或者磅税。自然，这个关税或许不会非常高。那个时候用高关税去限制国外制造品进口并不是欧洲的政策，其政策是要鼓励进口，让商人可以尽可能以一个优惠的税率供应达官贵人其本国无法提供的而又需要的便利品以及奢侈品。

这一些情况或许在某种程度上向我解释了为何在古代，粗纺业的真实价格和精纺业的真实价格相比，大大地低于现今的价格。

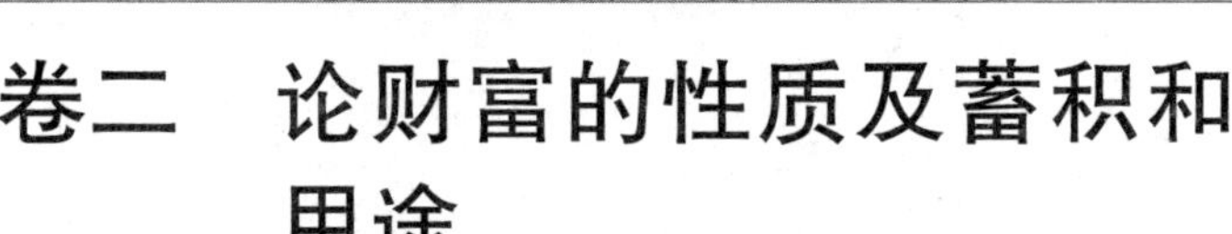

卷二　论财富的性质及蓄积和用途

序 论

在无分工，少交换，己所需要的一切物件，均由自己供给的原始社会状态下，要经营社会事业，无需预储资财。人各由勤劳以满足自身随时发生的欲望。饿了，便到森林打猎去；衣服毁了，便把禽兽杀死，剥到皮革来穿；房屋破了，便就近伐取树枝茅草，尽其所能，加以修葺。

分工之事兴，一己之劳动生产物，遂仅能满足自身随时发生的欲望的极小部分。而其他大部分欲望，就不能不仰赖他人劳动生产物的供给了。这种生产物，必由购买而得。购买的手段，即是他自己的生产物，或其生产物之价格。但在购买以前，不仅自己的劳动生产物，要已经做成，还要已经卖掉，所以至少在这两种事件能够实行以前，必须先在某个地方，储有各色各样的货物，足以维持他的身体，并以材料工具，供他使用。例如织匠在织物尚未做成，尚未卖掉以前，倘非在自己手上或他人手上有所蓄积，足以维持他生活，并供他以材料工具，他就会织不来一点东西。他认定一种特殊职业，做下去，不是一刻两刻的事，在他从事这职业以前，必须先有这种蓄积。

按照事物的本性，财之蓄积，必在分工以前。预蓄之财愈丰夥，分工亦按比例愈细密。分工越是细密，每个工人所能制造的材料，定然越是增加；每个工人所担任的作业，既渐趋单简，便有各种新机械发明，使作业更为简便而迅速。所以，分工进步了，要常雇用等数的工人，必须预先储有的食料，固无异于原始状态，但必须预先储蓄的材料工具，却必较多于原始状态所需。况且，一种职业的分工越是细密，这一职业的工人数，亦往往越是增加；不如这样说吧，使他们分工能够越是细密的，就是他们人数的增加。

要这样大改进劳动生产力，预蓄资财，乃是绝对必要的。但这种蓄积，亦自然会导出这种改进。投资雇用劳动的，必愿投资的方法，可以尽量产出最大量的出品。所以，工人职务的分配，必努力期其最适当；在能够发明或购买的期限内，他所备办的机械，又必努力期其最精良。但在这两点，他的能力怎样，往往要看他能有多少资财，看他能雇多少工人。所以，一国举办产业的资财增加了，这国的产业固然会增加起来，但资财增加的结果，同量产业所能生产的出品，亦会大增。蓄积增加，对于产业及其生产力，一般就有这样的影响。

本篇，我所要说明的，是资财的性质怎样？资财蓄积及于各种资本的影响怎样？资本用途不同，其影响又是怎样？本篇共分五章。我们知道，一个人或一个大社会的资财，自然会分成几个部门，所以第一章我要说明什么是这些部门。我们视货币为社会总资财的一个特殊部门，从而第二章我要讨论它的性质和作用。积为资本的资财，或由所有者使用，或贷与他人使用，所以第三章第四章我要就这两个情形，加以讨论。第五章所要讨论的，就是资本的用途不同，对于国民产业量及土地劳动年产物量，直接会发生什么不同的影响。①

① “资财”由Stock译转，“资本”由Capital译转。此二字，在李嘉图《经济学及赋税之原理》中，常为同义之字，但在亚当·斯密此书，其意却屡屡颇不相同。

第一章　论资产的分类

每当一个人拥有的资财仅仅足够维持他自己几天或者几星期生活的时候，他极少想到要从这种资料得到任何收入。他仅仅是尽可能节约地花费它，并试图在它被完全消费之前通过自己的劳动去得到某种东西来取代它。在这样的情况下，他的收入仅仅是来自于劳动。这是所有国家大部分劳动穷人的状况。

但是当一个人拥有的资财足够维持几个月或者几年的时候，他当然力图从其大多数来获得一种收入，仅仅保留一小部分做直接消费之用，维持他这样的收入开始到来的时候。所以，他的所有资财区分为两部分。一部分是他预想能为他提供这样的收入的，称作他的资本。另外一部分是为他提供直接消费的，又由三个部分组成：第一是他的所有资财当中原来保留做这种用途的部分；第二是他无论从何种来源得到的收入，当其逐渐到来的时候；或者是第三，用上述二者之一在前面几年购得但是尚未完全消费掉的东西，比如积存的衣服、家具等等。这三种事物的一种、两种或者全部，组成人们普通积存以供自身直接消费的资财。

有两种不相同的方式能够用资本为使用者提供收入或者利润。

第一，能够使用资本来生产、制造或者购买货物，重新将出售以获得利润。这样使用的资本，当货物保留在手或者处于同一形态的时候，无法为使用者提供收入或者利润。商人的货物在售出货币之前，他的货币在重新换成货物之前，均无法为他提供收入或者利润。他的资本不断地以一种形态离开了他而又以另外一种形态回归他，只有通过这种流通或者连续的交换，才可以为他提供利润。所以，这种资本能够合适地称作流动资本。

第二，资本可以用来改良土地、购买机器或者生产用的工具或不改变主人、不再流通而能提供收入或者利润的东西。所以，这种资本能够合适地称为固定资本。

不同行业所使用的固定资本以及流动资本的比例十分不同。

比如，商人的资本完完全全是流动资本。他不需要有机器或者生产工具，除了他的店铺或者货仓。

每一个工匠师傅或者制造业者的资本，有一部分应当是以生产工具的形式固定的。但是，这一部分在有一些人那里非常小，在另外的人那里则非常大。裁缝师傅除去一包针，不需其他的生产工具。鞋匠师傅的生产工具略微贵一些，虽然贵得不多。织匠的工具要比鞋匠的工具花费钱多得多。不过所有这些工匠师傅的资本，绝大多数是流动资本，采取工人工资或者原料价格的形式，可以通过制品的价格带着利润还给他。

其余的制品需要有更加大的固定资本。比如在一个大型铁工厂，熔矿炉、锻冶场、截铁场这些生产工具，如果没有一笔大的资金经费是无法建立起来的。在煤矿还有其他各种矿山，排水以及其他用途所必需的机器常常更费钱。

农场主用做农具的那一部分资本为固定资本，用作他的雇工的工资以及维持费的那一部分资本为流动资本，他通过保留前者以及放弃后者而获得利润，他的耕畜就是固定资本，就好像他的耕种用具一样；耕畜的维持费就是流动资本，就好像雇工的维持费一样。农场主通过持有耕畜、放弃它们的维持费而获得利润；购入并且养肥以供出售而非用于劳动的牲畜，其价格以及维持费都是流动资本。农场主通过卖出它们以获得利润。

在饲养牲畜的国度，购入一群羊或者一群牛，并不是为了劳动，也不是为出售，而是为了获得它们的毛、它们的奶或者是它们的羔羊、牛犊，这种羊群或者牛群就是固定资本。利润是通过持有它们来获取的。它们的维持费用是流动资本。利润是通过卖出它来获得的，这种流动资本随着它自己的利润还有牲畜的整个价格（毛、奶以及幼畜的价格）的利润一同回到他的手中。种子的所有价值也可合适地称为固定资本，即使它在田地以及谷仓之间来回走动，它却从不改变主人，因此无法适当地称为流动资本。农场主得到利润并不是通过将它卖出，而是通过其增殖。

任何一个国家或者社会的总资财，也就是它的所有居民或者成员的总资财，自然分成相同的三部分，各有不同的功能或者作用。

第一是保留以供直接消费的部分，其他的特点是不提供收入或者利润。它由食物、衣服、家具等构成，是为了消费而购入但还没有完全消费掉的资财。一国在任何时候全部住宅也组成第一部分资财的一种。用于一所房屋中的资财，比如其作为所行人的住宅，从那一刻起就不再起资本的作用，不再为它的所有人提供任何收入、住宅无法对于居住者的收入做出了贡献；虽然住宅无疑地对于居住者极为有用，就像衣服以及家具对于他有用一样，但是仅仅构成他的支出的一部分，而不组成他的收入的一部分。比如将房屋出租，获取租金，因为房屋本身无法生产什么东西，承租人永远必须用从劳动、资本或者土地得来的某种其他收入支付房租。所以，即使一所房屋能为它的所有人提供收入，从而对于他起到了资本的作用，但对于公众却无法提供收入，无法起资本的作用，全体人民的收入绝对无法因它而有丝毫的增加。衣服以及家具有的时候也同样能提供收入，从而对于某些人起资本的作用。在化装舞会非常流行的国家，出租化妆衣服一晚变成一种行业。家具商人经常论月或者论年出租家具。殡仪馆按日或者按星期出租殡仪用具。许多人出租设备齐全的住房，获取租金，不单是因为使用房屋，也是因为使用家具。但是，从这一些东西获得的收入，最后总是需要从其他收入来源去取得。在个人或者社会的所有各种保留供直接消费的资财当中，用于房屋的资财是消费得最为缓慢的。衣服可以用几年，家具可以用半个世纪或者一个世纪，房屋假如建筑以及维修得好，却可以用许多世纪。但是，即使它们的总消费的时期较长，它们却依然实际上是保留以供直接消费的资财，像衣服或者家具一样。

社会总资财的三部分当中，第二部分就是固定资本，其特点是可以提供收入或者利润，没必要经过流通或者改变主人。它主要由以下四个项目构成。

第一是所有有用的机器以及生产工具，能便利以及简化劳动。

第二是所有的有利润可图的建筑物，它们是获得收入的手段，不仅仅对于将其出租以获取租金的所有人是这样，对于占有它并为它付出租金的人也是这样。比如店铺、货栈、工场、农舍还有它们所有必要的建筑物；畜舍、谷仓等等。这些同住宅是十分不同的。它们就是一种生产工具，能够看作是这样。

第三则是土地的改良，在清扫、排水、圈围、施肥、让它处于最适于耕种的状态各个方面所做的有利润可图的资财支出。一个经过改良的农场能够十分正当地被看作是便利以及简化劳动的有用机器，利用它，同量的流动资本可以为使用人提供更大的收入。一个改良的农场以及这些机器同样有利并且更加持久，经常不需要进行其他的修理，只要最为有力地使用农场主的资本来耕种它。

第四是社会所有居民或者成员获得的有用才能。这种才能的获取需要维持获取人来接受教育，进行研究或者充当学徒，总是需要花费一笔实在的开支，这就好像是固定并实现在他身上的资本。这些才可以构成他财产的一部分，也组成他所属的社会财产的一部分。工人熟练程度的提高也能够同样被看作是便利以及简化劳动的机器和生产工具，即使要花费一定的开销，却可以偿还支出并且带来利润。

社会总资本分成的三部分当中，第三也是最后的一部分是流动资本，其特点是，只有通过流通或者改变主人，它才可以提供收入，它同样由四个项目组成。

第一是货币，通过它，其他的三项才可以流通并且分配到真正的消费者手中。

第二是屠夫、畜牧人、农场主、谷物商、酿酒人等等手中保有的食物，他们预想将其出售可以获得利润。

第三是衣服、家具以及建筑物所用的原料，无论其为纯粹的天然产物还是多少经过加工，它们并没有制成衣服、家具或者房屋，依然操在生产者、制造者、布商、绸缎商、木材商人、木匠以及细木匠、砖瓦匠等人的手里。

最后是制成品，依然在商人或者制造业者手中，尚未售予或者分配给真正的消费者，比如在铁匠、木匠、金匠、宝石商、瓷器商等等的店铺中经常看到的。如此一来，流动资本就由商人手里的食物、原料以及各种制成品构成，还有为流通它们并把它们分配给最后使用或者消费它们的人手中所必备的货币。

在这四项中，食物、原料以及制成品三项每年或者在或长或短的时期内经常从流通中退出，成为固定资本或者保留供直接消费的资财。

每项固定资本最初都由流动资本得来，并且要求流动资本的不断支持。所有有用的机器以及生产工具最初均由流动资本得来，后者提供作为它们的原料并维持制造它们的工人。它们同时需要有流动资本来常常进行维修。

不通过流动资本，任何固定资本均无法提供收入。最有用的机器以及生产工具，假如没有流动资本去提供用来制造的原料并维持使用它们的工人，就生产不出任何东西来。土地无论怎样改良，假如并没有流动资本来维持从事耕种以及收获的工人，是无法提供收入的。

维持并且增加供直接消费用的资财，是固定资本以及流动资本的唯一目的以及目标。就是这种资财为人民提供食、衣、住。人民的富裕或者贫穷，依存于这两种资本所提供的以供直接消费用的资财是丰富还是不够。

流动资本不断地从流通中退出并置于社会总资本的其他的两个部门中的那部分非常庞大。因此要求不断地获得补充，不然流动资本就不复存在。这样的补充主要有三个来源：土地的产品、矿山的产品以及渔业的产品。这一些来源不断地提供了食物以及原料的补给，其中的一部分随后加工作为制成品，一部分补充从流动资本中不断抽出的食物、原料以及制成品。从矿山当中也采出了为维持以及增加由货币组成的那部分资财所必要的东西。由于货币即使在普通的营业过程中也不像其他的三项那样必须从流通中退出，来置于社会总资本其他两个部门之中，却也好像其他东西一样，肯定最后受到磨损，有的时候也被遗失以及运往国外，肯定要求继续补充，即使为数非常小。

土地、矿山以及渔业要求有固定资本与流动资本去经营，其产品不仅仅可以偿还这一些资本，并且能偿还社会所有其他资本，还附带着利润。如此一来，农场主每年向制造业者补偿他在前一年所消费的食物以及他所用去的原料，制造业者向农场主补充他在同一时间所使用以及消耗的制成品。这是每一年在这两种人中间进行的真实交易，即使并不是用一个天然产物以及另一个制成品进行物物交换，很少发生这样的事：农场主向他出售自己的谷物、牲畜、亚麻以及羊毛，并且向他购买自己所需要的衣服、家具以及生产工具的，竟然是同一个人。所以，他将自己的天然产物卖得货币，用货币去随地购买他所需的制造品。土地甚至可以补充（最起码是部分地）经营矿山以及渔业的资本。就是土地的产品将鱼类从水中拉出；就是地面上的产品将矿物从地下掘出。

当土地、矿山以及渔业的自然丰富程度相等的时候，它们的产量就和用来经营它们的资本的大小以及使用是否适当成比例。当资本相等并且同样使用得当，产量就与自然丰富程度互成比例。

在所有较为安全的国度，每一个有常识的人都将竭力使用他所能支配的资财，以获取当前的享受或者未来的利润。如其用来取得当前的享受，那就是留做直接消费的资财。如其用来取得未来的利润，那就是必须保留它或者放弃它。保留的就是固定资本，放弃的却是流动资本。在较为安全的地方，一个人假如不将所能支配的所有的资财，自有的或者向他人借来的，用于这三种用途之一，那他一定是完完全全疯了。

但是在那些不幸的国家，人民常常畏惧有权有势者的暴虐，他们就常常把自己的大多数资财埋藏起来，以便在遇到自认为常常会遭受的那种灾祸的威胁的时候，随时可以带往某个安全的地方。听说这是在土耳其以及印度的普遍做法，我确信在亚洲其他大多数国家也是这样。在封建政府的暴政下，在我们的祖先当中这似乎也是普通的做法。在那个时候，地财被认为是欧洲最大君主的无法忽视的收入之一。这是被发掘的埋藏在地下的财宝，并没有人可以证明它属于自己。这在那个时候被认为是重要的物品，属于国王却不属于发现它的人或者土地所有人，除非土地所有人的特许状当中有明文规定将这个权利让与他。金银矿的地位完完全全相同，除非特许状当中有明文规定，不然土地的一般让予中从不包括金银矿，但是铅、铜、锡、煤等矿却包含在内，它们被认为是次要的东西。

第二章　论作为社会总资产的一部分或作为维持国民资民费用的货币

前一篇已经指出，大多数商品的价格能够分解为三部分：一部分用于支付劳动的工资，另外一部分支付资本的利润，第三部分支付土地的租金，劳动、资本以及土地都是生产货物并将其送入市场所使用的；当然，有一些商品的价格仅仅包含两部分，即劳动工资以及资本利润，少数商品的价格只包含一部分，即劳动工资；不过每一种商品的价格肯定分解为这三部分中的这一部分或者那一部分或者全部，既不归于租金也不归于工资的那部分，肯定归于某人的利润。

已经指出，分开来看，每种商品的情况是这样，合起来看，构成每一个国家土地以及劳动的全部年产品的所有商品的情况也肯定是这样。这种年产品的全部价格或者交换价值肯定分解为同样的三部分，并且分给一国的不同居民，作为其劳动的工资、资本的利润或者土地的地租。

即使一国土地以及劳动年产品的全部价值是这样划分并组成不同居民的收入，不过，就好像私人地产的地租区分为总的地租以及纯地租那样，大国所有居民的收入也可以划分为总收入以及纯收入。

私人地产的总地租包含农场主所支付的所有东西，纯地租是在扣除管理以及修缮支出还有其他一切开支之后剩下给地主自由支配的部分，换言之，纯地租就是在并不损害他们的地产的情况之下，地主能够保留供直接消费的资财，可以用于饮食、车马、房子装饰、家具、享受以及娱乐。地主的真实财富和纯地租互成比例，而并不和总地租互成比例。

大国所有的居民的总收入包含他们的土地以及劳动的全部年产品，纯收入是扣除他们的固定资本以及流动资本的维持费之后剩下可供他们自由支配的一部分。换言之，纯收入即是不损害他们的资本，他们能够保留供直接消费的资金，可以用于他们的生活资料、便利品以及娱乐品。他们的真实财富也就是同他们的纯收入互成比例，而并不是和他们的总收入互成比例。

固定资本的所有的维持支出非常明显无法算做是社会的纯收入。为了维持他们的有用机器以及生产工具、他们的有利益可图的建筑物等等所用的原料，还有将这一些原料做成合适形状所需要的劳动产品，绝对无法构成纯收入。当然，这种劳动的价格能够构成纯收入的一部分，由于这样雇佣的工人可将工资的所有价值用作供自己直接消费的资财。但是就别种劳动来说，价格以及产品都属于这种资财：价格属于工人直接的消费资财，产品属于他人的直接的消费资财，其他人的生活资料、便利品以及娱乐品因为这些工人的劳动而增加。

固定资本的目标就是增加劳动生产力，即数目相同的劳动者可以完成数量更大的工作。在一个所有的必要的建筑物、篱笆、沟渠、排水、交通等等都处于最为良好状态的农场，要比起一个面积相同、土质一样良好但是不具备同等便利设施的农场来，同样数目的劳动者以及耕畜能生产出数量更大的产物。

在制造业当中，同样数目的人手，借最好的机器的帮助，要比起使用最不完善的生产工具的人来说，可以制造出数量更加大的货物。在任何的一种固定资本上正当使用的支出，总可以带回巨额利润，并且使年产物价值的增加比这种改进所要求的维持支出的价值更大。但是这种维持费仍然要动用这种年产物的一部分。一定数量的原料、工人的劳动，本来可以直接用来增加食物、衣服、住宅等社会生活资料以及便利品的生产，如此就被移做其他用途，这种用途诚然是十分有利的。

所以我们说，所有的这类机械方面的改进，能使同等数目的工人用比之前常用的机器更廉价更简单的机器完成相同数量的工作，总是对于每一个社会都有利的。一定数量的原料，一定数量的工人的劳动，之前是用来维持一种较为复杂以及昂贵的机器的，经过改进之后可以凭借这种或者其他机器的力量，完成数量更加大的工作。比如，一个大制造厂主每年使用1000镑来维持着他的机器，假如能将这种费用降到500镑，其他的500镑自然就可以用来购入额外的原料并雇佣额外的工人来制造。所以，他的机器所能够完成的工作量自然会增加，社会从这种工作所能获得的全部好处以及便利也就会随之增加。

一个大国当中维持固定资本的支出和私人地产上的维修支出互相比较，是十分恰当的。维修的支出，或许常常是为维持地产的产出，从而维持地主的总地租以及纯地租所必要的。但是，假如采用更为合适的办法，可以使维修费减少而又不减少生产物，那么最起码总地租会保持不变，而纯地租则肯定有所增加。

不过，即使固定资本的全部维持费用肯定被排除在社会纯收入以外，流动资本维持费的情况却有所不同。在流动资本的四个组成的项目即货币、食物、原料以及制成品当中，后三项常常从流动资本中退出，变成社会的固定资本，或者变成保留供直接消费的资财，这在上面已然说明过。这一些消费品中不用做维持固定资本的那部分，便全都归入以供直接消费的资财，变成社会纯收入的一部分。所以，流动资本这三个项目的维持费，除去维持固定资本所必要的之外，并不将年产物的任何部分从社会纯收入中抽出。

社会流动资本在这个方面和个人流动资本不同。个人的流动资本完完全全被排除在其纯收入之外，纯收入需要完全由他的利润构成。不过，即使每一个人的流动资本组成他所属的社会流动资本的一部分，社会流动资本却并不会因此就被完全排除在社会纯收入之外。一个商人店铺当中的全部货物即使绝对不是保留供他自己直接消费之用的资财，却能够是供他人直接消费之用的资财，他人从其他的资源获得收入，能够经常为商人补充货物的价值，并且付给他利润，商人或者其他人的资本都不会减少。

所以，货币是社会流动资本当中的唯一项目，它的维持费能够使社会纯收入有所降低。

固定资本，还有由货币构成的那个部分流动资本，就它影响社会收入而言，彼此十分相似。

第一，机器以及生产工具等等要有一定的支出，首先是用于建造，随后是用于维持，这一些支出组成社会总收入的一部分，被排除在社会纯收入之外；同理，在一国流通的货币资财也要有一定的支出，首先是用于收集它，随后是用于维持它，这一些支出也组成社会总收入的一部分，被排除在了社会纯收入之外。一定数量的十分有价值的原料、黄金、白银和十分精巧的劳动，并不是用来增加留做直接消费用的资财，也就是个人的生活资料、便利品以及娱乐品，而是用来维持这种伟大而昂贵的商业工具，社会上每一个人通过它来获得自己的生活资料、便利品以及娱乐品，这一些东西常常按照适当的比例分配给他。

第二，构成个人或者社会的固定资本的机器以及生产工具等等，不组成个人或者社会的总收入或者纯收入的一部分；同理，即使要通过货币来使社会全部收入在社会所有的成员间进行经常的分配，货币本身却并不是这种收入的一部分。这个流通的巨轮和通过它来流通的货物是不相同的。社会的收入完全是由这一些货物构成的，而不是由让它们流通的轮子构成的。在计算社会的总收入或者纯收入的时候，我们永远必须从货币以及货物的每年流通总量当中扣除货币的全部价值，并没有一个新的货币是总收入或者纯收入的组成部分。

这个命题之所以显得可疑以及矛盾，只是因为文字的暧昧不明；通过合适的解释以及理解，它几乎是自明之理。

每当我们谈到一定数目的货币的时候，我们有的时候只是指它所构成的金块，有的时候又暗指它所能购买的货物或者持有货币所赋予的购买力。比如，当我们谈到英格兰的流通货币为1800万镑的时候，我们只是想表示某一些作者所计算的或者他们认为在该国流通的金块数量。不过当我们说一个人一年赚50或者100镑的时候，我们普通所表达的意思不仅仅是每年付给他这么多金块，也是他每年所能购买或者消费的货物价值。我们一般的意思是，要确定什么是或者应该是他的生活方式，或者他所能正当享受的生活必需品以及便利品的数量、质量。

当我们用一个具体数目的货币不仅仅表示它所组成的金块数量并且暗指它所能购得的货物的时候，这样表示的财富或者收入只等于用同一个词所笼统地表示的两种价值之一，说等于后者要比说等于前者更加恰当，也就是说等于货币的价值要比说等于货币本身更恰当。

比如，某个人一星期的养老金是一基尼，他在一星期当中就能用它来购买一定数目的生活资料、便利品以及娱乐品。依照这种数量的大小，其真实财富，他每一个星期的真实收入就是多少。他每一个星期的真实收入肯定不是既相当于一基尼又等于用它所能购买的东西，而仅仅等于这两种相等价值之一，说等于后者要比说等于前者更加恰当，也就是等于一基尼的所值要比等于一基尼更加恰当。

假如付给这个人的养老金并不是金币，而是一基尼的票，必定无法说他的收入就是这样的一张纸，而应当说是用这张纸所能获得的东西。这一基尼能够被看作是能从周围的所有商人那里获得一定数量的必需品以及便利品的票据。接受一基尼的人的收入，并不是由这块金子构成的，而是由用这块金子所能获得或者交换的东西组成的。假如它无法交换到任何的东西，那它就像对于破产者所开的票据一样，并不比任何废纸更有价值。

即使一国所有居民每星期或者每年的收入也同样可能是，而且实际上常常是用货币支付的，可是他们每星期或者每年的真实收入加在一起，其大小总是以及他们用这种货币所可以购买的消费品数量成比例。所有的居民的全部收入非常明显并不是既等于货币又等于消费品，而仅仅等于两种价值之一，说等于后者要比说等于前者更加恰当。

所以，即使我们常常用每年付给一个人的金块数量来显示他的收入，但是那是由于这一些金块的数量规定他的购买力的大小，或者他每年所能消费的货物的价值。我们依然把他的收入看作是由这种购买力或者消费力组成的，而不是由表达购买力的金块构成的。

不过，假如这个道理对于一个人来说已经足够明显，那么对于一个社会来说就更为明显了。每一年付给一个人的金块数量经常恰好等于他的收入，所以是他的收入价值的最为简短最为良好的表达方法。但是在一个社会中流通的金币数量绝不会等于它所有成员的收入，和一个基尼的金币当作支付每星期养老金的手段，今天能够付给一个人，明天能够付给第二个人，后天能够付给第三个人，因此每年在一个国家流通的金币数量，其价值肯定小于每年支付给他们的所有的货币养老金。这样的陆续支付的全部货币养老金的购买力，或者用它所能够陆续购得的货物，肯定恰好等于这些养老金的价值，也一定就是所有接受养老金的人的收入。因此，这种收入不会是由这些金块构成的，由于它们的数目要比这种收入的价值要小得多，而仅仅是由购买力，仅仅是由这些金块从一个人手中转移到另一个人手中的时候它们所能陆续购得的货物构成的。

所以，货币这一流通巨轮、这一商品的伟大工具，就像所有其他的生产工具一样，即使它是资本的一部分、是资本的一个十分有价值的部分，却并不是它所属的社会收入的组成部分；即使构成货币的金块在其每年流通的过程当中应当属于每人的收入分配给他们，这一些金块自身却不构成收入。

最后，构成固定资本的机器以及工具等，和由货币构成的那部分流动资本还有一些相似。建造以及维持这类机器支出的每项节约，在不降低劳动生产力的情况之下，即是社会纯收入的一种改进；同理，收集以及维持由货币构成的那部分流动资本的支出的每项节约，也是完完全全相同的一种改进。

为何维持固定资本支出的每项节约是社会纯收入的改进，道理非常清楚，并且也部分地做出过解释。每一项工程的经营者的所有资本，肯定划分为他的固定资本以及他的流动资本。每当他的全部资本保持不变的时候，这一部分小一些，那一部分就肯定要大一些。是流动资本提供了原料以及劳动工资，并且推动了劳动。所以固定资本维持费的每项节约，在不降低劳动生产力的情况之下，一定会增加推动劳动的资金，从而增加土地以及劳动的年产物，增加每一个社会的真实收入。

用纸币代替金银货币，是用一种不那么昂贵而有的时候又同样方便的商业工具去代替一种非常昂贵的商业工具。流通用一种新轮子来进行，它要比旧轮子的建造以及维持所费较少，不过这种作用是用什么方式完成的，它又如何会增加社会的总收入或者纯收入，道理还不很明白，所以需要做进一步的解释。

有几种不相同的纸币，而银行以及银行家的流通券则是最为著名的一种，也是最适于这种目的一种。

每当一国人民对于某个银行家的财产、正直以及谨慎具有信心，相信他会随时兑现自己可能接到的他所发行的本票的时候，这一些票据就会与金币银币一样流通，由于人们深信用它们可以随时兑换金银货币。

假设一位银行家向自己的顾客们借贷出自己的本票，数目为10万镑。因为这一些票据的作用以及货币相同，他的债务人付给他的利息也就与他所贷给的货币一样。这种利息就是他的利润的来源。即使有一些票据会不断地送回来请求兑现，不过有一部分票据却会一连几个月或者几年处于流通中。因此，即使他一般有10万镑票据在流通，却经常只有2万镑金银币就足以应付随时的兑现。因此，通过这样的运作，2万镑金银币就可以完成要10万镑金银币才可以完成的职能。通过他的本票所可以完成的交易，所能流通以及分配和适当消费者的消费品数量，价值一共达10万镑，与同等价值的金银币所起的作用一样多。所以，在一国流通当中就能这样节约8万镑金银币；假如在同一时间由许多银行以及银行家进行同样的作业，则整个流通就能够由1/5的本来需要的金银币来进行。

让我们假设，比如，一国的全部流通货币在某一时候是100万镑，那个时候足以使其土地以及劳动的全部年产物得以流通。让我们再假设，以后有非常多银行以及银行家发行凭票支付的本票共100万镑，而在他们的金柜当中只保持20万镑金银币来应付临时的请求兑现。那么，在流通中会有80万镑金银币以及100万镑的银行券，也就是一共有180万镑纸币以及硬币。不过该国土地以及劳动的年产物之前只需要有100万镑来流通并且分配到它的适当消费者手中，而年产物是无法通过银行业的运作来立刻增加的。

所以，100万镑就足够使之流通，进行买卖的货物以及从前完全一样。同样数量的货币就足够买卖它们流通的渠道，假如我可以使用这个词的话，将依然以及之前完全相同。我们假设100万镑足以充满这个渠道。那么，注入的超过此数的货币无法在其中流动，而只可以溢出。现今注入了180万镑，可见一定会有80万镑溢出，这就是超过了该国流通中所能使用的货币的数目。不过这个数目即使无法在本国使用，它却是太有价值了，不可以任其闲置。所以，它将被送往国外，来寻找它在本国无法找到的有利润可图的用途。不过纸币无法运往国外，由于远离发行的银行，远离可以用法律强制其兑现的国家，在普通支付当中它是不会被接受的。所以，80万镑的金银币将会被送往国外，而本国的流通渠道将会由100万镑纸币充满，而不是之前充满它的100万镑金银币。

不过，即使如此大量的金银这样送往国外，我们不应该设想这是毫无所得的，或者是它的所有人要对于外国国民送礼。他们将用来交换各种外国货物，以便供其他外国或者自己本国消费。

假如他们用它来在一个外国购买货物以便供应另外一个外国的消费，也就是从事所谓的转口贸易，他们所获得的利润将是他们本国纯收入的一种增添。这就好像一笔新创造的基金，可以用来进行一种新的贸易；本国的业务现在用纸币来经营，金银变为了从事这一种新贸易的基金。

假如他们用它来购买外国货物以供本国消费，第一，他们能够购买什么也不生产的懒惰人民所消费的东西，比如外国葡萄酒、外国丝绸等等；第二，他们能够购买额外的原料、工具以及食物，以便维持以及雇佣额外的勤劳人民，这一些人民再生产出他们每一年消费的价值，外加利益。

就用于第一种途径来说，它就会鼓励挥霍，增加开支以及消费而不增加生产，或者说是设置一种永久性的基金来支持这种开支，在各方面均对社会有害。

就用于第二种途径来说，它就会鼓励勤勉，即使它增加了社会的消费，也提供了一种永久性的基金来支持这样的消费，消费的人民再生产出他们每一年消费的全部价值，并且附带利润。社会的总体收入、即它的土地以及劳动的年产物的增加额，相当于这一些工人的劳动在其加工的原料上所增添的所有价值；社会纯收入的增加额，相当于这个价值扣除维持机器以及生产工具的必要开支以后所余下的部分。

当银行的这种运作而被迫送往国外的大多数金银币被用来购买外国货物以供本国消费的时候，事实上是并且肯定是用来购买第二类货物，这似乎不可能的，并且是无法避免的。即使某一些人尽管收入根本不增加也可能有的时候大大增加他们的支出，不过我们可以肯定，从没有一个阶级的人全都会这样做；这是因为，普通谨慎的原则即使无法支配每一个人的行为，却总是可以影响每一阶级的大多数人的行为。不过，把懒惰人民当作了一个阶级来看，他们的收入无法由银行业的这样的运作而有丝毫的增加。所以，他们的一般支出也不会因为这种运作而大为增加，虽然其中少数人的支出或许增加，并且实际上有的时候是增加了。所以，懒惰人民对于外国货物的需求还与从前一样，或者说差不多一样；因为银行业的这种运作而被迫送往国外的货币中，有一小部分用来购买外国货物供本国消费之用，这一部分也可能用来购买供懒惰人民使用的货物。其中大多数自然会用于雇佣勤劳人民，而不是用来维持懒惰。

每当我们计算任何社会的流动资本所可以推动的劳动数量的时候，我们只应考虑由食物、原料以及制成品组成的那部分，而将货币组成的另外一部分扣除，货币只起使三者流通的作用。为推动劳动，有三类东西是必不可少的：以供制作的原料，用来从事制作的工具，还有使工作得以完成的工资或者报酬。货币既不是以供制作的原料，又不是用来制作的工具；即使工人的工资普遍用货币来支付，但是他的真实收入也好像所有其他人的真实收入那样，并不是货币，而是货币的价值；并不是金块，而是金块所能够买到的东西。

任何的资本所能推动的劳动数量，非常明显必须和它能以原料、工具以及和工作性质相称的维持费去雇佣的工人人数相等。货币之所以必须，是为购买原料以及生产工具，并且维持工人的生活。不过整个资本所能推动的劳动数量肯定不等于用于购买的货币，用货币购到的原料、工具以及维持费，而仅仅等于这两种价值之一，说相当于后者要比说等于前者更加恰当。

当用纸币代替金银币的时候，整个流动资本所能提供的原料、食物以及维持费数量的增加，与过去用来购买它们的金银币的全部价值相等。巨大的流通以及分配轮子的全部价值，被加在用它来流通以及分配的货物上面。这种作业在某种程度上与某种巨大工程的经营者相似，他因为某种机械学方面的改进，拆除旧机器，把旧机器价格与新机器价格的差额加在他的流动资本上，也就是加在他用来供应原料以及为工人提供工资的基金上。

到底一国的流通货币和用它来流通的年产物的所有价值保持什么样的比例，或许是不可能确定的。不相同的作者计算为全部价值的1/5、1/10、1/20乃至1/30。不过，不管流通货币对于年产物全部价值的比例是多么小，由于仅仅有一部分，经常是非常小一部分年产物预定用作劳动的维持费，货币对于这一部分的比例一定是非常大的。所以，当用纸币代替以后，流通所需要的金银币就降到了之前数量的1/5，假如其他4/5的大多数价值被加在用来维持劳动的基金上，那就会让这种劳动的数量大为增加，从而使土地以及劳动年产物的价值大大增加。

在最近25年至30年当中，在苏格兰的几乎每一个大城市，甚至在一些乡村都建立了银行公司，实施了这种业务。它的效果正如上面描述的一样。全国的营业几近完全用这一些银行发行的纸币来进行，一般均用纸币来购买东西并且做各种支付。除了用来兑换20先令的银行券，银币极少出现，金币更是少见。即使这一些银行的行为并不完全是无可非难的，所以要求有议会立法来加以管理，不过非常明显国家从银行的生意兴隆获得了巨大的好处。我听说，格拉斯哥自已有银行建立以来，在大概15年中贸易已经增加了一倍，自从在爱丁堡开设了两家公司银行，苏格兰的贸易已经增加了三倍以上，一家是1695年由议会立法建立的“苏格兰银行”，另外一家是1727年由皇家特许状建立的“皇家银行”。究竟在这样短的时期内，苏格兰的一般的贸易，特别是格拉斯哥市的贸易是否增加了这么多，我并没有把握。假如两者真的按照这个比例增加了，那么效果似乎太大，无法单用银行业务这个原因去解释。但是，苏格兰的贸易以及劳动在此期间已经大为增加，银行非常有助于这种增加，这是无需怀疑的。

在1707年以及英格兰联合之前在苏格兰流通的银币，还有在随后的一段时间内送回苏格兰重铸的银币，其价值一共达到411117镑10先令9便士。并没有得到关于金币的记录，不过从苏格兰造币厂的旧时的账簿来看，每年铸造的金币价值好像略为超过银币。那个时候还有许多人由于担心收不回来，不曾把银币送到苏格兰银行重铸；除此之外还有一些英格兰银币，并不需要重铸。由此可见，联合之前在苏格兰流通的金银币的总体价值估计不会少于100万英镑。这好像构成了苏格兰的总流通量，由于苏格兰银行的流通量虽然是无与匹敌的，好像也只占总流通量的一小部分。在现在，苏格兰的总流通量可能不少于200万镑，金银币所占的一部分最大的或许也不到50万镑。不过，即使苏格兰的金银币流通减少如此之多，苏格兰的真实财富以及繁荣并未受到丝毫的影响。相反，它的农业、制造业以及贸易，它的土地以及劳动的年产物，非常明显均有增加。

大多数银行以及银行家发行他们的本票，主要是经过贴现汇票，也就是在汇票到期之前先垫支货币。在垫付的款项当中扣除汇票到期之前应付的决定利息。通过汇票到期之后的支付，补偿了银行垫支的数目，还有作为纯利润的利息。银行家向贴现的商人所预付的并不是金银币，而是他们自身的本票，其好处是，通过贴现他能够增加他的本票发行量，他凭借经验发现，这样的本票都在流通。所以他能从较大数量的发行额得到利息纯收益。

苏格兰的商业现今还不算非常大，上述两个银行公司初次建立的时候就更小了，而这两家公司假如把业务限制在票据贴现以内，它们的营业就会非常小，所以，它们发明了另外一种发行本票的方法：对于凡是能找到两个信用卓著并拥有良好地产的人作为担保的人，开设他们所称的现金账户，给予他一定数额（比如两三千镑）的信贷，在这个限额之内预支给他的钱，他应在请求的时候偿还，还有法定利息。我确信，这种信贷一般在世界各个地方的银行以及银行家都是会给予的。但是就我所知，苏格兰银行公司所接寻的偿还条件的宽松是它们所特有的，这可能是这一些公司营业发达还有苏格兰从中获得好处的主要原因。

一个拥有一家银行所给予的这样信贷的人，借出了（比如）1000镑，他能够二三十镑一次地陆续地偿还，银行从每一次收到小额还款之日起从总数的利息当中扣除相应的部分，直到全部还清为止。所以，几乎是所有的从事营业的人，都感觉到在银行设立现金账户的方便，从而有了兴趣去促进这一些银行的营业，在所有的支付当中乐意接受它们的银行券，并且鼓励自己所能够影响到的人都去做。银行当顾客申请贷款的时候，一般用自己的本票支付给他。银行用本票支付制造商的贷款，制造商用它支付农场主的原料以及食物款，农场主用它支付地主的地租，地主用它支付商人供应的便利品以及奢侈品款，商人又将它送回银行来平衡自己的现金账户或者偿还其他借款，如此一来，国家的所有的货币业务都是用银行券来进行的。所以，银行的营业非常兴旺。

通过这样的现金账户，每一个商人都可以毫无顾虑地做比之前更大的生意。假如有两个商人，一个在伦敦，另外一个在爱丁堡，在同一种贸易当中投下同样多的资金，爱丁堡商人就可以毫无顾虑地比伦敦商人做更大的买卖，雇佣更多的人。伦敦商人需要在自己的金柜中或者在他的银行家的金柜当中保持巨额货币（银行家不会支付利息），以便支付不断提出的偿还赊购的请求。假设这个数目普遍是500镑。他的货仓中的货物肯定因此减少500镑。让我们假设，他每年出清手中的存货一次。因为他只好保持500镑不用，所以他每年售出的货物就少了500镑。他每一年的利润也相对应地减少了，他雇佣来准备货物上市的人数也相对应地减少了。反之，爱丁堡的商人并不保持货币用来应付这种随时请求付款的需要。每当他遇到有这种需要的时候，他就通过银行的现金账户来支付，逐渐用以后出售货物获得的货币或者纸币去偿还这种借款。所以，用同额的资本，他能够毫无顾虑地在自己的货仓当中保持比伦敦商人数量更加多的货物，从而为自己得到更大的利润，并常常雇佣更多的勤劳人民去准备货物上市。所以，国家也可以从这种贸易获得巨大好处。

当然，能够认为贴现汇票为英格兰商人提供了和苏格兰商人的现金账户相同的便利。不过，应该记住，苏格兰商人也可以和英格兰商人一样容易地贴现自己的汇票，除此之外还有现金账户的额外的方便。

在任何一国所容易流通的各种纸币的总额，绝对无法超过它所代替的或者在没有纸币的时候会流通的金银币的价值（假设商业状况不变）。比如，假设20先令的银行券就是在苏格兰流通的最小额纸币，在那儿流通的这种通货的总额，绝对无法超过为进行该国每年20先令或者20先令以上价值的交易所需要的金银币总额。假如流通纸币在任何的时候超过这个数额，因为超过之数既无法送到国外，也无法在本国流通中使用，它肯定会被立即送回银行请求兑换金银币。许多人会立刻察觉，他们现在的纸币超过了本国营业所需要的数目，因为无法将其送往国外，他们会立刻要求银行兑现。当这种多余的纸币换成金银币的时候，能够在国外找到用途，但是以纸币的形式留在国内就毫无用处。所以，会立刻向银行挤兑超额纸币，假如银行在支付方面表现有任何的困难或者迟缓，回到银行兑换的货币就会更加多，如此造成的惊恐，肯定让挤兑加剧。

每种商业的普通开支有房租还有雇工、办事员、会计师等的工资，银行则除此之外，还有两项最主要的特殊开支：第一，在自己的金柜保持大量的货币，来应付自己发行的银行券的持有人随时提出的兑现请求，它损失的是这笔钱的利息；第二，应付兑现的金柜只要变空，立刻予以补充。

一家发行纸币超过了国内流通所能使用的银行公司，因为超额部分将会不断回到银行请求兑换，因此必须增加自己金柜中常常保持的金银币的数量，增加额不仅仅要以及超额成比例，并且要按照比这个更大的比例，由于银行券的回来速度要比超额部分的扩大快得多。所以，这样一家公司不仅仅应该按被迫增加的这种营业的比例、并且应按更加大的比例增加第一项开支。

这样的一家公司的金柜，以及公司营业限于较为合理的范围内相比，不仅仅应当充注得更满一些，并且也必定空竭得更快一些，为了补充它，不仅仅要求做出较为剧烈的开支，并且要求做出较为经常的以及不间断的开支。从它们的金柜中不断流出的这么大量的铸币，也无法在国内流通中使用。它是用来代替在国内流通中所无法使用的纸币的，所以也无法在国内流通中使用。不过铸币是无法任其闲置的，它必须以某种形态送往国外，以便寻找到在国内无法找到的有利用途；不过金银币的不断输出，增加了寻找新的金银币来补充空竭得如此迅速的金柜的困难，肯定会进一步增加银行在这方面的开支。因此，这样一家公司需要按照强迫增加的业务比例，增多第二项开支，其幅度比第一项开支的增加更大。

让我们假设一下，某家银行发行的所有纸币等于4万镑，这是国内流通容易吸收以及使用的，为应付随时的兑现请求，在金柜当中必须保持1万镑金银币。假如这家银行试图发行44000镑纸币，超过流通容易吸收以及使用的4000镑，几乎一经发行即会回到银行。为应付随时提出的兑现请求，这家银行在金柜中应该经常保持的金银币不是10000镑，而是14000镑。如此一来，他不仅仅无法从超过流通的4000镑得到利息，还要负担不断收集4000镑金银币的全部损失，这一些铸币一经送进金柜便会立刻流出。

假设每家银行公司都懂得并且注意自己的特殊利益，流通当中就绝不会有纸币过多的现象。不过每一家银行并不总是懂得或者注意自己的特殊利益，因此流通中经常是纸币过多。

因为发行大量的纸币，它的超额部分常常送回请求兑换金银币，英格兰银行在一连非常多年中被迫铸造的金币每一年达90万镑至100万镑，平均大约为85万镑。这个银行（因为在几年之前金币已经处于磨损变坏的状态）只好以4镑一盎司的高价买进金块，随后用一盎司3镑17先令10便士的低价发行铸币，损失是这种巨额铸币的2.5%至3%：虽然银行不纳铸币税，并且由政府负担铸币支出，政府的慷慨并没有完全地阻止银行支出的增加。苏格兰各个银行由于同样的超额发行，全都只好经常雇佣代理人在伦敦收集金银币，其支出极少低于1.5%至2%。这种货币用马车送回，运入以0.75%或者每百镑15先令的额外开支当作保险费。这一些代理人无法经常补充雇主们的空竭这样迅速的金柜。在这样的情况下，各个银行的办法是，向它们在伦敦的通信银行依照自己需要的数额开出汇票。每当这一些通信银行随后开出索还借款、利息以及佣金的汇票的时候，这一些因为发行过度而陷入困境的银行有的时候无法满足这种要求，只得向同一通信银行或者伦敦的其他通信银行再次开出汇票；同一数额，或者说同一数额的汇票，有的时候就会这样旅行两三次以上，债务银行总是要支付全部累积数额的利息以及佣金。即便是那些从来不曾以过分不谨慎著称的银行，有的时候也只好使用这种招致毁灭的手段。

英格兰银行以及苏格兰各银行为续回在国内流通中无法使用的纸币而付出的金币，同理也无法在国内流通中使用，有的时候以金币的形式，有的时候熔成金块送往国外，有的时候熔化后按每盎司4镑的高价卖给英格兰银行。从所有的铸币中仔细挑选出来送往国外或者熔成金块的，是那一些最新、最重、最好的铸币。在国内，当其保持铸币形态的时候，重币并不比轻币更有价值。但是在国外，还有在本国熔化的时候，重币就更加有价值。英格兰银行即使年年大量铸币，却惊奇地发现，每年的铸币缺乏还是和前一年一样；每年虽然有大量的良好新币从银行发行，铸币的状况并不是变得一年要比一年更好，而是变得一年更要比一年坏。每年他们都发现只好铸造和头一年同样数量的金币；因为金块价格的不断上升，还有铸币的不断磨损以及剪铰，每年大量铸造的开支就会变得一年比一年大。需要指出，英格兰银行为了给自己的金柜供应铸币，也只好间接地为整个联合王国供应铸币，铸币是常常以各种方式从所有的银行的金柜中流出的。所以，为苏格兰以及英格兰纸币的过度发行提供支持所必需的铸币，它造成的王国铸币的匮乏，英格兰银行均只好供应。苏格兰各个银行为自己的不谨慎不小心付出了昂贵的代价。不过英格兰银行不仅仅是为了自己的不谨慎，并且也是为几乎所有苏格兰银行的更加大得多的不谨慎付出了十分高昂的代价。

联合王国两个地区的某一些大胆设计家的过度贸易，是造成纸币超额流通的最初的原因。

银行能够适当地向一个商人或者任何一种经营者垫支的，并不是他从事贸易的全部资本，甚至也不是这种资本的大多数；只是他保持不用、作为应付不时之需的那一部分现款。假如银行垫支的纸币从来不超过这个价值，它就绝不可能超过在并没有纸币的时候肯定在国内流通的金银币的价值，它绝对不可能超过国内流通所能容易吸收以及使用的数量。

当一个银行向一个商人贴现一张由真实债权人向真实债务人所开具的真实汇票的时候，这张汇票一到期就会由债务人真实支付，银行向他垫支的仅仅是他必须保留不用作为应付不时之需的现款的价值的一部分。汇票到期之后的兑付，就向银行补偿了垫支的价值，还有利息。假如银行只同这种顾客做生意，它的金柜就好像一个水池，即使有一股水流不断地流出，与此同时也有一股水流不断地流进，流量相互完全相等，所以，不需要额外的关心，或者注意，水池总是保持相等的或者接近相等的充满。不必要做出多少开支，甚至完全不需要做出开支，去补偿这家银行的金柜。

一个不从事过度贸易的商人，即便没有票据要贴现，也经常需要保持一定数量的现金。当一家银行除去贴现他的票据之外，还在这种场合为他开设现金账户，按照苏格兰银行业的宽松条件，接受他用随时出售货物获得的货币分期陆续偿还，这就完完全全免除了他保留一部分现款以应不时之需的必要性。当这种需要实际发生的时候，他用自己的现金账户就足以应付。但是，银行在同这种顾客往来的时候，应当非常留心地观察，看在短时期（比如四个月、五个月、六个月或者八个月）内，它通常收到的偿还数目是否和它通常垫支的数目完全相等。

假如在这样的短的时期内，某一些顾客的偿还数目在大部分场合以及银行垫付的数目完全相等，它就能够放心同这种顾客往来。在这样的场合，即使从银行金柜常常流出的水流量非常大，经常流入的水流量也最起码是同样大，因此，不必特别留心或者注意，金柜就会总是同等地或者接近同等地充满，不需要有任何额外的开支来补充它。相反，假如某一些顾客的偿还数额常常大大少于垫支数额，银行就无法放心同这种顾客来往，最起码是在这一些顾客继续这样行事的时候。这个时候从银行金柜不断流出的流量肯定大于不断流入的流量，如果不是用大量的继续不断的开支去补充，金柜不久就会完全枯竭。

所以，苏格兰各银行公司在长时间内就非常留神地要求它们所有顾客做经常的正规的偿还，而不愿意同任何不从事它们所称的经常性的正规作业的人往来，不管他的财产或者信用如何。因为这种留神，它们不仅仅几乎完全节省了补充金柜的特别开支，并且获得了两种非常大的好处。

第一，就能对于自己债务人的兴盛或者衰落状况做出某种大体判断，除去自己的账簿所可以提供的以外，不必要去寻找其他的证据；但凡事在大多数的时间内做正规的或者不正规的偿付的人，他的境况就是兴旺的或者衰落的。一个向半打或者一打债务人贷出自己的货币的私人，他自己或者他的代理人或许要经常地留神地观察他们每一个人的行为以及状况。不过一家银行公司也许为500个人贷款，注意力又常常为非常不同的目标所占据，除去自己账簿所能提供的之外，对于大多数债务人的行为不会获得经常的信息。在要求所有的顾客做经常的正规的偿还的时候，苏格兰各银行或许考虑到了这种好处。

第二，他们可以保证自己不发行超过国内流通所能吸收以及使用的纸币。当他们观察到在较短的时期内某一顾客在大多数场合的还款同向他垫支的数目完全相等的时候，就能够确信，垫支给他的纸币并没有超过他需要保留以应付不时之需的金银币数量，所以这样流通的纸币数量并没有超过在没有纸币的时候也会在国内流通的金银币数量。债务人还钱的经常性、正规性以及数额，足够表明垫支给他的数额并没有超过他否则就会保留不用、作为应付不时之需以使他的其余资本得以经常使用的现款数额。只是这部分资本在短时期内经常以货币的形式（纸币或者铸币）流到生意人的手中，又常常以同一形式从他手中流出。假如银行垫支的数目超过了他的这部分资本，在短时期内，他的一般偿还数目就不会等于对于他的一般垫支数目。经过他的交易经常流入银行金柜的水流量不会等于通过他的同一交易流出银行金柜的水流量。银行垫支的纸币，因为超过了在没有这种垫支的时候他会只好保留以应付不时之需的金银币数量，不久之后就会超过在并没有纸币的时候国内流通的全部金银币数量（假设商业状况不变），所以超过了国内流通所能容易吸收以及使用的数量，这种纸币超额不久之后就会回到银行兑换金银币。这第二种好处，即使同样是真实的，却不像第一种好处那样被苏格兰各银行公司所完全了解。

当一部分通过贴现票据的便利、一部分通过现金账户的便利，让任何一国的有信用的商人能免除保持部分资金不用、作为应付不时之需的现款的必要的时候，他们从银行以及银行家所能合理预期的帮助也就到尽头了，银行以及银行家走到了这步，从本身的利益以及安全着眼，也就不可以再向前走了。银行从自身的利益出发，不可以向一个商人垫支他所运用的全部或者大多数流动资本，因为，即使流动资本经常以货币形式回到他的手中而又以相同形式流出，全部回流和全部流出在时间上却相距太远了，在对于银行说来较为方便的这样短的时期内，他的偿还数目不会等于银行的垫支数目。银行更无法对于他垫支的大多数固定资本，比如，无法对于一个制铁厂的经营者垫支资本来建造他的铁厂、铁炉、工场、货仓、工人住宅等；无法对于一个矿山开采人垫付资本，来掘竖坑，建造抽水机、修筑道路、铺养轨道等；无法对于一个改良土地的经营者垫付资本，来进行清理、排水、圈围、施肥、开垦荒地、建造农舍还有其他所有的必要的附属物如畜舍、谷仓等。在几乎所有场合，固定资本的回收要比流动资本的回收慢得多；这样的开支，即便是以最大的谨慎以及最佳的判断做出的，也要经过很多年才能回到经营者手中，这种时期太过长久了，对于银行非常不方便。商人以及其他的经营者无疑可以非常适当地利用借款来实施他们的大部分规划。

但是，为了对于他们的债权人公平起见，他们在这样的场合，自有的资本应该足以保证（假如我可以这样说的话）债权人的资本，即是说，即便计划的成功远远不及设计人的预想，也要使这一些债权人极其不会受到丝毫损失。即便如此防备，要等到几年之后才能偿还的借款，依然不应向银行借用，而应以债券或者抵押的方式向私人借用：他们靠自己的货币利息为生，不愿自己任劳去运用资本，所以他们愿意向有良好信用的人贷款，任其几年不偿还。当然，一家不必开立债券或者进行抵押、不必缴纳印花税或者支付律师费而贷放货币的银行，一家按照苏格兰银行业的宽松条件接受还款的银行，无疑是上述商人以及经营者的十分方便的债权人。不过对于这种银行来说，他们却必定不是最为方便的债务人。

从苏格兰的各家银行公司发行的纸币完全等于或者说略微超过国内流通可能容易吸收或者运用的水平以来，到现在已有25年以上了。所以，这一些公司很久之前就给予了苏格兰商人还有其他经营者以充分的帮助，这是银行以及银行家依据他们自己的利益所可以做到的。他们已然略微营业过度，让自己遭受了损失，或者说最起码是减少了利润，这是在这种具体业务当中只要略有贸易过度就无法避免的事情。这些商人以及其他经营者已从银行以及银行家获得这么多帮助，却仍然想获得更多。他们好像认为，银行能够按照他们的需要发放任何的数量的信贷，除去几张纸以外，不必负担任何开支。他们抱怨银行董事们眼界狭小以及精神怯懦，并没有依照他们所谓国家贸易扩张的比例对于他们发放贷款，意思毫无疑问，并没有支持他们去将自己的计划扩大到自有资本或者按通常的债券或者抵押方式向私人获得的信贷所能支持的范围以外。他们好像认为，银行真正有义务去提供他们想要用来从事贸易的全部资本，填补所有的空缺。但是银行的意见截然不同，因为它们拒绝扩大信贷，所以有一些商人想出了一种办法，在一段时间内达到了他们的目的，即使代价非常大，却和银行极度扩张信贷一样有效。这种办法就是众所周知的循环出票筹资法或者对开汇票；每当不幸的商人濒临破产边缘的时候，就采用这种办法。用这种方式筹集资金在英格兰早有所闻，在最近的一次战争中，当贸易的高额利润为贸易过度提供了巨大引诱的时候，听说进行的规模非常大。它从英格兰传播到苏格兰，因为苏格兰的商业十分有限，资本也十分有限，因此不久就以比在英格兰更大的规模来进行。

循环出票筹资的方法是所有商人都熟知的，也许有人认为没必要再加以说明。不过由于本书可能落到非常多并非商人的人手中，由于即便是商人自己一般或许也不懂得这种做法对于银行贸易的影响，所以我将竭尽全力明白地予以说明。

欧洲的野蛮法律并不强迫执行商人的合同，这个时候形成的商人习惯在过去两个世纪中已经被纳入所有欧洲国家的法律，这种习惯让汇票具有这样的特权：用汇票借款要比用任何其他借据更加容易，特别是期限不多于两三个月的短期汇票。假如汇票到期，承兑人见票之后不立即付款，他即变成破产人。汇票被拒付后立刻回到出票人手中，假如他不立即付款，他也变成破产人。假如汇票在落到持票人手中之前，曾经过其他的几个人之手，他们或者用来借款，或者用来购货，都曾做出背书（在汇票背面签署自己的名字）这一些背书人同样承担承兑汇票的义务，假如有人无法付款，他也立刻成为破产人。即使出票人、承兑人、背书人的信用全都有问题，然而期限之短依然给予持票人以某种安全感。即使他们全都可能变成破产人，不过也不见得在这样短的时间内他们全都会破产。一个疲惫的旅行者自言自语说，这房子已然倾斜，不会维持太久了，不过它今晚也不见得就会倒塌，所以我要冒这个险，今晚睡在这里。

假设，爱丁堡的商人A对于伦敦的商人B开出一张汇票，需要付款若干，期限是两个月。事实上伦敦B并不亏欠爱丁堡A的钱，不过他同意承兑A的汇票，条件是在汇票到期之前，他向A开出另外一张汇票，数目相当，外加利息以及佣金，期限同样是两个月。所以，在头两个月期满之前，伦敦B向爱丁堡A重新开了一张汇票，A在第二个两个月到期之前，再向伦敦B开具第二张汇票，期限依然是两个月，在第三个两个月到期之前，B再向A开出汇票，期限还是两个月。这种做法有的时候并不是进行几个月，而是连着几年，汇票总是回到爱丁堡A的手里，所有之前汇票的利息以及佣金都积累在一起。利息是每年5%，佣金每次开票最起码为0.5%。佣金每年重复六次之上，A用这种办法筹集的货币要付出每年8%的代价，当佣金价格上涨的时候，他对于之前汇票的利息以及佣金只好付出复利的时候，代价更为高昂。这种办法称作循环出票筹资法。

在一个大多数商业计划的资本普通利润假设为6%至10%的国家，其收益既能偿还费用如此巨额的借款，又可以为计划人提供巨大超额利润的，那肯定是一种十分幸运的投机事业。但是，仍然有非常多巨大的广泛的计划在进行，一连几年除了用这种昂贵办法筹集的资金之外，并没有其他的基金的支持。计划人在他们的美梦中对于这种巨大利润无疑是具有最清晰的幻象的。不过当他们醒来的时候，或者是在计划实行之末，或者是在计划无法再进行下去的时候，他们很少人能有看到这样的利润的好运气。

爱丁堡A向伦敦B开具的汇票，经常由A在到期前两个月持往爱丁堡的某家银行或者某个银行家处贴现；伦敦B向爱丁堡A重新开的汇票，也常常由B持往英格兰银行或者伦敦的某一些其他银行家处贴现。对于这种循环汇票垫支的款项，在爱丁堡是用苏格兰各银行的纸币垫支的；在伦敦，当它在英格兰银行贴现的时候，是用该行的纸币垫支的。即使这一些用纸币垫支的汇票，在到期之后均立即获得偿还，对于第一张汇票实际垫支的价值从来并没有事实上回到垫支银行的手中，由于在每一张汇票到期之前，总是开具了另外一张汇票，其数额要比即将到期的汇票数额略微大；并没有这第二张汇票的贴现，第一张汇票就不会兑付。所以，这种兑付完完全全是虚假的。通过这样的循环汇票，从银行金柜当中流出的货币，只要流出就永远不会真正地流回。

在这种循环汇票中发行的纸币数额，在许多场合，等于预定用于农业、商业或者制造业方面某一些大规模的广泛的计划的所有基金，而不仅仅是等于在并没有纸币的时候计划人只好保留不用，作为不时之需的那一部分现款。所以，这种纸币的大多数超过了在并没有纸币的时候国内可能流通的金银币的价值。因此它超过了国内流通容易吸收以及使用的限度，会立刻回到银行请求兑换金银币，银行必须尽力地去寻找这种货币。这样的资本是计划人挖空心思从银行提取的，不仅仅银行不知道或者说并没有明确地同意，并且在一些时候，它们或许根本并没有意识到自己曾真正垫支了这笔钱。

当两个常常彼此开汇票的人总是向同一个银行家贴现他们的汇票的时候，这位银行家肯定会立即发现他们是在干什么，清楚地看到他们并不是在用自己的资本做生意，而是在用他所垫支给他们的资本做生意。不过这种发现并不是非常容易的，因为他们有的时候向一个银行家，有的时候向另一个银行家贴现他们的票据；有的时候相同的两个人并不总是开汇票，而是偶尔向一群设计人轮流开具汇票，这一些人发现在这样的筹资方法中彼此帮助是于自身有利的，所以使得尽可能难于识别真实的以及虚假的汇票，也就是难于识别由真实债权人向真实债务人开出的汇票，以及并没有真实债权人而仅仅有贴现它的银行、并没有真实债务人而只有用钱的设计人的那种汇票。即便一个银行家有了这种发现，有的时候也是为时过晚，发觉他向这一些计划人贴现票据的数额已经这样巨大，假如拒绝再贴现，肯定会使他们全都破产，灭亡了他们，也或许毁灭他自己。所以，为了他自己的利益以及安全，他或许觉得在这种十分危险的情况下，必须先继续贴现一段时间，然后慢慢离开，使贴现变得一天比一天更为困难，希望迫使这一些计划人渐渐去找其他的银行家贴现，或者是用其他的方法筹集资金，从而让自己尽快摆脱这种圈套。所以，英格兰银行家、伦敦的各个大银行家，甚至苏格兰的较为谨慎的银行在经过一定的时间以后，当他们全都已经走得太过远的时候，开始在贴现方面设置阻碍，这不仅仅使这一些计划人感到吃惊，并且非常愤怒。他们自己的困难无疑是由银行方面的这种谨慎的以及必要的保留态度直接造成的，他们称作国家的困难，他们说国家的这一种困难，完全是因为银行的无知、胆怯以及恶劣行为，银行对于这一些竭力要使国家美化、改进以及富裕的人们的勇敢进取的事业并没有给予足够慷慨的援助。他们好像认为，银行有责任依照他们的愿望发放贷款，时间尽可能长，数目尽可能大。但是银行方面拒绝按照这种方式给予他们更多的信用，过去已然给予他们太多了，采取了现在为了挽救他们自己的信用以及国家的公共信用唯一可行的方法。

在这种喧嚣以及困难中，一家新的银行在苏格兰建立了，其公开的目的就是解救国家的困难。这个是慷慨大方的，但是执行是非常不慎重的，对于它所要解救的困难的性质以及原因或许并不真正理解。这家银行在开设现金账户以及贴现汇票方面要比之前的任何银行更为宽大。在贴现汇票的方面，它好像非常少区别真实汇票以及循环汇票，而是一律都贴现。这家银行明白的宗旨是，只要有确定的保证，对于回收最慢最远的一切改良（比如土地改良）所使用的全部资本均予垫支。甚至说，促进这样的改良是设立这家银行的主要爱国目标。通过对于开设现金账户以及贴现汇票的慷慨，这家银行无疑发行了自己的大量银行券。这种银行券大多数超过了国内流通所能吸收以及使用的限度，一经发行就立刻回到银行请求兑换金银币。它的金柜从不曾注满。它在两次招股的时候募集的资本共16万镑，仅仅付进了80%。这个数额应该分几期缴纳。大部分的股东在缴纳第一期资本后，也就是在银行开设现金账户，银行董事们认为对待自己的股东也应像对待其他人一样一视同仁，就让他们中的很多人通过这种现金账户去缴纳之后各期的股金。

所以，这种支付仅仅是把从银行一个金柜取出的钱送进另外一个金柜。不过即便这家银行的金柜本来是注满的，它的过度发行也肯定使之非常快耗竭，除采取向伦敦开出汇票这种毁灭性的办法外，并没有任何其他的补充金柜的办法，汇票到期的时候，连同利息以及佣金，就再向伦敦开具汇票支付。它的金柜本来非常不满，听说在银行开业后的短短几个月内，就采用这种办法。这家银行的股东们的地产价值几百万镑，经过他们的认购银行原始债券或者合同，他们事实上保证了银行的一切债务。因为这种巨额担保肯定提供了巨大信用，这家银行尽管行为太过宽大，也能让营业维持到两年以上。当它只好停业的时候，在流通中它的银行券大约为20万镑。这一些银行券只要发行，立刻回来兑现，为了维持它的流通，银行采用不断向伦敦开出汇票的方法，汇票的数目以及价值不断增长，当银行停业的时候，共达60万镑以上。所以，这家银行在两年多的时间内，向不同的人垫付了80万镑以上，收取了5%的利息。就它发行的20万镑纸币来说，5%的利息或许可以算做纯收益，除去管理费以外不必做任何的其他扣除。就它不断地向伦敦开出的60万镑以上的汇票来说，付出的利息以及佣金共为8%以上，所以其所有的业务的3/4以上损失超过 3%。

这家银行的运作产生的结果，似乎和银行的创办以及领导人士的意图完全相反。他们的意图好像是要支持当时在全国各地进行的他们所谓的勇敢进取的事业，同时把所有的银行业务集中到自己手中，取代所有其他苏格兰银行，特别是设在爱丁堡的那一些银行，这一些银行在贴现汇票方面的迟缓激怒了他们。这家银行无疑给予了这一些计划人一些暂时的解救，使他们可以将计划多实行了大约两年的时间。但它仅仅是使他们更为债台高筑，因此只要倒闭，计划人以及他们的债权人所受到的打击就更为沉重。所以，这家银行的运转，并不是解救了，而是实际上在长的时期内加重了这一些计划人给他们自己以及国家带来的困难；假如他们的大多数人被迫在两年之前就停止营业，那对于他们自己、对于他们的债权人、对于他们的国家就要好得多。但是，这家银行对于这一些计划人提供的暂时救济，对于苏格兰的其他银行来说，反而是一种真实的永久的救济。所有循环汇票交易人——其他的苏格兰银行在贴现这一些汇票的时候变得这样迟缓——现在都涌向这个新银行。所以，其他银行得以非常轻易地走出恶性循环，他们有的承担巨额损失、有的甚至在某种程度上破坏自己的信誉，原本是难于摆脱困境的。

由此可见，从长期来看，这家银行的运作在事实上增加了它所要挽救的国家困难，有效地解决了它所要取代的竞争对手的一项非常重大的困难。

在这家银行初次设立的时候，有一些人的建议是，不管它的金柜会空竭得如何快，它总可以用债务人提供的担保金来筹集资金予以补充。我确信，不久就会让他们深信，这种筹资方法太过缓慢，无法达到他们的目的；金柜原本就并没有注满，空竭得又这样迅速，除去向伦敦开出汇票这种毁灭性的办法之外，别无良策能够去补充它；当汇票到期的时候，就再向伦敦开具汇票去兑付，使得利息以及佣金积累起来。不过，即便用这种筹资方法能够使他们非常快达地达到目的，也不会获得利润，只是在每次作业中不可避免地遭受损失，因此从长期来看，肯定使作为一个营利公司的银行受到毁灭，尽管不像采用一再开出汇票那种费钱方法那么快。他们依然无法从纸币的利息捞到什么，由于纸币超过了国内流通所能吸收以及使用的限度，一经发行就会送回兑现，为能应付兑现，他们自己只好经常借款。相反，这种借款的所有的开支，如雇佣代理人去寻找有钱出借的人，和这些人进行谈判，书写债券或者订立合同等等，肯定落在他们身上，在他们的损益计算书上是一笔完全的损失。这种补充金柜的计划可以以这样一个人的处境相比较：他拥有一个水池，水流不断地流出，并没有不断流入的水流，所以他提出一个使水池常常充满的办法，就是雇佣若干人经常去到若干英里以外的水井用水桶打水，希望用来补充它。

但是，即便这种筹资办法对于作为一家营利公司的银行切实可行，并且有利可图，国家也不会从中获得什么好处，并且相反，一定会因为它遭受非常大的损失。这种办法丝毫无法增加可以贷出的货币数量。它只可以使这家银行变成全国的总贷款所。所有的想要借款的人都必须向这一家银行申请，不再向之前贷款给他们的私人申请，一家银行或许要向500个人贷款，其中大多数人是银行董事们所不熟悉的，比起一个仅仅向少数几个熟人贷款、觉得他们的审慎以及俭朴的行为有理由值得信任的私人来，在选择债务人方面不会更为明智。这样一家银行（它的行为我已经略加描述）的债务人大部分可能是幻想的计划人，是循环汇票的一而再、再而三的出票人，他们会将钱用在奢侈浪费的事业上，即使给予了他们所有的可能的帮助，他们或许也无法完成这种事业；即便完成了，也无法偿还他们的实际成本，更不可以提供一种基金，使所能够维持的劳动数量和花在它们上面的劳动数量相等。相反，私人贷款人审慎的以及俭朴的债务人更有可能运用所借的钱于审慎的事业，这一些事业即使并不是那么宏大而惊人，却是更为稳健以及有利可图，不仅仅能偿还开支，带来巨额利润，并且会提供一种基金，可以维持要比花在它们上面的劳动量多得多的劳动量。所以，这种办法的成功不会丝毫增多国家的资本，而只是把大多数的资本从审慎的有利可图的事业转移到不审慎的无利可图的事业中去。

著名的劳先生的建议是，苏格兰劳动的凋萎是因为缺乏货币去雇佣它。他设想；设立一家特别的银行，发行和全国土地价值相当的纸币，能够挽救货币的缺乏。当他首次提出这个计划的时候，苏格兰议会觉得不适于采纳。后来由奥尔良公爵——那个时候的法兰西摄政予以采用，略微修正。有可能将纸币量几近增多到无限大的思想，是所谓的密西西比计划的真实基础，这是世界上前所未闻的有关银行业以及股票买卖的最为狂妄的计划。这一计划的各种运作已经由杜维纳先生的《杜托先生的商业和金融的政治评论的考察》一书做了详尽明晰的论述，我不会再赘述。它所根据的原理已经由劳先生自己说明，他在首次提出自己的计划的时候就在苏格兰刊行了一本关于货币和贸易的书。在这本书还有某一些其他著作中关于这一原理的宏伟而空幻的论述，迄今依然使得许多人深印脑海，或许部分地导致了银行业的经营并没有节制，这是近期在苏格兰以及其他地方人们所抱怨的。

英格兰银行是欧洲最大的流通银行。它是依照议会的一项法律、依据盖有大印玺的特许状，在1694年7月27日建立的。它在那个时候向政府垫支了120万镑，每一年从政府领取10万镑，其中的96000镑作为每一年的利息，利率是8%，4000镑作为每一年的管理费用。我们能够相信，由革命建立的新政府信用还是非常低的，它只好用这样高的利息来借款。

1697年该行被容许增资1001171镑10先令来扩大资本。所以，这个时候它的总资本一共达到2201171镑10先令。这项增资听说是为了维持国家信用。1696年国库券以40%、50%以及60%的折扣发行，银行券以20%的折扣发行。那个时候正在进行银币大改铸，该行认为暂时停止它的银行券兑现是合适的，这肯定会影响这一些银行券的信用。

依照安妮女王第7年的第7号法律，银行为国库垫付了400000镑，总计垫支1600000镑，仍然按原来的定额向国家每一年领取96000镑利息以及4000镑管理费。由此可见，1708年政府的信用以及私人一样好，因为它能够按6%的利息借债，这是那个时候普通的法定以及市场利率。遵照同一项法律，银行买入了17750271镑17先令10便士的财政部证券，利率是6%，与此同时被允许招入股，让资本增加一倍。所以，1708年银行资本一共达4402343镑，向政府共垫付3375027镑17先令10便士。1709年银行催收15%的股款，一共缴入股金656204镑1先令9便士；1710年再次催收10%的股款，缴入股金501448镑 12先令11便士。所以，经过这两次催收，银行资本一共达到 5559995镑14先令8便士。

依照乔治一世第3年的第8号法律，银行吃进了200万镑财政部证券。这个时候银行共已经向政府垫支5375027镑17先令10便士。依照乔治一世第8年的第21号法律，银行买进了南海公司的股票400万镑；1722年，为能使它能进行这项购买而招股，银行资本增多了340万镑。所以，这个时候银行已经向国家垫支19375027镑17先令10便士；而它的资本总额只有8959995镑14先令8便士。所以，银行向国家垫付并获取利息的数额，开始多于它的资本总额，换句话说，银行的不付股息的资本开始多于它的付股息的资本。从此以后，它一直保有这样的不付股息的资本。1746年，银行有几次一共向国家垫付11686800镑，它的付股息的资本经过几次催收以及招股，一共达到10780000镑。之后，这两项的数目一直保持不变，依照乔治三世第4年的第 25号法律，银行同意向政府支付110000镑，不算利息，不求偿还，作为特许状更新的费用，所以不增加以上的两项数额。

银行支付股息的改变，随它就向政府垫支的款项在不同的时期收取的利息的变化还有其他情况为转移。这种利率已经从8%逐步下降至3%。近年来银行支付的股息为5.5%。

只要英格兰政府处于稳定，英格兰银行同时就稳定。只要它向国家垫付的全部款项不受到损失，它的债权人也就不会遭受任何的损失。在英格兰并没有第二家银行是由议会的立法去建立，能有六个股东。它不仅仅是作为一家普通银行来行动，而是作为一个非常大的国家机关来行动。它接受以及支付每年应向国家债权人支付的利息，它发行了财政部证券，它向政府垫支每年的土地税以及麦芽税，这一些税收常常要等几年之后才能付清。在这些业务中，它对于国家承担的责任有的时候迫使它发行超过流通需要的纸币，而这并不是因为它的董事们的过错。它同时还贴现商人票据，有几次还需要支持英格兰的、汉堡以及荷兰的主要行号的信用。有一次，是在1763年，听说它在一星期中为此垫支了大概160镑，大多数是用金块。但是，数额如此之大，时间如此之短，我是不敢保证它的真实性的。在其他场合，这家大公司落到只好用6便士的货币去做支付。

银行业的最为明智的运用之所以可以增进国家的产业，并不是因为它能增加国家的资本，而是因为它能将大多数资本变成积极的以及生产性的资本。商人只好保持不用、作为应付不时之需的现款的那部分资本是死资本，只要它继续处在这种状况，它就不可以为他自己以及他的国家生产什么东西。银行业的明智的运作，可以使他将这种死资本转化为积极的生产性的资本，也就是变成可以制作的原料、用来从事制作的工具、维持制作的食物以及生活资料，变成能为他自己以及他的国家生产一些东西的资金。在一国流通的货币，能使它的土地以及劳动的年产物流通并且分配到真正消费者手中，但是也好像商人手中的现款一样，全部都是死资财。它是国家资本的十分有价值的部分，但是无法为国家生产什么东西。银行业的明智的运作，用纸币去代替大多数的金银币，可以使国家把这种死资本的大多数变成积极的生产性的资本，转化为能给国家生产一些东西的资本：一国流通的金银币能够十分恰当地比作一条公路，它可以使国内生产的全部草料以及谷物进行流通并且进入市场，自己却无法生产一堆草料以及谷物。银行业的明智运作，可以提供一种空中轨道（假如我可以这样夸张地比喻的话），令国家能将它的大多数公路变成良好的牧场以及谷地，从而大大增加它的土地以及劳动的年产物。但是，需要承认，国家的工商业即使能因而略有增加，当它们悬在纸币这种错综复杂的双翼之上的时候，是不及在金银币这种坚实的地面之上旅行那样安全的。它们除去遭遇由于这种纸币的操作者的笨拙所造成的各种意外事故以外，还会遭受到其他几种意外事故，无论这一些操作者如何谨慎以及熟练，都是无法避免的。

比如，在一次战争当中失败，敌人占领了首都，攫取了支持纸币信用的财宝，在全部流通使用纸币的国家会要比在大多数流通使用金银币的国家造成更大的混乱，平常的商业工具失去了它的价值，除去物物交换以及赊购以外，无法进行其他的交易。全部税收通常都是用纸币缴纳的，现在君主没法支付军队的薪饷，无法维持其军火库，比起大多数流通使用金银币的情况来，国家处于更为不可收拾的境地。一个渴望使自己的国土随时处在极其容易捍卫的状态的君主，不仅仅应该严防纸币的发行过多令发行银行本身遭受毁灭，并且应该严防纸币发行过多使之能充斥国家的大多数流通渠道。

每一个国家的流通能够分成两部分：商人中间的流通、商人以及消费者之间的流通。即使同一货币，不论为纸币或者金属币，可以有的时候使用于前一种流通，有的时候使用于后一种流通，但是因两种流通经常在同时进行，所以每种流通都需要有一定数量的这种或者那种货币来进行。商人中间流通的货物的价值，绝对不可能超过商人和消费者之间流通的货物的价值，但凡商人购入的东西，最终均是用来向消费者售出的。商人中间的流通一般通过批发来运作，因此每笔交易要求有数量非常大的货币。相反，商人和消费者之间的交易一般情况通过零售来进行，仅仅要求小量的货币，经常一先令甚至半便士就足够了。不过小额流通要比大额流通更快。一先令要比一基尼更加经常改变主人，半便士又要比一先令更经常改变主人。因此，即使消费者每年的购买在价值上最起码等于商人每年的购买，一般却能用较小量的货币去进行交易；同一货币通过较为迅速的流通，作为消费者购买工具的次数要比作为商人购买工具的次数更多。

纸币的使用可以规定为仅仅限于商人之间的流通，也可以推广到商人和消费者之间的大多数流通。当不发行十镑之下的银行券的时候，就像在伦敦那样，纸币就仅仅限于商人之间的流通。当消费者收到一张10镑的银行券的时候，他一般就只得在购买5先令货物的第一家商店去兑换它，因此在消费者花费这一货币之前，它经常就回到了一个商人手中。当发行的银行券小到20先令的时候，比如在苏格兰那样，纸币就推广到商人和消费者之间的大多数流通。在议会法律停止10先令以及5先令的银行券流通之前，纸币充斥这样流通的部分更大。在北美的通货当中，普通的发行小到1先令的纸币，因此纸币几乎充斥了商人和消费者间的所有的流通。约克郡的纸币甚至有小到6便士的。

在允许这种普通小额银行券的地方，非常多的普通人，也可以并被鼓励去变成银行家。一个人的五镑的甚至是20先令的本票会被每一个人拒绝接受，但是如其以6便士的小额发行，就会让它被毫不犹豫地接受。不过这种乞丐般的银行家经常不免破产，这就给非常多在支付中接受了这样的纸券的穷人造成了非常大的不便，有的时候甚至是极大的灾难。

在王国的任何的地区不发行面额小于5镑的银行券，或许更好一些。所以纸币在王国的每一个地区仅限于在商人之间流通，像现在伦敦那样，并不发行10镑以下的银行券；在王国的大多数地区，5镑即使只能购到10镑一半的货物，却依然被看作和伦敦阔人心目中的十镑同等重要，并且，极少一次花费那么多。

应该指出，当纸币仅仅限于在商人之间流通的时候，就像在伦敦那样，就总是会有充分的金银币。当纸币推广到商人和消费者间的大多数流通的时候，像在苏格兰那样，特别是像在北美那样，它就会在国内几乎完全排斥金银币；国内商业的普通交易几乎全部用纸币进行。苏格兰禁止10先令以及5先令的银行券发行，稍微缓解了金银币的稀缺；假如禁止发行20先令的银行券，可能会获得更大的缓解。自从禁止他们的某一些纸币发行以来，听说美洲的金银币变得较为充足。在发行纸币之前，听说他们的金银币也较为充足。

即使纸币应该限于商人之间的流通，不过银行以及银行家仍然能给予国家工商业以相同的援助，也像在纸币几乎充斥全部流通的时候他们所做的那样。商人只好保持以应付不时之需的现款，完全是用来在他自己以及他从而购货的其他商人中间流通的。他不必保留现款用于他和消费者之间的流通，消费者是其顾客，就会给他带来现款，而不会向他取去现款。即使除了限于商人之间流通的数额之外不发行任何的纸币，不过部分得通过贴现真实的汇票，部分得通过开设现金账户贷款，银行以及银行家仍然可能解救这一些商人的大多数困难，使之不必保留大多数资财不用、作为应付不时之需的现款。银行以及银行家仍然可以给予他们所能够正当地向各种商人提供的最大的援助。

或许有人主张说，禁止私人在支付当中接受一个银行家的数额无论大小的本票，而他们自己则愿意接受，或者是禁止一个银行家发行如此的票据，而所有的他的邻人都愿意接受，这非常明显侵犯了天然自由，法律的本职并不是去侵犯这种自由，而是将它保护起来。这种法令在某一些方面无疑地可以被看作对于天然自由的侵犯。不过这种少数人的或许危害整个社会安全的天然自由却要由而且应当由政府的法律予以禁止，无论其为最自由的政府还是最为专制的政府。建筑界墙以防止火灾蔓延的义务是对于天然自由的侵犯，和这里所提议的银行贸易的规章完全相同。

一种由拥有坚实信用的人发行、不附带任何的条件可以随时兑现，而且在事实上总是一经请求立刻兑现的银行券所组成的纸币，从每一个方面来说，在价值上相当于金银币，由于它可以随时换成金银币。用这种纸币来买卖的东西，肯定和用金银币所能买卖的东西一样便宜。

有的人说，纸币的增加因为增加了所有的通货的数额，肯定减少它的价值，因此肯定会抬高商品的货币价格。不过由于在通货中取走的金银币数量总是相当于在通货中加进的纸币数量，纸币并不是永远会增加通货的数量。从上个世纪初到现在，苏格兰的食物价格并没有比在1759年更低廉的，即使自从五先令以及十先令的银行券流通以来，那个时候国内的纸币要比现在更多。苏格兰和英格兰的食物价格比例，现在和在苏格兰的银行增多之前完全相同。在大部分场合，谷物在英格兰以及在法国同样便宜，即使在英格兰有大量的纸币，而在法国则非常少有纸币。在1751年以及1752年，当休谟先生发行他的《政治论文集》的时候，还有在苏格兰纸币大量发行之后不久，食物价格明显地上升，可能是由于天气恶劣，而并不是因为纸币充斥。

不过由这样一种本票组成的纸币，情况确实就会不同：从任何的方面来说，它的立刻兑现，或者是随发行人的有无诚意为转移，或者是依存于持票人并不总是有力量去满足的条件；或者是要经过若干年后才能兑现，在这个时期并不支付利息。这样一种纸币无疑会或多或少落到金银币的价值以下，依照获得立即兑现的困难性或者不确定性的大小而定，或者依获得兑现的时间的长短而定。

若干年之前苏格兰各银行公司的做法是，在它们的银行券中插入一个它们所称的“任选条款”：它们允许向持票人用两种办法兑现，或者是见票后立刻兑付，或者是由董事们任意选择，见票之后6个月再行兑付，连同所说6个月的法定的利息。有一些银行的董事们利用这种任选条款，有的时候威胁要求以大量银行券兑换金银币的人，说除非持票人满足于仅仅兑换一部分银行券，不然他们就要利用任选条款。那个时候这一些苏格兰银行的本票构成苏格兰通货的绝大多数，这种兑现的不确定性肯定使之降到金银币的价值以下。在这种条款存在的时候（它主要盛行于1762年、1763年以及1764年），伦敦和卡莱尔之间实行平价汇兑，伦敦和邓弗里斯之间的汇兑有的时候却要由邓弗里斯贴水4%，即使这个城市距离卡莱尔不到30英里。就在卡莱尔，本票用金银币兑付，而在邓弗里斯，则用苏格兰银行券兑付，银行券兑换金银币的不确定性让它要比金银币的价值低4%。禁止10先令以及5先令铝行券流通的那项议会法律，与此同时也禁止这种任选条款，从而使英格兰和苏格兰之间的汇兑回到它的自然汇率，也就是由贸易以及汇兑情况自然形成的汇率。

在约克郡的纸币当中，小到6便士的兑现也需要持票人积满一基尼才可以向发行人提出，这种条件是持票人经常难以满足的，一定会让这种通货下降到金银币的价值以下。所以，一项议会法律宣布所有的这类条款都是非法的，并且像在苏格兰那样，禁止发行20先令之下向持票人支付的所有的本票。

北美的纸币并不是持票人随时可以请求兑现的银行券，而是政府发行的纸票，要在发行之后经过若干年才可以兑现。各殖民地政府即使不对于持票人支付利息，却宣布它是，而且在事实上也让它成为法定货币，按照面额价值支付一切债务。不过，即使殖民地的安全是非常有保障的，比如，100镑在15年之后兑换的纸币，在年利率是6%的国家，所值只是40镑现款。所以，强迫债权人接受这张纸币当作实际付出了100镑现款的债务清偿，是一种非常不公平的行为，或许是任何国家以自由相标榜的政府非常少去尝试的。这显然像诚实而坦率的道格拉斯博士所说的那样，是不诚实的债务人欺诈他们的债权人的勾当。宾夕法尼亚政府确实在1722年首次发行纸币的时候，想要使他们的纸币与金银币早有同等价值，通过立法的规定，对于出售货物的时候对于殖民地纸币以及金银币支付在价格上区别对待的人加以惩罚，这种规定一样是暴虐的，而且无法达到它的本来目的。一种成文法能够使1先令在法律上相当于1基尼，由于它可以指使法院在债务人提出1先令的时候就免除他1基尼的债务。不过一项成文法并不能够迫使一个出售货物的人，他可以随意出售或者不出售，去接受1先令作为1基尼来支付他的货价。即使有这一类的规定，和大不列颠之间的汇兑，100英镑在某一些殖民地觉得等于130镑，在其他的殖民地则被认为相当于1100镑，这种差别是因为各殖民地发行的纸币数量不同还有最终兑现条件的时间远近以及可能性大小不相同引起的。

所以，并没有一种法律能比得上议会的这种立法更为公平：它宣布，在未来发行的一切纸币，都不可以作为支付上的法定货币，这项法律在各个殖民地受到不公正的指责。

宾夕法尼亚在发行纸币的时候总是要比我国任何其他殖民地更加谨慎。所以，它的纸币听说从未落到发行纸币之前在该殖民地流通的金银币价值以下。在发行纸币之前，该殖民地提升了铸币的单位名称，通过议会的立法，规定英币5先令在这个殖民地等于6先令3便士，之后又规定等于6先令8便士。所以，殖民地通货1镑要比英币1镑的价值低3%以上，当这样的通货变成纸币的时候，贬值极少大大超过30%。提升铸币单位名称的理由，是使等量金属在殖民地要比在母国的货币数量更大，来防止金银币输出。但是，后来发现母国所有的货物价格的提高，和铸币单位名称的提高比例完全是一样，而金银币也以及从前一样迅速输出。

每一个殖民地的纸币可以用来按面额缴纳主要赋税，这就肯定使它增添一些价值，超过被认为的要在非常久以后才能兑换的时候的时值。这种增添价值的多少，随着发行的纸币超时可以用来纳税的数额的多少而定：在所有殖民地，都大大地超过了这个数额。

一位君主假如用法律规定，他的税收的某一些部分必须用某种纸币缴纳，或许会给予这种纸币一定的价值，即便它的最后兑现期限完全依赖于他的意志。假如发行这种纸币的银行谨慎使发行量总是略低于这种用途，对于它的需求甚至可能给它带来升水，也就是在市场上出售的时候所得的金银币要比它票面上所标志的略多。有一些人就这样来解释阿姆斯特丹银行的纸币升水，或者银行券对于铸币的优越性；即使他们认为这种银行货币不可以由所有人随意携出银行。大多数的外国汇票必须用银行货币支付，也就是通过银行账户划拨，他们说银行董事们总是让银行货币低于这种用途所要求的数量。因为这个原因，银行货币出售的时候获得升水，也就是要比国内流通的金银币的价值高出4%或者5%。但是，之后可以看到，阿姆斯特丹银行的这种账户在非常大程度上是虚幻的。

纸币价值跌落到金银币的价值之下，并不会由此降低金银币的价值，或者使等量金银币所交换的任何的其他货物数量变小。金银币价值和他种货物价值的比例，在所有的场合，并不是依存于国内流通的某种纸币的性质或者数量，而是依存于在特定的时刻向商业世界广大市场供应金银的矿山的丰瘠。它依赖于将一定量的金银送到市场所必要的劳动量和将一定量的其他货物送往市场所必需的劳动量之间的比例。

假如银行家被禁止发行一定数目以下的流通银行券或者凭票即付的票据，假如他们承担义务只要提出立即无条件地兑付这种银行券，则他们的营业就能够在其他方面任其完全自由而不会妨害公共安全：在联合王国的两大地区最近的银行公司增多，这种事件让非常多人感到大为吃惊，事实上这不会降低而只能提高公共安全。这会让他们在行为方面更为慎重，所发纸币必须对于现金额保持恰当的比例，以防止这样众多的竞争者随时会给他们带来的恶意的挤兑，这样就把每家公司的流通限制在一个狭窄的圈子之内，让它们的流通银行减到非常小的数额。把整个的流通分为非常多的部分，任何一家公司的失败——这是在平常的情况下有的时候一定会发生的事故——对于公众的影响就较小：这种自由竞争也会强迫所有银行家在同顾客往来的时候更为宽大，不然他们的竞争者就会将顾客抢去。一般来说，假如任何商业部门或者任何劳动分工对于公众有利，则竞争越自由越普遍，就总是会越加对公众有利。

第三章　论资本积累或者生产性以及非生产性劳动

有种劳动加在一个物体上就能够增加其价值，另外一种劳动却并没有这种作用。前者因为它能够增加价值，能够称作生产性劳动，后者因为并没有这种作用，可以称为非生产性劳动。所以一个制造业工人的劳动常常把其维持生活的必需品的价值还有其雇主的利润的价值都加在他所加工的原料中。相反，一个仆人的劳动却不增加任何的价值。即使制造业工人的工资是由雇主预先支付，但是实际上他并没有花雇主的钱，其工资的价值通常和利润加入了劳动后增加了价值的物件中一并获得了回报。而一个仆人的生活费用则是永远无法回收的。一个人通过雇佣大量的制造业工人能够致富，而因为大量雇佣家丁能够变穷。

事实上，仆人的劳动也有他的价值，就像前一种劳动一样应该有其回报。不过制造业工人把他的劳动固定体现在某一个特定的物品或者可销售的商品上。在那个劳动消失之后，这个商品最起码还可继续存在一段时间。宛如它是把一定量的劳动储存起来贮藏起来，以备不时之需。那个物品，或者说也是同一回事，也就是那个物件的价格，假如需要的话，能够把原先生产它所投入的同等劳动日后再投入运转。反之，一个仆人的劳动就不会把自身固定或者体现在某一特定物品或者可销售的商品上。他的服务性劳动在他做事的那一瞬间常常也就消失了。身后很少有什么痕迹或者价值留下，并且可以用它来换取日后同等的服务性劳动。

生产性劳动者以及非生产性劳动者还有那一些全然不劳动的人，他们都一样是依赖这个国家的土堆，这一国家的劳动的年产物而生活。无论这个产物的产量有多大，但是它不会是无限的，它肯定有一定的限度。如此一来，因为每年的年产物肯定有部分用于维持非生产性人手的生活。用以维持非生产性人手的部分愈大，用以维持生产性人手的部分就肯定愈小，而来年的生产也会因之而变小。反之，用以维持非生产性人手的部分愈小，用以维持生产性部分就会愈大，而来年的生产也会因之而变大。除了土地上自然生产的物，都将是生产性劳动的成果。

虽然每一个国家的土地以及劳动整个年产物无疑是注定了要全部用以供给其居民消费，为他们获取的收入。但是不论它最初出自土地，还是出自于生产性劳动者的双手，它当然都要划分成两个部分。中间之一，并且常常是最大的一部分首先注定要用来归还资本，或者说，用以补充从资本中取出的食品、材料以及制成品。另外一部分用以作为原资本所有者的收入，当作他的资本的利润，或者给其他的某一些人作为地租。所以，作为土地的生产物，其中的一部分要用来补偿农场主的资本；另外一部分则要支付农场主的利润以及地主的地租。如此一来它就组成了两者的收入，资本拥有者的收入——当作他的资本的利润，以及另外某个人的收入——当作他的土地的地租。在一个大的制造厂里其产品以相同的方式进行分配。其中一部分，并且总是最大的一部分要归还经营者的资本。另外一部分则支付他的利润，这样也就组成这个资本的所有者的收入。

任何的一个国家中补偿资本的那部分的土地以及劳动的年产物从来就是直接用于维持生产性劳动者的生活的。它只用来支付生产性劳动的工资。直接用于构成利润或者地租的收入则既用于维持生产性劳动者的生活，也可以用于维持非生产性劳动者的生活。

任何人将其资本的某部分作为资本进行投资，总是指望可以回收并附有利润。因此，他只用于维持生产性人手的生活；在对于所有者起资本作用之后，又构成对于生产性劳动人手的收入。而他把其资本当中的任何部分用于任何一种非生产性人手的生活，那部分从投入的时候起就从其资本中撤了出来，而置于留下供直接消费的资本当中。

非生产性劳动者以及那一些全然不劳动的人都是依靠收入维生。首先，在年产物中原来指定为某一些人的收入的那部分，它或者作为他们的地租，或者作为他们的资本的利润。其次，即使原本指定仅为归还资本以及维持生产性劳动者的生活那部分，但是当它进入获得它的人们的手中的时候，维持他们必需生活以外的剩余部分或许会不分差别地用于维持生产性或者非生产性人手的生活。所以，不仅仅大的地主或者富裕商人，甚至一个普通工人，假如他的工资非常可观的话，他也或许会雇佣仆人。他有的时候也可能去看戏或者观看木偶剧，于是就把其工资的部分用于维持一班非生产性劳动者的生活了。他也或许交纳某种税收，这样他就帮助维持了另外一班人——诚然较为高尚以及有用的人——的生活。不过他们一样是非生产性人手。但是，原本注定要用以归还资本的那部分年产物，在它并没有把生产性劳动力充分地调动起来之前，或者说它在并没有把它可能调动的一切调动起来之前，它是不会去用以维持非生产性人手的生活的。一个工人需要在完成工作后才可以取得工资，然后他才可以以工资的一部分用于维持非生产性劳动者的生活。而这一部分常常也是非常小的一部分。这仅仅是收入的节余。这种节余，生产性劳动者大部分只有非常少。但是，他们常常有一些在交纳税收方面，因为他们人数非常大，在某种程度就可以弥补了他们个人纳税小的不足。所以，在任何的地方，地租以及资本利润都是非生产性人手维持生活的重要来源。这一些是资本所有者常常有余的两种收入。他们既可以用以维持生产性人手，也可以用以维持非生产性人手的生活。但是，他们似乎对于后者有所偏爱。一个大领主的费用通常用在养游手好闲的人的身上，要比用在维持勤劳的人的生活上还多一些。一个富裕的商人即使只用其资本维持勤劳人的生活，不过他的费用，也就是说他在他收入的使用上，他也就像大领主那样养了一些游手好闲的人。

所以，生产性人手以及非生产性人手之间的比例在每一个国家里在非常大程度上取决于下一比例，也就是来自土地或者来自生产性劳动者并预定用于归还资本的那一部分年产物以及预定用于归还地租或者利润的那一部分年产物中间的比例。这个比例在富裕国家和贫穷国家里有非常大的差别。

所以，当今在富裕的欧洲各个国家土地生产物的非常大多数，经常是其中最大的一部分是预定用于归还声誉以及独立的农场主的资本；余下的部分才用以支付他的利润以及地主的地租。在过去，在封建政府盛行的时候，产物的非常小的一部分已足以归还用于耕作的投资。它常常就是几头可怜的牲口，而它们吃的又全都是并没有耕种的土地上自然生长的东西。自然那一些东西也可当作是天然产物的一部分。它一般也都是属于地主，并且是由地主垫付给耕种土地的人的。而产物的其余的全部也完完全全地属于地主，或者作为他的土地的地租，或者作为投在牲口上的资本的利润。那一些耕种土地的人常常都是农奴，他们的人身以及财物都一样是地主的财产。那一些并不是农奴的人而是自愿的佃户，他们所交的地租名义上经常要比免役租多不了什么，但是它实际上已经等于土地的全部产物。在和平时期，地主随时可以征用他们的劳动；在战争时期，能够征他们服役。他们即使住在离地主家较远的地方，但是他们同住在他家里的仆人一样依赖于他。土地上所有的产物无疑的是属于他的，并且他能够支配所有依靠他生活的人的劳动以及劳役。现在欧洲的现状是地主所得的份额不超过土地所有的产物的1/3，有的时候还不超过1/4。但是土地的地租在英格兰所有的发达地区从那个时候起已经增加了2倍以及3倍。所以，这个年产物的1/3或者1/4看来已3倍或者4倍于之前的全部年产物。在改良的进程当中，地租即使在比例上增加了许多，然而在对于土地年产物的比例上却缩小了。

在欧洲富裕的国度，大量的资本都用于商业以及制造业。在过去的国家里，那样一点小小的商业就忙忙碌碌，少数的家庭以及粗糙的制造业只需要一点极小的资本。但是，它们一定产生了非常大的利润。利息率到处都是不少于10%，他们的利润肯定足以支付这种利息。在现在，在欧洲发达地区的利息率却并没有一个地方过高。而在某一些发达的地区，它已经低到3%。即使居民从资本利润得来的那一部分收入在富国中要远大于穷国，但是这是由于资本自身大得多的缘故。和资本相比，利润一般还是非常少。

所以，来自土地或者生产性劳动者之手的年产物中预定用以归还资本的那一部分在富国不仅仅要比穷国大得多，并且对于直接定为构成收入，即地租或者利润的比例也大得多。预定为了维持生产性劳动者的生活基金在富国里也要比穷国里多得多，而其余在可能用于维持生产性或者非生产性人手的生活基金当中，通常用于后者的基金的要比用于前者的还大得多。

这两种不同基金的比例肯定决定着每一个国家人民的普遍性格，是勤劳还是懒惰。我们就要比我们的祖先勤劳得多。由于今天预定用于维持勤劳人们生活的基金在比例上和用于维持懒惰的人们的生活的基金要比我们祖先两三百年前的要大得多。我们的祖先之所以懒惰是由于缺乏足够的激励人们勤奋的奖励。谚语说得好，玩能够不为了什么，工作可无法无所得。

在商业以及工业城镇里下层人民群众主要是依赖于资本的运作而生活，因此总的来说，他们都是勤劳、朴实、兴旺的。英格兰的许多城镇以及荷兰的大多数城镇就是如此。在那主要依赖作为宫廷长期或者临时住地的城市，比如罗马、凡尔赛宫要比涅以及枫丹白露，下层人民主要是依靠收入来维持生活，他们一般都懒散、放荡、贫穷。假如不算卢昂以及波尔多，那么在法国的任何的一个有议会的城市都没有什么商业或者工业。那里的下层人民主要是依赖于法院成员还有前来打官司的人员的花费来生活。他们一般情况下都懒散，贫穷。卢昂以及波尔多商业的发达看来完全是因为他们的地理位置优越的后果。卢昂是从国外或者法国沿海省市运送到巴黎以供大城市巴黎消费的各种的货物的集散地，波尔多一样是加龙流域盛产葡萄酒的集散地。同样也是流入加龙的诸河的汇合点，世界上最为盛产葡萄酒地之一。那儿产的葡萄酒看来最为适宜于出口，或者说最合外国人的口味。

如此有利的地理位置肯定吸引大量资本来投资。而这一些资本的投入正是这两个城市人民勤劳的结果。在法国的其他的议会城市，除去为了维持本市的消费所必需的投资之外，好像再并没有什么更加多的投入，那就是说，那一些城市所能够容纳的只是非常小的一点资本。巴黎、马德里以及维也纳的情况与此相同。在这三个城市当中巴黎是最为勤劳的了。不过巴黎本身又是巴黎本地所有的制造业的主要市场，巴黎自身的消费是巴黎所有的商业活动的主要对象。伦敦、里斯本以及哥本哈根可能是欧洲仅有的三个城市：它们既是宫廷的长期的住地，与此同时又可看做商业城市。换言之，那一些城市的商业不仅仅是为了它们自身的消费，并且是为其他城市以及国家的消费。这三个城市的地理位置都是非常有利，自然而然使它们适于做远地消费的大多数货物的集散地。在一个大量收入被消费掉的城市，投资于除了供应本城市消费外的其他的任何领域以谋求利润，或许要比在一个下层人民除去从这种资本的投入中得到生计外，别无以为生的城市甚至困难得多。用花费收入来维持生活的大多数人的懒惰或许腐蚀着本应该由运用资本而维持生活的人们的勤劳，并且使在那里投入的资本也无法得到在其他地方的收益。在英格兰以及苏格兰合并前，爱丁堡几乎并没有什么商业或者工业。当苏格兰议会迁走以后，当它不再是苏格兰主要贵族以及绅士的必要住地之后，爱丁堡才变成一个有一些商业以及工业的城市。但是，它依然是苏格兰大法院以及海关税局等的所在地。所以，仍有非常可观的收入继续在那儿花费掉。在商业以及工业方面它远远不如格拉斯哥，格拉斯哥的居民主要是依靠运作资本为生。有的时候我们能够看到，一个大村子的居民在制造业当中取得非常大的进展后，因为一个大的领主在四周盖起了公馆，就会变得懒散以及穷困。

所以，看来资本和收入间的比例到处都在调整着勤劳和懒惰间的比例。在任何的地方，只要是资本占据优势，勤劳也就占据上风；任何的地方，收入占据优势，懒惰就占据上风。所以，资本的每一增长或者减少都会自然地导致勤劳的实际量的增长或者减少，生产性劳动人手的增长或者减少，还有最终该国的土地以及劳动年产物的交换价值，所有的居民的真实财富以及收入的增加或者减少。

资本因为异常节俭而增长，因为挥霍以及渎职而减少。

一个人无论从自己的收入中节约下来了什么，他都会把它加到自己的资本当中去：他或者用它来维持增加了的生产性人手的生活，或者通过把它租借给别人，让其他人去这样做，以获得一定的利息，也就是一份利润。好像个人的资本只能靠他从年收入或者年所得中节省出来的东西而增长一样，一个社会的资本和构成这个社会的所有的个人资本，只可以同样的方式获得增长。

非常俭省，而并不是勤劳，是资本增长的直接的原因。当然，勤劳提供了非常俭省可供积累的物质。不过，无论勤劳能产生什么，假如并不是异常俭省把它节省以及保存起来，资本就永远没办法扩大。

非常俭省通过预定用于维持生产性劳动人手的基金的增长让生产性劳动人数增加，而他们的劳动同时又增加了劳动投入对象的价值。所以，异常俭省可以使一个国家的土地以及劳动年产物的交换价值增大。由于它把勤劳的附加值投入了运行，从而为年产物增加了附加值。

每一年所节省下来的东西就像每年所花费掉的东西那样有规律地被消费掉，并且几乎是在同一时间。不过是由不相同的人们消费掉的。一个富人每一年收入中花费掉的一个部分，在大部分的情况下是被他的游手好闲的宾客以及家仆消费掉的。他们消费之后不留下任何的东西作为回报。他每年节省下来为谋求利润而直接用作资本的一部分也是以相同的方式，并且几乎也是同时被消费掉。

但是消费的人不同。他们是劳动者、制造业者以及技工。他们会再生产他们每一年消费的价值，并且提供利润。我们假定他的收入是以货币支付的。假如他把它所有花费掉了，他的所有的收入可能已经购买了食物、衣服以及住所，并且已经分配给了前面一种人。假如他节省收入的一部分，把那一个部分亲自或者由其他什么人作为资本直接投资来谋取利润，则那部分钱所能够购买的食物、衣服以及住所就肯定是为后一种人保留的。同样是消费，但是消费者完全不同。

一个节俭的人节约下来的钱不仅仅以维持当年或者下年增加的生产性人手的生活，并且像一个社会救济院的创办人，他好像建立了一个为了维持将来同等数量人手生活的永久性基金。这个基金的永久性拨款以及目的即使并不是总是受到任何的成文法，委托权或者永久经管契约的保护，但是它却总是受到一个非常有力的原则的保护，那就是每一个将享有其中一份的人的明白无误的利益。假如把其中的任何一部分用于维持非生产性人手的生活，那一些违背这个基金正当的目的人肯定会要遭受明显的损失。

挥霍者就是如此滥用资本的。不量入为出，他蚕食着自己的资金，就好像把某一些虔诚基金的收入滥用在亵渎的用途上一样，他把其父辈节俭积累下来要用于维持勤劳人们生活的基金支付了游手好闲的人的工资。因为预定用于雇佣生产性劳动的基金减少了；并且由于这一切取决于他，他肯定就会减少雇佣能增多物品价值的生产性劳动的数量，结果全国土地以及劳动年产物的价值，全国居民的真实财富以及收入也肯定减少。假如某一些人的挥霍无法由其他的俭省而获得补偿，则每一个挥霍者的行为通过用勤劳者的面包来喂养游手好闲者，不仅仅会自身变成乞丐，并且会搞穷整个国家。

即便挥霍者的花费所有都是国内产品，并没有一点国外商品，然而他对于社会基金的影响依然是一样的。每年依然会需要把原本应用以维持生产性人手的一定量的食品以及衣服，投入维持非生产性人手的生活。所以，每年一个国家土地以及劳动年产物的价值依然要减少许多。

当然，能够这样说，这个花费并没有用在国外货物上，也并没有任何的金银出口，同样量的货币像之前一样依然留在了国内。不过，假如把这一些被非生产性劳动人手消费掉的同量食品以及衣服分配给生产性人手，他们就会再生产出其消费的所有的价值，而且还可提供利润。如此一来，同量的货币将一样留在了国内，除此之外还会再生产出相同价值的消费品。这样一个价值就变为了两个价值。

与此同时，在任何的一个年产物价值渐渐减少的国家，同量的货币也不会长期保留。货币的唯一用途就是促使消费品周转。经过货币食品、材料、制成品上市、卖出，然后分配给其正当的消费者。所以，一个国家每年可以使用的货币量必须由国内每一年所流通的消费品的价值来决定。这一些消费品包括本国土地以及劳动的直接生产品，也包括少许用部分本国产品购来的商品。所以，它们的价值肯定随国内生产品的价值的下降而降低。与此同时用于促使货物流通的货币量也会减少。不过，因为这种年产物的减少而被逐出国内流通领域的货币并不可能无所作为。货币所有者出于自己的利益会要把它们运用起来。国内并没有用途，他就会不顾所有的法律以及禁令而送往国外，用以购买国内有一些用途的消费品。货币用这种方式每年向国外的输出将持续一段时间，使国内的年消费多于他们本国年产物的价值。在繁荣的岁月当中节省下来的钱买的金银，能够支持他们在困难中短时间的消费。在这种情况之下，金银的输出并不是衰退的原因，而是衰退的后果；并且可以在一个短时间减轻衰退的痛苦。

相反，一个国家的货币量需要自然而然地随着年产物价值的增长而增加。社会的年流通消费品的价值增大，它需要促进流通的货币也增加。所以，部分增加的产品非常自然地会要用于购买为促进其余的部分流通所必需增加的金银。在这一种情况下，金银量的增长将会是社会繁荣的结果，而并不是社会繁荣的原因。金银在各个地方都是以这种方式买的。食品、衣服以及住所，所有用于把金银从矿山运往市场的劳动或者资本，他们的收入以及生活费，这就是在秘鲁还有英格兰付给金银的价格。一个国家只要能够付得起这个价格，就不要着急无法买到它所要的数量的金银，而并没有需要的国家也不会久长把它保留在国内。

所以，无论我们把一个国家的真实财富以及收入想象成什么，就像朴素的道理所说的那样，它是其土地以及劳动年产物的价值。或者像一些庸俗的偏见所说到的那样，是国内流通的贵重的金属的数量。无论是哪一种观点，每一个挥霍者都是社会公敌，而每一个俭朴的人都是社会的捐助者。

渎职的结果往往和挥霍者的结果一样。农业、矿山、商业或者制造业中的每一个不依照法律手续行事或者失败的工程项目都会以相同的方式使原预定用于维持生产性劳动人手生活的基金减少。在每一个这种工程项目当中，即使资本是由生产性人手消费掉了，由于使用方式不当，他们也不可以再生产出他们消费的全部价值，和使用相比，总免不了要使社会生产性基金有所减少。

当然，对于一个大国而言个别人的挥霍或者渎职的影响不会非常大。某一些人的挥霍或者鲁莽行事总可由其他人的俭省以及良好行为而获得充分的弥补。

至于挥霍，怂恿人们消费的原因是对于目前享受的一种欲望。这种欲望有的时候即使来势凶猛，非常难克制，不过通常只是有时的以及临时的。促使人们节省的原因是改变自身状况的欲望，这种欲望即使常常是冷静的，并没有激情的，但是它从我们从娘胎出世就有了，并且直至我们进入坟墓才可能离开我们。从生到死整个的时间内，每时每刻都有一个人会完全非常满意自己的处境，并没有一点改变或者改善自身处境的意愿。增加财富就是大多数人想改善自身生活条件的一种手段，并且是最通俗、最明显的手段。而增加财富最可能的方法是节约，把所得当中的一部分积累起来。这个所得能够是每年正常的收入，也能够是某一些特殊的收入。所以，开支的这个原则几乎是所有的人在某一些情况下或者有一些人几近在所有情况下一直奉行的原则。但是在大部分人的一生中平均起来，节俭的原则看来不仅仅占统治地位，并且是大大地占统治地位。

至于渎职，谨慎而成功的事业处处都远远要大于判断失误以及失败的事业。我们虽然经常听到的关于破产的抱怨还有看到陷入这个灾难的不幸的人，但是他们毕竟只是非常小的一部分，或许还不到千分之一。破产或许是一个无辜的人可能遭遇的最大以及最令人感到羞耻的灾难。所以，绝大多数的人都是非常小心地回避着它。当然，有一些人并没有可以回避掉，就好像有一些人并没有可以逃脱绞架一样。

大国从来不会因为私人的挥霍还有失误而变穷。自然，它们有的时候可能因公家的挥霍还有官员的渎职而变穷。在大部分国家中全部或者几乎全部政府收入是用于维持非生产性人手的生活。这一些人构成了数目庞大以及辉煌的宫廷，巨大的教会机构还有庞大的海军以及陆军；他们这一些人在和平时期不生产任何东西，在战争的时候也得不到什么能够补偿维持他们生活费用的东西，甚至在战争持续的时候也是如此。他们这一些人因为他们自身不生产任何的东西，他们都是依赖于其他人的劳动生产物来维持生活。所以，当他们的人数翻番到了一个不用的数额的时候，他们在某一年里就能够消费掉这个生产物中的非常大的份额，以至于剩下的不足以维持来年应该从事再生产的生产性劳动者的生活。所以，次年的产量将要比前一年减少，假如这种混乱状况继续下去，第三年的年产量会要比第二年的年产量更加少。那一些仅仅应由人民多余的收入中的一部分来维系的非生产性人手或许消费掉了人民所有收入中的很大一个份额，致使他们蚕食他们的资本，蚕食预定用于维持生产性劳动者生活的基金，而所有个人的节俭以及慎重行为都无能弥补由这种狂暴的蚕食所引起的浪费以及生产的退化。

但是，依据经验，在大多数场合个人的节俭以及慎重行为看来不仅仅足以补偿个人的挥霍以及决策失误，还足以来补偿政府的浪费。每一个人一致地、一贯地、持久地努力去改变其自身生活条件。这条原则原来是社会、国家还有个人致富的来源，经常具有强大威力足够维持事物向前的自然发展，即使政府有浪费，行政有重大的失策。就好像动物生活中的一条还并没有被认知的原则，无论是疾病，抑或是医生荒谬的处方，它经常能够使机体恢复健康以及体力。

任何的一个国家的土地以及劳动的年产物要增加其价值，并没有别的方法。其一是增多生产性劳动者的人数；其二是提高已经雇佣的劳动者的生产力。非常明显，生产性劳动者的人数不会永远大量增加，除非增加资本或者增加预定用于维持他们生活的基金。相同数目的劳动者的生产力也不会增加，除非增加以及改进方便劳动以及减轻劳动的机器和工具，或者对于劳动有一个更好的分工和分配。无论哪一种方式，增加资本几乎总是必要的。只有通过增加资金，从事生产的雇主才会给他的工人提供比较好的机器设备，或者在工人中进行更好的分工。当一个成品包括几个部件的时候，使每一个工人经常长期仅仅从事一件工作，要比一个工人临时从事不同工作需要更多的资本。所以，当我们要比较一个国家在两个不同时期的状况的时候，我们能够发现后一时期其土地以及劳动的年产物明显大于前一时期，土地耕种得要比之前好了，制造业多了，并且更为繁荣，商业扩大了。我们能够肯定其资本在这两个的时候期的一段间隙里一定增加了，并且由于某一些人的正确决策肯定又使资本获得大大增长，超过另一些人的渎职或者政府的浪费从资本中所花去的部分。不过我们将发现，在相当平静以及和平时期，即便有一些国家的政府并不是最谨慎以及最节俭的，几乎所有的国家也都会是这种情况。要对于一个国家形成一个正确的判断，我们必须把同一国家的两个相距多少久远一点的两个时期进行对比。进步经常是逐渐的，在相距太过近的时候，改进不仅仅不容易觉察，并且反而根据某一些行业的衰退，或者国内某一些地区的衰退（而这样的情况在一个国家大发展的时候有时也会发生），而经常产生一种疑惑：全国的财富以及勤劳都在衰退。

比如，现今英格兰土地以及劳动的年产物肯定要比之前大多了，要比上一世纪前，查理二世复辟的时代大多了。我相信现在即使有人怀疑这一点。不过在这一段时期里，不出5年就要出版的一本书或者一本小册子，它们写得是那样具有才华以至于博得了不少读者，但是妄言国家的财富正在迅速递减，人口减少，农业荒废，制造业衰败，商业再遭毁掉。并且那一些出版物还并不完全是党派的宣传小册子、谎言以及见利忘义的产物，其中非常多还是由十分公正以及十分聪明的人士所写的。他们写的都是他们非常相信的东西，他们之所以如此写并不是为了什么其他的原因，而只是因为他们深信这一点。

再者说，英格兰的土地以及劳动的年产物在查理二世复辟的时期肯定要比，我能设想，100年前，伊丽莎白即位的那个时期要大得多。而我们又有非常充分的理由相信，现在的国家，要比100年前约克家族以及兰考斯特家族间结束纷争的时候进步了许多。而那个时期可能又要比诺尔曼征服英国的时期的条件又好多了。而诺尔曼征服英国的时期又要比撒克逊七头政治的混乱的时代好。而国家在那个的时代的初期也要比朱利斯、恺撒的入侵的时期肯定进步一些，那个时候英格兰的居民几乎和北美的野蛮人处于相同的状况。

但是，在上述的每一个的时期里，不仅仅有非常多私人以及公家的浪费，还有许多耗资巨大的以及不必要的战争，把维持生产性人手的年产物大量地转用于维持非生产性人手的生活。能够推测得出，有的时候在内部不和谐的混乱中对于资本造成的这种绝对浪费以及破坏，不仅仅会放慢财富的自然积累，这是必然的，并且会使国家在那个时期的末尾要比那个时期的开初更为贫困。如此一来，查理二世复辟以后可以说是在所有的时期中最快乐以及最幸福的时期了。然而在那个时期又发生了多少混乱以及灾难，假如那一切是可以被预见到的话。除了贫困以及国家的整个毁灭，还能从那一些混乱以及灾难中指望什么呢？伦敦的大火以及瘟疫，两次和荷兰的战争，革命中的混战，爱尔兰战争，1688年，1702年，1742年还有1756年的4次耗资巨大的对法战争，再加上1715年以及1745年的两次叛乱。在4次英法大战过程当中英国欠下了1.45亿镑的债务，除此之外每年还有其他特殊支出，一共加起来不会少于2亿。自从革命以后，国家土地以及劳动的年产物中一个这样巨大的份额在不同的场合中都被用于维持一支人数非常庞大的非生产性大军。不过，假如并没有那一些战争，这样消耗的一大笔资本，其中的大多数就自然而然会用于维持生产性人手的生活，他们的劳动将可能会补偿他们消费的所有价值，而且还会付一定的利润。国家土地以及劳动的年产物的价值必将因此而逐年大幅度增长，并且这一年的增长肯定更将增大下一年的年产物的价值。更多的房子会建造起来，更多的土地将获得改良，之前已经改良了的土地将耕种得更好，更多的制造业将会建立起来，之前已经建立起来的制造业将获得发展，那么到那个时候，国家的真实财富以及收入将提高到什么程度，也许还真非常难以想象呢。

不过，政府的浪费无疑地肯定会阻碍英格兰走向富裕以及进步的自然发展过程，但是它并未能阻止英格兰前进。英格兰土地以及劳动的年产物在现今无疑地要比复辟的时候或者革命的时候多得多。所以，用于耕种土地以及用于维持劳动人手生活的资本同样也要比之前多得多。在政府各种各样苛捐杂税的重压之下，这个资本由自己私人的节俭，小心谨慎的行为，由这一些人普遍地从不中断地努力改变自己的处境，而悄悄地逐渐地积累了起来。正是这样一种受到法律保护的努力以及容许人们用最为有利的方式自由地发挥自己的才能几乎在之前各个时期支持着英格兰走向富裕以及进步。同时，也希望它在未来的岁月之中同样这样进行下去。可是，因为英格兰从来没有过非常节俭的政府，并且节俭也从来并不是英格兰人民的传统美德。自称要监督百姓的个人节约，限制他们的消费，因此通过节约法，或者禁止外国奢侈品进口实在是英国王室以及大臣们最傲慢以及最专横的行为。他们自己常常并且毫无例外的是社会之中最大的挥霍者。他们只要好好地照看好他们自己的开销，而百姓私人的开销完全可以放心让百姓私人去管。假如王公大臣的消费还不能够毁灭一个国家，他们的臣民的消费就更加是永远也毁灭不了一个国家了。

因为节俭能增加公共资本，浪费会减少公共资本；因此，假如那一些人的消费正好和他们的收入相平衡，既没有积累，也没有蚕食，那么就既不会增加，也不会减少公共资本。但是，有一些消费的模式看起来要比其他的更加有利于国家财富的增加。

个人的收入能够花费在购买立刻消费掉的东西上面，并且不能够减少或者节省明天的消费为什么会自己多出来？它也可以用在购买较为经久耐用的东西上。所以，它们可以积累起来，并且今天的消费可以依据其意愿，或者减少明日的消费或者可节省以及提高明日的消费的效果。例如，一个有钱的人能够把他的收入花费在奢华的宴席上面，可以用来雇佣非常多的仆人，喂养大批的狗马；或者他也能够满足于俭朴的饭食，不雇佣仆人；他可以用收入的大多数装饰其住宅或者自己的别墅，用于有用的或者做装饰用的建筑，有用的或者做装饰用的家具，收藏书籍、雕像、名画；或者用以购买一些更加没有意义的东西：珠宝，还有各种各样的小玩意儿以及精巧的摆设。或者最无聊不过的购买满满一大衣柜华丽的衣服，就像几年之前死去的某个太子的宠臣一样。

假如有两个财富相同的富人，两人对于他们收入的花费方法不一样。一个主要是用前一种方式，另外一个主要是后一种方式。把钱主要用在购买经久耐用的商品上面的人，其豪华将不断增多，每天的花费都可增强次日花费的效果；反之，另外那个人的豪华在一段时期结尾的时候将不会比开始的时候更好。同时，前者在一段的时期结尾的时候也必将成为他们中的较为有钱的。因为他将储存有这样或者那样的货物，即使那一些东西不会值得它们原来的那么多的钱，但是毕竟多少还有一些价值的。然而后者的消费将不会留下任何痕迹以及残余，10年或者20年浪费的结果把一切荡然无存，好像从来就并没有过什么一样。

因为前一种消费模式要比后一种模式对于个人的富裕更为有利一些。所以，它对于一个国家的富裕也是相同的。富人的房屋、家具、衣服在一个短时间内还可以对于下层以及中层人民有用。当上层人们对于那一些东西感到厌倦的时候，下层以及中层人民就可以购买它们。所以当这种消费方式在富人之间变成普遍的时候，全民的总的住房会由此而逐渐改进。在那一些已经富裕了非常长时间的国家之中，你会常常发现下层人民既拥有住宅，也拥有非常美好以及完整的家具，然而这一些房子之前不可能是为他们使用而建造的，家具也不可能是为他们使用而制作的。

之前曾经是西穆尔家庭的邸宅的地方，现如今是巴斯道上的路边的小客店。大不列颠詹姆斯一世的婚床，原本是皇后从丹麦随身带来做为国君对于国君的一个礼物几年之前成为敦弗林路边酒店的装饰物品。在有一些或者长期处于停滞状态，或者多少有一些走向衰落的古代城市之中，你有的时候几乎找不到一栋是今天修建的房屋。假如你走进那一些屋子，你也会经常发现许多即使有一些古老但却精美的家具，而它们依然非常的适用。当然它们不可能是为了现在的房主而制作的。高贵的宫殿，豪华的别墅，大量的藏书、雕像、名画以及其他珍品常常不仅仅对于其周围地区，并且对于整个国家都是一个装饰、一种荣誉。凡尔赛宫对于法国是一种装饰以及荣誉，斯托威以及威尔登对于英国也是这样。意大利仍然由于拥有大量的这种纪念物品而继续受到别人的尊敬。即使产生这一些纪念物品的财富已经耗去，设计它们的天才看来也已然绝迹了。这也许是因为没有了那种工作的原因。

花费在耐用性商品上的费用不仅仅有利于积累，并且有利节俭。一个人在什么时候在这方面花费过多，他能够非常容易地改正，也不需要公众的指责。反之，假如大量减少仆人，改革饮食从挥霍更改为节俭，取消成立的马队，这一些变化不可能逃脱他的邻人的眼睛以及议论，与此同时它们也意味着主人对于自己过去错误的某一些认识。所以，曾经不幸陷入这样的花费的人，事后很少有人有勇气改正，除非为毁灭以及破产所迫。不过，假如一个人在建筑房屋，购买家具以及书画中花费过多，之后财力不足，改了，并没有人能够从他行为的改变中推论说他轻浮。由于这一些东西是花了一次钱就并没有必要再花二次钱的，所以当一个人停止购买的时候，使人感到他并不是没有钱了，而是因为他对于他的爱好已感到满足。

除此之外，购买耐用性商品的花费和用于最挥霍的殷勤招待相比，常常维持了更多人的生活。有的时候一次大的宴会花费掉的二三百斤食品，其中或许有一半被扔进了粪堆，并且总是有许多被浪费以及滥用。不过，假如把这个招待的费用用于雇佣泥工、木工、室内装饰工、机械师等，相同价值的食品分配给了更多的人，他们一便士一便士，一镑一镑地买，一盎司也不会浪费以及被扔掉。除此之外，前面一种方式，其费用维持了生产性人手的生活；后面一种方式，则维持了非生产性人手的生活。所以，前一种方式它增加了国家土地以及劳动的年产物的交换价值；后一种方式则无法增加国家土地以及劳动的年产物的交换价值。

但是，我并不是想借此以表明前一种花费方式总是要比后一种花费方式更慷慨或者更大方。当一个富人把他的收入主要用于好客以及款待的时候，他是和他的友人以及同伴分享了其中的一部分；不过，当他把他的收入用于购买那类耐用性商品的时候，他通常把全部花费用在了自己身上，并没有给任何人任何东西。所以，后一种花费，特别是用以购买轻浮物品、衣服以及家具的装饰品、珠宝、小玩意儿还有漂亮的玩物常常说明这种花费不仅仅是轻薄，并且是一种卑下以及自私的脾性。所有的这一些我只是想说，一种花费方式因为它总是能积累一些有价值的商品；因为它更有利于个人节俭，所以也有利于社会资本增长，与此同时由于它维持生产性，而不是非生产性人手的生活，因此它要比另一种方式更为有利于国家财富的增长。

第四章 论借贷资本

贷出取息的资本总是被视作出借人的资本。出借人指望在期满的时候资本会归还给他；与此同时借债人还付给他一定的年息。借债人可用它作为资本，也可用于目前的消费。假如他把它用作资本，他可用它来维持生产性劳动者的生活，后者再生产出价值以及利润。假如是这样的话，借债人可以归还资本并且支付利息，而无需割让或者蚕食收入的任何其他来源。假如他把它用做目前的消费的资本，他于是扮演了一个挥霍者的角色，把原本要用以维持勤劳人们生活的资本花费在了养游手好闲的人身上。假如是这样的话，不割让或者蚕食收入的其他某种来源，如地产或者地租，他就无力归还资本以及支付利息。

贷出取息的资本毫无疑问偶然地也会同时用于这两种途径：不过用于前者要比用于后者多一些。一个为消费而借债的人非常快就会破产，而借钱给他的人常常也会后悔自己的愚蠢。所以，为了这样一个目的无论是借款或者是贷款不管什么场合高利盘剥是不可避免的，对于双方均将不利。虽然无疑地有的时候总会有人要这样做，不过考虑到人们都会为自己的利益打算，我们能够肯定那种事情绝不会有我们有的时候想象的那么多。随便问一个小心谨慎的有钱人，他的资本大多数是借给了这两种人中的哪种，借给他认为将用于有利可图的人，还是那种将会把资本浪费掉的人，他绝对会对于你提出的这个问题感到好笑。所以，即便在借债人中，并不是世界上最为节俭的人中，节俭以及勤劳的人的数目也大大地超过挥霍以及游手好闲的人。

借钱不指望以此来谋取任何利益的人只能够是以抵押贷款的乡绅。即便是他们也非常少仅仅为消费而借债。可以这样说，他们所借的常常在借债之前就已经花光了。他们常常消费了大量由商店老板以及商人那里赊购的货物，所以他们必须出息借款来偿还欠债。借来的资本归还那一些店主以及商人的资本，由于乡绅们从他们庄园的地租中已经无力偿还。这个时候他借钱并不是专为消费，而是为了偿还已经花掉了的资金。

几乎所有付息贷款都是用货币进行的，或者纸币，或者金银。不过借债人真正需要的，出借人真正可以提供给他的，并不是货币，而是货币本身的价值，即它所能购买的货物。假如他需要的是作为立刻消费的资金，则他需要的只是他能用那个资金购买的货物。假如他需要的是用以雇佣劳力的资金，则他之所以要贷款就是要装备劳动者进行工作所需要的工具、材料以及生活资料。通过贷款，出借人好像把国家土地以及劳动的年产物的一定份额分配给了借债人听其使用。

所以，一个国家可以有多少资本，或者如通常所说，有多少货币出借并不是受到货币价值的支配。由于货币不论是纸币抑或者铸币，它们仅仅是作为那个国家进行不同贷款的工具，是受来自土地或者生产性劳动者的双手的年产物当中原定不仅仅用于归还的资本，并且这部分资本是所有者又并不打算亲自使用的那一部分的价值。因为这一些资本常常都是以货币出借以及归还，它们就组成了所谓的货币利息。十分明显，货币利息不仅仅来自不动产，并且也来自商业以及制造业。资本的所有者自身就是把他们的资本投入在上面最后的两项上。但是，即便在货币利息里，货币似乎也只是一个转让契约。它把所有者无心亲自运用的那一些资本从这个人手上转让到另外一个人手上。这样转让的资本量和作为这种转让工具的货币的数量相比较，不知道要大多少倍。同理那一些货币能够连续不断的用作多次不同贷款以及进行多次不同的购买。例如，A借给

W1000镑，W用这笔钱马上购买了B价值1000镑的货物。B自己并没有需要用钱的事，又把相同数目的钱借给了X，X用那笔钱向C买了1000镑的货物。C以相同的方式以及同样的原因又把钱借给了Y，Y又用那笔钱买进了D的货物。一样是那一些钱，铸币也好纸币也罢，在短短的几天当中就可以作为三笔不同的贷款工具，三次不相同的购买工具。它们每次的价值都和那一些货币的总量相等。这三个有钱的人A，B，C转让给借债人W，X，Y的是买那一些货物的能力。贷款的价值以及效用就在于这种能力。那三个有钱人借贷出的资本相等于这个资本所能购买的货物的价值，并且是三次购买的货币的价值的3倍。但是，那一些贷款或许都有非常好的担保。不同债务人购买的货物都使用得非常好以致到期就可以收回同等价值的铸币或者纸币，并且还附有利息。与此同时，因为同是那一些货币能如此用作不同贷款的手段，它既可用作借贷3倍其价值的手段；或者为了同样的原因，也可用作借贷30倍其价值的手段。因此，它们同样能够连续用作偿还手段。

在这种形式之下，取息贷出的资本可看作出借人把年产物的相当的一部分转让给借款人。假如借款人在贷款期间作为回报每年把比较小一部分转让给出借人，那部分便称作利息。而在贷款期终的时候，和预先转让给他的相等的一部分则称作偿还。即使，货币通常作为对于较小的一部分或者相当大的一部分的让和证，无论是铸币，抑或者是纸币，它本身和被它转让的东西是全然不同的。

一从土地或者生产性劳动者生产出即被指定用于归还资本的那部分年产物增加的时候，称作金钱利息的东西当然也随之增加。所有者不愿意麻烦而又想从中得到收入的那种资本假如增加了，资本一般也自然伴随增加。或者换句话说，因为资本增加，取息贷款的资本量渐渐增大。

因为取息出借的资本量的增加利息，换言之为使用那笔资本所必须支付的价格肯定减少。这不仅仅是因为构成货物的市场价格随着量增加而降低的那一些普遍原因，并且还由于这种特殊情况的其他的特殊原因。因为各国资本的不断增加，由运用资本而产生的利润肯定减少。要在国内找出使用任何新的资本的有利可图的途径变得越来越困难。结果在不同的资本之间就产生了竞争。这个资本所有者就会拼命去获得已经被另外一个资本所有者占据了的投资领域。不过在大多数场合他要把其他人挤出那个投资领域，并没有其他的办法，只能通过让自己买卖的条件更为合理。他需要把他节约的东西卖得多少便宜一些，并且为了出售，他有的时候也必须以较贵的价格买进。由于指定用于维持生产性劳动的基金增加，对于生产性劳动的需求也就一天天地增大。这个时候劳动者容易找到工作，而资本所有者却难以寻找到劳动者。他们的竞争提升了劳动工资，降低了资本的利润。不过当利用资本以这种方式可能获得的利润减少的时候，为利用它而可能支付的价格，即是利息率，肯定也随之降低。

洛克先生、劳先生以及孟德斯鸠先生还有非常多其他作者似乎觉得金银数量的增力是西班牙发现了西印度的结果，是欧洲大多数地区利息率降低的真实原因。他们说，金银自身价值降低了，所以其中任何的一特定部分的用途也价值变得减少了，所以为它可能支付的价格价值也会减少。这个概念最开始看起来好像非常有道理，休谟先生对于它已作了充分的阐述，或许无需再作任何补充。不过，下面非常简短而朴实的议论可以较为清晰地说明把这一些绅士们引入歧途的这个谬论。

在西印度发现之前，10%好像是欧洲大多数地区的普通利息率。从那个时候起，在不相同的国家降到了6%，5%，4%还有3%。我们不妨假设，在每一个具体的国家内白银的价格和利息率准确地同比例下降；则在那一些国家里，比如说，那里的利息已然从10%降到5%，同量的白银现在只能够购买之前所能购买的货物的一半。我确信，这个假设不会在任何的地方都和事实相符，但是它有利于我们现今正在研讨的看法。并且即便是根据整个假设，白银价值的下降也完全不可能有稍微促使利息率下降的趋势。假如现在100镑的价值相当于过去50镑的价值，则现在10镑的价值也就仅仅等于过去5镑的价值。无论减低母本价值的原因是什么，它肯定也会降低利息的价值，并且完全以相同的要比例减低。母本价值和利息值间的比例需要保持不变，即使利息率从未改变过。相反，通过利息率的改变，这价值之间的要比例肯定改变。假如现在100镑的价值仅仅等于过去的50镑的价值，则现在5镑的价值就只可以等于过去的两镑半的价值。所以，通过降低利息率，从10%下降到5%，我们对于使用资本（假设它等于其先前价值的一半）所付的利息仅仅等于先前利息的价值1/4了。

每当以白银为商品流通的手段的时候，假如商品的数量保证不变，而白银数量增多，它就仅仅会造成白银价值降低的结果。各种货物的名义价值将会增大，但是它们的实际价值绝对和之前相同。它们能够交换更多的白银，不过它们所能支配的劳动；他们所能供养以及雇佣的人数将和之前完全相同。即使把同量的资本从一方转移到另外一方所需的白银数量或许会更多一些，但是国家的资本却仍然原样未变。即使让和像一个啰唆的代理人的转让证书一样，将更加冗长，但转让的东西将完完全全和之前一样，并且也只能产生相同的结果。维持生产性劳动生活的基金并没有改变，对于生产性劳动的需求亦将和原来相同。所以，他们的价格或者工资即使名义上大了一些，但事实上相同。他们将获得的白银的数量会多一些，但是他们能够购买的货物的数量相同。资本的利润无论在名义上还是实质上将完全相同。劳动工资常常都是以支付劳动者的白银的数量来计算的。所以，当白银的数量增多，劳动者的工资几乎也会增加，即使它们有的时候可能并不比之前多。不过资本的利润并不是由它们所得到的白银的数量来计算的，而是由白银的数量和投入的整个资本的比例来计算的。如此一来，在一个国家当中，一个普通劳动者的工资每周5先令，则资本的普通利润就是10%。不过这个国家的全部资本和从前相同，国内享有这个所有的资本的个人所持有的不同的资本之间的竞争肯定和从前一样。他们在做买卖的时候遇到的利和害亦和从前相同。所以，资本和利润间的普通比例也将和之前相同，而货币的普通利息也将和之前一样。因利用货币而支付的利息肯定受利用货币一般所能获得的利润的支配。

反之，当国内促使商品流通的货币量不变的时候，国内商品年流通量的任何的增加，除了会提高货币的价值外，还会产生非常多其他的重要后果。这个时候国家的资本，即使名义上可能未变，实际上将获得增长。它可能继续由同量货币表示，但是它将支配的劳动量要比之前大。它能够维持以及雇佣的生产性劳动量将增加。所以，劳动的需求也将会随之增加。劳动工资自然将随着需求而提高，但是表面上或许也显得下降，支付工资的货币量或许还小一些，不过那小量的货币却可购买比之前更多的货物。资本的利润则无论是实质上还是表面上都会减少。国家的整个资本扩张了，构成所有的资本中的不同资本间的竞争将会自然而然随着扩张而加剧。资本的所有者也将只好满足于取得他们各自的雇佣劳动生产品中较小的比例。总是和资本利润保持同步的货币利息则能够以这种方式大大减少，即使货币的价值，也就是一定量货币所能够购买的货物量大大地增加了。

在有一些国家里货币的利息被法律所禁止。不过由于在任何的地方使用货币都可得到一些好处，所以在任何地方对于货币的使用都应有所回报。所以禁止利息的法规不仅仅没能阻止利息，并且根据经验反而增加了高利贷的恶果。债务人不仅仅需要支付货币的报酬，并且要对于出借人冒风险接受这种报酬支付一笔费用。假如可以这样说的话，他需要保证出借人不会遭受对于高利贷的罚款。

在容许利息的国家，为防止重利盘剥，法律常常规定一个不受处罚能够收取的最高利率。这个利率常常多少高于市场的最低利息率，也就是那一些能够提供绝对可靠担保的借款人借用货币的时候所付的最普通的价格。假如这个法定利息率定得低于市场最低率，其结果将无异于全然禁止利息。假如取得的报酬少于货币的使用值，债权人就不会将钱借出去。所以债务人必须为债权人所冒风险而承受使用货币的全部价值支付一定费用。假如利息率规定得刚好在市场的最低价格，它就无法提供最可靠的担保人，迫使他们去求助高利贷者。在大不列颠这样的国度，货币借贷给政府的利息是3%，贷给有可靠担保的私人利息是4%以及4.5%；现今的法定利率为5%，或许是最恰当的了。

应当看到，法定利息率即使应该多少高于，但是不应过分高于市场最低率。要比如说，假如大不列颠的法定利息率规定高达8%或者10%，大多数的货币就会放贷给挥霍者以及投机商，只有他们会愿意出这么高的利息。殷实的人只能以使用货币所获的利润的一部分作为使用货币的报酬，因此不敢参与竞争。这样国家大多数的资本将不会有可能落在把资本用在有利可图的事业上的人手中，而会被扔给了最可能浪费以及毁灭它的人的手中。相反，假如法定利息率规定得略高于投机的人。这个时候借钱出去的人从殷实的人那里得到的利息和从挥霍者以及投机者那里获得的利息相同，而他的钱在前者的手中要比在后者的手中安全得多。如此一来，国家的资本就大多数都在最可能把资本用于有利可图的事业上的人的手中。

并没有法律可以把普通利息率定在法律制定的时候的市场通用的最低利息率之下。即使，法国国王想借1766年法令将利息率从5%降低到4%，人们却以不同途径逃避这个法律，货币仍然以5%的利息在法国出借。

应当注意到，土地的普通市场价格各地都是取决于普通的市场利息率。有资本不愿意麻烦亲自使用，而又想以此得到收入的人都要再三考虑是用资本来购买土地呢，抑或是把它出借取息。土地的可靠性是最大的。此外各地一样它还伴随有这种财产所特有的其他的几种优点。所以有资本的人常常都宁愿从土地上去获取比较小的收入，而不愿意去放贷取息以谋取什么其他的。那一些优点足够补偿收入上的一定的差额；但是它们也仅仅能补偿一定的差额。假如土地的地租远落后于货币的利息，差额过大，就会没有人愿意买土地，土地就会立刻降低其通常价格。相反，假如那一些优点远远超过补偿那份差额，则每一个人就都会愿意买土地，土地非常快又可以提高其通常价格。当利息为10%的时候，土地的售价常常为年租的10以及12倍。当利息下降到6%，5%以及4%的时候，土地的价格就会涨到年租的20，25以及30倍。法国的市场利息率高过英格兰，而土地的平常的价格又低于英格兰。在英格兰它的售价常常为年租的30倍，而在法国是20倍。

第五章　论资本的各种用途

即使一切资本都注定要用以维持生产性劳动，但是等量的资本能调动的劳动量却由于它们用途的不同而非常不同。所以资本的不同用途对于国家的土地以及劳动年产物所增加的价值也同样非常不同。

资本可以有四种不同用途：（一）用以获取社会上每年需要使用以及消费的原生产物；（二）用以加工原生产物制造供社会直接使用以及消费的产品；（三）用于运输原生产物或者制成品，把它们从富足的地方运到缺乏的地方；（四）用以把原生产物或者制成品分成小份装进小包，来满足人们的临时需求。第一种方法是从事土地、矿山或者渔业的改良或者耕作的人对于资本的使用方法；第二种方法是所有制造业主的使用方法；第三种方法是所有批发商的使用方法；第四种方法是所有零售商的用法。很难想象还有什么资本用途无法归纳到上述四种方法当中的某一种去。

上述四种资本使用方法中的每种基本上对于其他三种用途的生存或者扩张，或者对于社会大众的方便都是必须的。

假如没有资本用来提供充足的原生产物，任何的制造业以及商业都将无法存在。

原生产物有部分通常要经过制作之后才能适宜于使用以及消费。假如并没有加工，它将不会存在，因为对于它并没有需求；假如它是天然生长出来的，则它在交换中又不会有任何的价值，因而也对于社会的财富无所补益。

假如并没有资本投入运输业把原生产物或者制成品从富足的地方运到缺乏的地方，它们的生产量就不会超过附近地区所必需的消费量。商人的资本将一个地区剩余的产品和另一个地区的剩余产品进行交换，从而鼓舞了产业的发展，与此同时增加了两地的享受。

假如并没有资本投入把原生产物或者制成品打碎以及分成适合于人们临时需要的小包，每一个人就只好购买远远超过他临时需要的大量的货物。比方说，假如并没有屠夫这个行业，每一个人就只好一次购买一只整牛或者一只整羊。一般来说这样对于富人不便，而对于穷人就更为如此。假如一个穷苦工人必须一次购进1个月或者6个月的食品，他原本要用于购其行业工具或者装备店铺的大多数资本只好保留下来以备着急的消费。如此一来，原本可以为其产生收入的资本，却无法发挥作用。对于这种人来说，最方便的莫过于可以逐日甚至逐时地购买他的生活必需品。这样他就可以几乎把他全部的资本用作资金。他能够将它的产品制造得具有更加大的价值，所以他能获得的利润也将大大地超过补偿零售商附加在商品之上的利润所产生的价格。有一些政治学家对于店主以及商人的偏见是完完全全没有根据的。完全并没有必要对于他们加以征税或者限制他们的人数，他们的数目绝对不会增长到危害社会的程度，即使他们本身可能互相危害。比如说，一个城市里能够销售的杂货的数量是受那个城市还有其近郊的需求所限制的。所以，投资于杂货业的资本无法超过足以购买那个数量所需要的资本。假如把这个资本分给两个不相同的杂货商，他们之间的竞争将会使他们的商品的出售价格低于只有一个人经营的时候的价格。假如把那个资本划分给20个人，他们之间的竞争将会更为激烈，而联合起来以提高价格的可能性更加小。他们间的竞争或许会弄得他们中的某一些人破产；不过关心这一点是有关各个方面的事情，能够放心地由他们自己去处理。他们的竞争既不可能伤害消费者，也不会伤害生产者。相反，假如整个商业不是由一两个人垄断，它肯定迫使零售商以较为便宜的价格出售，而以比较贵的价格买进。他们中的有一些人也许有的时候可能诱骗老实的顾客购买他并不需要的东西。但是，这种恶行无所谓，不值得社会的关注，也无须用限制他们的人数来阻止。并不是因为酒店多才造成了普通老百姓普遍好饮酒，而是因为其他原因所产生的饮酒的偏好，才肯定地造成了非常多酒店的出现。

把资本投入上述四种用途中的任何的一种的人本身即是生产性劳动者。他们的劳动假如使用得当，都可固定以及体现在劳动所投入的对象或者出卖的商品上，通常最起码可以把他们的生活费以及消费的价值附加在其价格之上。农场主、制造业者、商人、零售商的利润全部都来自前两类人所生产的货物的价钱，还有后两类人买卖货物的价格。但是，同等的资本投入上述的四种不同用途中的每一种，都将立刻把数量非常不相同的生产性劳动调动起来，与此同时使他们所在的国家的土地以及劳动的年产物的价值以不相同的比例增大。

零售商的资金偿还向其提供货物的商人的资本以及利润，使其能够继续维持营业。零售商自己是其资本直接雇佣的唯一生产性劳动者。这个资本的使用对国家的土地以及劳动的年产物所增加的价值即是他自己的利润。

批发商向农场主以及制造业者购买他所经营的原生产物以及制成品，所以他的资本需偿还农场主以及制造业者的资本以及他们的利润，使他们可以立刻继续生产以及经营。正是主要通过这样的服务，批发商间接地对于支持社会生产性劳动做出了贡献，并且增加了社会年产物的价值。他的资本与此同时也雇佣水手以及搬运工，把他的货物从一个地方运往另外一个地方，所以他的资本对于这一些货物所增加的价格不仅仅包括其自身的利润，并且还有他们的工资。这就是他的资本直接调动起来的生产性劳动，还有他的资本直接附加给年产物的所有的价值。他的资本在这两个方面的运作在非常大程度上要优越于零售商的资本的运转。

制造业者的一部分资本作为固定资本用于购买其生产工具，与此同时偿还他购买工具的某一些资本以及他们的利润。他的部分流通资本则用于购买材料，与此同时补偿出卖材料给他的农场主以及矿商的资本以及利润。不过他的资本的大多数总是按年或者一个短得多的时期分配给了他所雇佣的各种工人。所以他对于那一些材料所增加的价值包括他们的工资，还有他们的雇主投入工人的工资、材料以及生产使用的工具的全部资本所应有的利润。它立刻使一个数量大得多的生产性劳动直接运作起来，要比把相同的资本放在一个批发商手上对于社会的土地以及劳动的年产物所附加的价值就更大了。

并没有任何的资本能和农场主的资本所调动起来的生产性劳动量相同。不仅仅他的劳动工人，同时他的劳动牲畜都是生产性劳动者。在农业中大自然和人一起劳动，即使它的劳动无须费用，但是它的产品以及昂贵的工人的产品一样具有价值。农业的最为重要的运作看来并不是要大大增产，即使它也是在增产，而是要把大自然的繁殖力引导向生产最有利于人的植物。长满蓬蒿荆棘的田野常常可生产出和耕种得最好的葡萄园或者谷地同等数量的蔬菜。种植以及耕作能够激活大自然的主动繁殖力，但是更多的还是控制大自然的繁殖力。在人力进行了劳动以后，大多数的工作还是要留待大自然自身去做。所以，劳动者以及劳动牲畜在农业劳动中不仅仅就像制造业中的工人一样，再生产出来的价值不仅仅等同于他们的消费，换言之，不仅仅等同于雇佣他们的资本还有资本所有者的利润，并且还要生产出更大的价值。除了农场主的资本以及利润外，照例同时要再生产出地主的地租。这个地租能够视作地主借给农场主使用的自然力的产品。地租的大小取决于那一些自然力所想象的限度，换言之，取决于对于土地的想象的自然的或者改良了的繁殖力。在扣除以及补偿了所有可视为人的劳动成果之后，保留下来的即是大自然工作的成果。它常常不小于整个产品的1/4，经常是要比1/3还多。用于制造业的任何的等量生产性劳动都无法有这样大的再生产力。由于在制造业中大自然完全无所作为，所有都是人做的。所以其再生产必须总是和导致再生产的生产因素的力量成比例。所以，用于农业的资本调动起来的生产性劳动量要比投入制造业的等量资本所能够调动起来的生产性劳动量大得多，与此同时按照它所雇佣的生产性劳动量来说，它对于国家土地以及劳动的年产物，对于全国居民的真实财富以及收入所附加的价值都要大得多。在所有的可以投资的用途中，农业投资对于社会是最为有利的一种。

在任何的一个社会中投入农业以及零售业的资本肯定总是保留在社会内。它们的使用几乎总是固定在一个明确的地点，固定在农场以及零售商的店铺里。即使也有一些例外，但是它们通常也肯定属于该社会的居住成员。

反之，批发商的资本看来则几乎没有固定的或者必需的地点。它能够从一个地方游动到另外一个地方，全看哪里能够便宜买进或者高价卖出。

制造业者的资本毫无疑问肯定停留在制造业所在的地方；但是具体在哪儿并不老是需要规定死，它常常可能在远离原材料的地方，而与此同时又是远离制成品消费的地方。里昂既远离制造业的原材料供应地，与此同时又远离他们所消费的制成品的生产的地方。西西里时髦的人穿的丝绸都是其他的国家制造的，而丝绸的原材料同时又是他们自己生产的。西班牙的一部分羊毛是在大不列颠制造加工，而有一部分呢绒后来又返回了西班牙。

至于把资本用于出口一个社会的剩余产品的商人是本国人，抑或是外国人，这点并不重要。假如他是一个外国人，雇佣的生产性劳动者的人数肯定要比他是一个本国人少一些，不过也仅仅少一些。而他们的年产物的价值也肯定要少一些人的利润。他所雇佣的水手或者搬运工人依然可以无关紧要地分属于他自己国家、本国的甚至第三国。这一点和他是本国人没什么区别。外国人的资本给他们的剩余产品所增加的价值和本国人的资本给他们的剩余产品所增多的价值是相同的，由于它把国内剩余的产品换取了国内所需要的产品。外国人的资本一样有效地弥补了生产那些剩余产品的人的资本，一样有效地使他能够继续他的经营；批发商的资本的重要贡献是通过上面的服务支持了生产性劳动，与此同时扩大了他所属的社会或者国家的年产物的价值。

制造业的资本留在国内则具有更加重要的意义。它肯定会把数量更加大的生产性劳动调动起来，为社会的土地以及劳动的年产物增加更加大的价值。但是，即便它并没有留在国内，它依然可能对国家非常有利。比如，大不列颠制造业者加工每一年从波罗的海沿岸进口的亚麻以及苎麻，他们的资本肯定对于生产亚麻以及苎麻的国家非常有利。这一些材料仅仅是那些国家的部分剩余产品，假如它们无法每一年交换一些他们国家所需要的东西，就会没有任何的价值，并且非常快也就会停止生产。出口这些剩余产品的商人偿还了生产这些材料的人民的资本，以此来鼓励他们继续生产，而英国的制造商就是偿还了那一些商人的资本。

像人一样，一个国家常常并没有足够的资本改良以及耕作一国所有土地，将他们国家所有的全部原生产物加工以及制成适合于直接消费的货物，并没有足够资本把原生产物以及制成品的剩余部分运到能够交换到国内所需要的一些东西的远方市场。大不列颠的非常多不同的地区的居民就是没有足够的资本来改良以及耕作他们的全部的土地。苏格兰南部区域的羊毛，其中的很大一部分是在经过崎岖不平的长途运输以后在约克郡进行加工的，由于在本土缺少进行加工的资本。在大不列颠有很多小的工业城镇，那儿的居民并没有足够的资本将他们的工业产品运输到需要以及消费那一些产品的远方市场。居民中就算有几个商人，他们也仅仅是某一些较大的商业城市当中的较为富有的商人的代理人。

每当一个国家的资本不足以满足所有的上述三个目的的时候，那么按照比例投入在农业上的份额越大，它调动的国内生产性劳动量也将会愈大。同理这种投入给社会土地以及劳动的年产物附加的价值也就会愈大。继农业以后，投入制造业的资本调动了最为大量的生产性劳动，对于年产物附加的价值也是最大。投入出口贸易的资本在这三种目的当中效益是最小的。

假如一个国家并没有足够的资本同时满足上述三项目的，则它的富裕程度就还没达到应有的高度。但是，条件不够成熟，用不充足的资本企图同时去达到上述三点，对于一个社会如同对于一个人一样，都并不是得到充足资本的捷径。一个国家所有的个人资本就像个人的资本一样都有它的极限，只能用于实现某一些目的。一个国家所有的个人资本就像一个人的资本一样，是通过不断的积累以及把其收入当中可以节省下来的东西都增加进去而增加起来的。所以，当一个国家所有的个人资本都投入在能对于全国居民提供最大的收入的用途的时候，由于居民们有更加多的钱储蓄，因此国家的资本一样能最快地增长起来。不过全国所有居民的收入必须和国家的土地以及劳动的年产物价值成比例。

几乎把全部资本都投入在农业里，这就是我国美洲殖民地迅速走向富裕以及强大的主要原因。那里除了农业发展所必需的家庭制造业以及粗糙制造业，并且又都是由每一个家庭的妇女以及儿童操作的外，并没有别的什么制造业。出口以及美洲沿岸的商贸大多数是由居住在大不列颠的商人的资本做的。有一些州，特别是弗吉尼亚以及马里兰经营零售商品的一些商店以及仓库都是属于非常多的居住在母国的商人所有。这也是一个国家的零售业不被本国居民而是由外国居民的资本经营的为数不多的事例之一。假如美洲人通过联合或者任何暴力停止进口欧洲的制成品，与此同时，通过给予他们本国人制造这一些货物的垄断权，将他们自己资本中的相当的一部分投入这个用途，则他们就将不是进一步加速它的年产品的价值的增长，而是将会阻碍其增长；他们，将不会是促进本国迅速走向富强，而是阻碍它的进步。假如他们真的企图以相同的方式去垄断他们的所有的出口贸易，情况会更加糟糕。

确实，人类繁荣的过程好像从未延续过这样长久，致使一个大国能得到足够的资本来同时完成上述三个目的。或许，除非我们相信关于中国、古埃及还有巴比伦的财富以及耕作的神奇的报道，不然是不可能的。即便是那三个国家，根据所有的记载，它们是世界上曾经有过的最为富裕的国家，它们的优势也主要是在农业以及制造业上。他们的国外贸易好像也并不出色。古埃及人对于海洋有一种迷信的反感，几乎是相同的迷信也盛行在印度，所有的这三个国家的大多数剩余产品都是由外国人出口的，他们通常用这三个国家当地的需要的金银来与之交换。

就是这样，同一资本在一个国家中能调动起来的生产性劳动量的大小，对其本国土地以及劳动的年产物所增加的价值的大小，取决于资本用于农业、制造业以及批发商的不同比例。并且由于资本的多少还有所投入批发业的种类的不同，它的结果也非常不同。

所有批发业，所有为了重新卖出而购买的批发业能够归纳为三类：国内贸易、消费品的对外贸易以及运输业。国内贸易是在同一国家之中的某地购进该国工业产品，而在另外一地区出售，它包含内陆贸易以及沿海贸易。消费品的对外贸易是为了本国消费而买进外国货物。运输业是从事于国外商品的交易，也就是把一个国家的剩余产品运到另外一个国家。

投在收购国内某一个地区的工业产品而到国内另外一地区出售的资本常常通过每一次买卖偿还用于该国农业以及制造业的两个不相同资本，并且以此使两者不至于中断。当它从商人的住地发送出一定的价值的商品的时候，通常可以带回最起码是同等价值的其他的商品。假如这两种商品都是国内制造的，它肯定通过每次这样的买卖偿还用于扶持这两种商品生产的生产性劳动的两个资本，并且以此而使它们能继续获得扶持。用于把苏格兰制造品送到伦敦而又把英格兰谷物以及制造品带回爱丁堡的资本肯定通过每次这样的买卖偿还了两个曾投入大不列颠农业或者制造业的英国资本。

用于购进国内消费的外国货物的资本，假如这种交易是用国内工业产品进行的，同理也会通过每次这样的买卖偿还两个不同的资本。但是其中一个仅用于支持国内工业。用于把英国货物送往葡萄牙，之后又把葡萄牙的货物带回大不列颠的资本，通过每次这样的买卖，仅仅偿还一个英国资本。另外一个则是葡萄牙资本。所以，即使消费品的对外贸易的利润的收回应该是像国内消费品的贸易的利润收回一样快，用于其中的资本却只可以给予国内工业或者生产性劳动一半的鼓励。

不过消费品的对外贸易的利润的回收，极少有消费品的国内贸易的利润的回收那么快。国内贸易的利润常常在年底之前就收回来了，有的时候一年甚至可收回三四次。而消费品的对外贸易的利润极少能在当年年底收回，有的时候要等两三年之后才可以收回。所以，用于国内贸易的资本在用于消费品对外贸易的资本来回运作1回的时候，有的时候就运作了12回，也就是送出去又回来往返了12次。所以，假如两个资本是相等的，一个将给予国内工业24次的鼓励以及扶持，而另外一个却只给予1次。

有的时候国内消费的外国货物可能并不是用本国工业产品购买的，而是用某一些外国货物购进的。但是，这些外国货物必须或者直接由国内工业产品购进，或者用国内工业产品购进的某一种东西购进。由于除了战争以及征服的情况以外，外国货物只能通过用本国生产的某种货物的交换，或者直接或者经过两次或两次以上的交换才能获得。所以，用于这样一种迂回的消费品的对外贸易以及用于最直接的消费品晶的对于外贸易的资本相比，除去它的最后利润的回报，因为它们必须取决于两三次不同的对外贸易的利润，所需的时间更长一些外，在各方面其效果应当是完全相同的。假如里加的亚麻以及苎麻是用弗吉尼亚的烟草购进的，而弗吉尼亚的烟草又是用英国的制造品购进的，则这个商人就必须等待两次不同的对外贸易的利润以后，才可以把同一资本用于再购买同样数量的英国制造品。假如弗吉尼亚的烟草并不是用英国制造的商品购进的，而是用牙买加的食糖以及糖酒购进的，而牙买加的食糖以及糖酒曾是用英国的制造品购进的，则这个商人就需要等待三个来回才可以收回资本。

假如上述两三次的不同的国外贸易刚好是由两三个不同的商人进行的，第二个买进第一个进口的货物，而第三个同时又购进第二个进口的货物以便重新出口，每一个商人获得其本人资本的利润就要更快；不过用于这个贸易的整个的资本的最后利润的回收依然将像前一个一样缓慢。投入这种迂回贸易上的资本，无论是属于一个商人，抑或是三个商人，对于国家来说，它并没有任何区别，即使它对于个别商人来说，或许有一些意义。为了用一定价值的英国制造品交换一定量的亚麻以及苎麻，在这两次交易当中所需的资本和用英国制造品和亚麻、苎麻直接相互交换比较，需要有3倍的相同资本，所以，投入这种迂回的消费品对外贸易的整个资本对于国家生产性劳动的鼓励以及扶持通常要小于用于同类较为直接的贸易的相同资本。

无论作为国内消费而买进的外国货物是什么商品，在贸易的性质方面，对于进行贸易的所在国的生产性劳动的鼓励以及扶持其作用相同。比如说，假如它们是用巴西的黄金，或者秘鲁的白银购进的，则这个黄金以及白银像弗吉尼亚的烟草一样，它们都肯定是用那个国家的工业品，或者用那个国家的工业品交换来的东西购进的。所以，就国内生产性劳动而言，通过金银进行的消费品的国外贸易具有其他的任何迂回消费品的对外贸易的所有好处以及所有不便之处。它在偿还直接用于扶持生产性劳动的资本中的快慢速度也将完全一样。但是，它要比其他方式进行的相同迂回的消费品的国外贸易好像有一个优越之处，那就是这一些金属从一个地方运往另外一个地方的时候，因为它们的体积小、价值高，所以要比其他相同价值的外国货物运费低一些。这是由于它们的重量小许多，保险费又并不高。除此之外，并没有别的货物能够比它在运输中更加不易受损了。所以，用金银做中介，和用别种外国货物做中介相比较，我们常常用较小量的本国货物就可购买等量的外国货物。国内的需求用这种方式经常以较小的费用可要比用其他任何方式获得更为充分的供应。因为要不断地出口这一些金属，这种贸易能否使国家贫困呢？这个问题我将在之后的章节当中作充分的说明。

任何的国家投入运输业的部分资本都是从扶持这个国家生产性劳动的资本中抽取出来的，但是它却用以去扶持某一些外国的生产性劳动。即使通过每一次运作，用于这项贸易的资本能够偿还两个不同的资本，但是并没有一个是属于自己国家的。荷兰商人的资本将波兰的谷物运往葡萄牙，而从那里又将葡萄牙的水果以及葡萄酒带回波兰，通过每次这样的运作，它归还了两个资本，但是其中并没有一个资本用来扶持了荷兰的生产性劳动。其中的一个扶持了波兰的生产性劳动，另外一个扶持了葡萄牙的生产性劳动。当利润定期地回归到了荷兰，它就组成了这个贸易肯定给荷兰的土地以及劳动的年产物所造成的全部的附加值。

当然，假如一个国家的运输业是用本国船只以及水手进行的，那么用于这个运输业的部分资本垫付了运费；这一部分资本就会调动起本国的一定数目的生产性劳动者，并且在他们中进行分配。实际上，几乎所有大量从事这样的运输业的国家都是这样的。这种贸易自身可能就是从此而获得的，这一些国家的人民都是往其他的国家运输货物的搬运夫。但是，这对于这个贸易的性质来说似乎并不重要。比如，一个荷兰商人可以用他的资本从事波兰以及葡萄牙间的商贸，并且他不用荷兰的船只，而是用英国的船只。能够设想他在某一些特殊情况下，的确是这样做的。

但是，正是由于这个原因，运输业长期以来被认为对于大不列颠这样的国家非常有利，由于英国的国防以及安全就取决于其水手以及船只的数目。不过不论是消费品的对外贸易，抑或是消费品的国内贸易，相同的资本可以雇佣同样多的水手以及船只，假如所必需的运输是用近海船只来进行的话，一定的资本可以雇佣水手以及船只的数目不取决于贸易性质，而是部分取决于货物的体积和其价值的比例，一部分取决于货物运输的两个港口之间的距离。并且主要取决于这两个条件中的前面一个。比如，从纽卡斯尔到伦敦之间的煤炭贸易雇佣的船只就要比英格兰国内所有运输业雇佣的都多，即使这一些港口并不非常远。所以，假如通过特殊的鼓励来强迫一个国家的较大多数资本投入运输业，而不是顺其自然地发展，则它不一定总是会增强该国的航运业。

所以，与投在消费品的对于外贸易上的资本相比，投在国内贸易上的相同的资本常常能鼓励以及扶持国家更大量的生产性劳动；与此同时给国家的年产物增加比较大的价值。由于投在国外贸易中的资本在这两个方面要比投在运输业上的相同的资本具有更加大的好处。显然国家的权力取决于财富，每一个国家的财富以及权力必须总是和一个国家年产物的价值互成比例，与包含支付全部税收的基金成比例。而每一个国家的政治经济学的主要对象就是要增加国家的财富。所以，它不应当给予消费品的对外贸易要比国内贸易以更多优惠更多的鼓励，也不应给运输业要比对外贸易以及国内贸易以更多优惠。它也不应强迫或者引诱国家的大多数资本流入上述两个渠道，而应当听其自然自愿流入。

但是，上述的每种不同贸易都不仅仅是有利的，并且也是必要的以及不可少的。当其在事物的发展过程中自然产生的时候，无须限制，也并没有必要施加暴力。

当工业的任何的一个部门，其产品超过了国家的需求的时候，其剩余部分就必须要送往海外，交换国内需要的东西。没有这样的出口，国家的一部分生产性劳动就必须停止工作，国家的年产物价值就肯定减少。大不列颠的土地以及劳力平常生产的谷物、毛织品以及五金制品都超过国内市场的需求。所以，剩余的部分需要送往海外，交换国内所需要的东西。只有通过这样的出口方式，剩余产品才可以获得足以偿还生产它所消耗的劳动以及费用的价值。沿海地区，所有的通航河流的两岸都是发展工业的有利的位置，由于它们方便于出口以及把这种剩余产品交换当地更加需要的东西。

当用国内工业剩余产品购进的外国货物多于国内市场的需求的时候，剩余部分又必须送到海外，交换国内更加需要的某一些东西。英国用工业部分剩余产品每年从弗吉尼亚以及马里兰购进大概96000大桶烟草，不过大不列颠也许需要的烟草不超过14000大桶。所以，假如剩下的82000桶不可以送到国外去，交换国内更加需要的某一些东西，它们的进口就必须立刻停止。与此同时，现在从事加工用以购买那82000桶烟草的产品的那一些英国居民也都必须立刻停止工作。那一些货物，作为英国土地以及劳动产物的一部分，在国内并没有市场，并且被剥夺了其国外市场，就需要停止生产。所以，最迂回消费品的对外贸易同样也是扶持本国生产性劳动以及维持本国年产物价值所必要的。

每当一个国家的资本积累已增长到这样的一个程度，也就是它已不可以全部投入到提供整个国家消费、扶持本国生产性劳动的时候，其剩余部分自然就会投入运输业扶持其他国家的生产性劳动。

运输业并不是国家富裕的自然原因，那一些非常倾向于运输业并且给予特殊鼓励的政治家看来是错误的，他们将结果以及象征当作了原因。从土地以及人口的比例来讲，荷兰是欧洲最为富有的国家。所以，在欧洲的运输业当中它占有最大的市场份额。英格兰或许是欧洲第二大富国，同理推测在运输业当中占有非常大的份额。但是，英格兰的所谓运输业经常不过是迂回的消费品对外贸易。在非常大的程度上，这些贸易就是将东西印度的货物以及美洲的货物运往欧洲的不同的市场。这些货物常常都是直接用英国工业品购进的，或者用英国工业品购来的东西购进的。而这一些贸易最终带回的东西常常都是供英国人使用或者消费的。在大不列颠河边的低地、地中海不同港口之间的这种贸易还有由英国商人经营的在印度不同港口之间的这种贸易，或许才是大不列颠真正运输业的重要部分。

国内贸易的范围还有可以投入国内贸易的资本的大小肯定受到国内所有的遥远地区的剩余产品价值的限制。与此同时国内各地区也有互相交换产品的要求。消费品的对外贸易可能投入的资本的大小，肯定受到全国剩余产品以及用它所能够购买的东西的价值的限制。运输业的范围还有可能投入的资本的大小，又肯定受到全世界所有的国家剩余产品的价值的限制。所以，它的可能的范围和其他两种范围相比较在某种意义当中是无限的，并且也能吸收最大的资本。

对于私人利润的考虑是资本的所有者决定投资农业，制造业，或者某种批发、零售业的唯一的动机。在他的资本投入这种或者那种不同用途的时候，他的资本能够调动多少生产性劳动，能够给社会的土地以及劳动的年产物增加多少，这一些事情他是向来没有考虑过的。所以，当农业在国家所有用途中最能够获利的时候，当耕作以及改良农业是走向辉煌财富最为直接的道路的时候，个人的资本当然就会投在这个对于社会最有利的用途上。但是，农业的利润在欧洲各个地区似乎要比其他的用途没有什么优势。确实，在欧洲的每一个角落，这些年来有一些规划家发表了非常多动听而辉煌的报告，报道耕种土地以及改良土地所带来的丰厚的利益。不必对于他们的计算做什么深刻的讨论，简单看来，我们就能够知道他们的计算的结果是错误的。我们每天都可以看到一个一生经营商业以及制造业就可获得非常大财富的人，并且他们发家的时候常是开始只有很小一点儿资本，有的时候甚至是白手起家。与此同时，用这么一点儿资本从事农业投资而发大财的例子在本世纪整个欧洲或许一个都还没有。与此同时，在欧洲所有的大国当中，许多好地依然未被耕种，并且即便是耕种了的土地大多数也未改良到应有的程度。所以，几乎各地的农业都还可以吸纳比现在已经投入的大得多的资本。欧洲政策当中到底有一些什么条件使得在城镇经营商业要比在农村中经营商业获利更大，以至于使得人们都经常发现把他们的资本投入亚洲以及美洲这些最远的地区的运输业要比投入改良以及耕种家庭周边最肥沃的土地更加有利呢？在下面的两篇当中我将会详细说明。

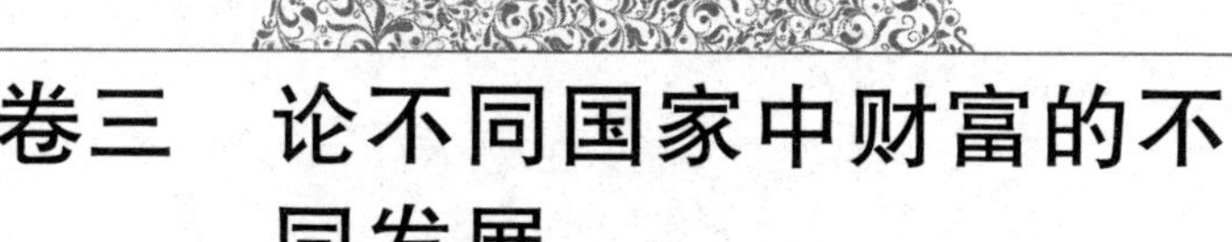

卷三　论不同国家中财富的不同发展

第一章　论财富的自然发展

每一个文明社会的庞大的商业是在城镇居民和农村居民间进行。它是用原生产物和制造品的交换而组成的。这样的交换可以是直接的，也可以是通过货币作为媒介，或者某种代表货币的纸币做媒介来进行的。农村供应城市生活的必需品以及制造业的原料；城镇则用一部分制造品返回给农村居民来补偿这个供应。并没有也不会再生产任何的生活资料的城市可以非常恰当地说是从农村得到其全部财富以及生活资料。但是我们绝不要因此而觉得城镇的收益就是农村的损失。双方的利益是相互的以及互惠的，而分工也刚好是在这种场合以及在所有其他场合一样对于进入了这个分工的各个行业的人都有好处。农村的居民用要比他们自己去生产那些货物少得多的劳动力所生产的产品买进城镇数量大得多的制造品。城镇为农村的剩余的生产物提供市场，或者为种植者们维持生活之外的东西提供了市场，在那个市场之中，农村居民用他们多余的东西换取他们所需要的东西。城镇居民人数越多，收入越多，则对于农村居民提供的市场也就越大，对于大多数人也更加有利。距离城镇1英里以内的地方生长的谷物在市场上出售的价格和离城镇20英里远的地方运输来的谷物价格一样。不过后者的价格常常不仅仅必须支付种植以及运往市场的费用，还要对于农场主提供普通的农业利润。所以，位于城镇郊区的农村的领主以及种植者除了普通的农业利润之外，在他们所卖的东西的价格当中还获得从较远地区把同类生产物运来的所有的运输价值；除此之外他们在所购买的东西的价值中又节省了所有的运费。把任何的一个非常大的城镇的近郊的土地耕种情况和距离该城镇有一些距离的土地的耕种情况相比较，你将会不难相信农村是怎样得益于城镇的商业。在所有的那一些长期被宣传的关于贸易不平衡的荒谬的推测当中，从来就没有一种敢于说农村由于和城镇的贸易吃了亏，或者城镇由于和维持其存在的农村的贸易而吃了亏。

依照常理，生活资料先于生活便利品以及奢侈品，所以生产前者的产业肯定要先于生产后者的产业。所以，提供生活资料的农村的耕种以及改良肯定要先于仅仅提供便利品以及奢侈品的城镇的扩大。农村的剩余的生产物，或者说种植者维持生活之外的东西组成了城镇的生活资料，所以城镇才能用这个剩余生产物来扩大。当然，一个城镇或许并不总是只从其邻近的农村得到其全部生活资料，甚至也并不只是从本国得到其全部生活资料，而可以从非常远的国家得到生活资料，这即使对于普遍的规律来讲也没有构成例外，却在不同年代以及不同国家中造成了富裕进程的非常大的不同。

总体来说，生活的需求构成的这种事物的顺序即使并不是在每一个国家，但是在一般的国家里都是由人的天生的喜好所促成的。假如人类的制度从来没有阻止那一些天生的爱好，那么最起码在那个领土完全开垦以及改良之前，并没有任何地方的城镇可以扩大到超过该城镇所处的领土的改良以及耕种所能维持的程度。在同等或者几乎同等的利润的条件下，许多人宁可把他们的资本用于土地的改良以及耕作，而不愿用于制造业或者对外贸易。把资本用于土地的人，资本在其视线之内，听其指挥，其财富的风险要比商人的小。商人常常只好把其财富交给大风大浪，由于把自己的财富交付给了远方国家的性格以及所处境况都不完全了解的人，肯定要遭遇更多的人类愚蠢以及不公平等不确定的因素。反之，地主的资本固定在他的土地的改良上，看来就和人间事务的本性一样安全保险。此外，农村优美的景象，乡村生活的愉快，还有它所带来的内心的宁静，但凡人类法律的不公并没有破坏它所提供的独立性的地方，这一切所拥有的魅力多多少少吸引着每一个人，并且由于耕种土地本是人类最初的目标，所以在其生存的每一阶段看来对于这个原始的职业都保有一种特殊的好感。

当然，并没有某一些工匠的协助，耕作土地不会遇不到巨大的不便以及不断的中断。铁匠、木匠、制造车轮的工人、制作犁头的工人、泥水匠、砌瓦匠、制革工、鞋匠以及裁缝，他们均是农场主经常用得着的人。这类工匠有时也需要相互帮助。因为他们居住的地方不像农场主那样需要固定在一个地方，他们当然都定居在相互邻近的地方，然后形成一个小镇或者村。屠户、酿酒师、面包师，再加上非常多其他的偶尔需要以及相互用得着的工匠以及零售商贩的入伙，他们对于小镇的进一步扩大又做出了贡献。城镇的居民以及农村的居民彼此相互服务。城镇是农村居民用他的原生产物交换制造品的一个集市或者市场。正是这种商业往来给城镇居民提供了他们工作的原料以及生活的手段。他们卖给农村居民的制成品的数量肯定调控着他们购买原材料以及粮食的数量。所以，他们的就业以及生活必需品的扩大必须和农村对于他们的制成品的需求的扩大成比例，而这一需求，又只好随土地的耕作以及改良的推广而扩大。所以，假如人类的制度从来没有干扰过事物发展的自然进程，则城镇财富的不断增长以及城镇的增长在每一个政治社会中都将是其肯定的结果，并且它们和领土或者农村的进步以及耕作成比例。

在我们的北美殖民地现今并没有开垦的土地依然以非常便宜的价钱便可以买到，并且在任何一个城镇里都还没有建立起任何的远销外地的制造业。当一个工匠得到的资财超过了他为了供应邻近农村而进行生产所必需的数额的时候，在北美他并不企图用它建立一个远销外地的制造业，而是把它用于购买以及改良开垦的土地。他从一个工匠变为一个种植者，无论是哪个农村为工匠们所提供的高工资以及便宜的生活资料都无法收买他去为他人干活，他只愿意为自己干活。他感觉工匠是他的雇主的仆人，他是从雇主那儿获得必要的生活资料，而一个种植者耕作自己的土地，他从他自己的家人的劳动中得到他必需的生活资料，就是一个真正的主人，他独立于整个的世界。

反之，在有一些农村当中，那里既没有还未开垦的土地，也没有用便宜的价钱能够获得的土地，每一个资财超过了他能用于邻近地区临时工作的工匠都会竭力为销往比较远的地方制造产品；铁匠建起某种铁厂，纺织工建起某种亚麻布以及毛织品制造厂。随着时间的推移，这一些不同的制造业又渐渐地再进行分工，从而使它们获得多方面的改良，这一些是能够非常容易想象得出而无需作任何的进一步解释的。

在寻找资金的用途的时候，在利润相等或者几乎相等的条件下制造业自然优先于对外贸易；同样在寻找资金的用途的时候自然农业优先于制造业。由于地主或者农场主的资本要比制造业者安全，同样制造业者的资本因为随时都在其视线以内以及自己控制之下而要比外贸商人的资本安全。确实，每一个社会剩余的原生产物以及制造品，或者是国内已无需要的那一些产物必须送往国外交换国内有某一些需要的东西。不过把这一些剩余产物送往国外的资本是外国的或者是本国的，是无关紧要的。假如社会并没有足够的资本耕作其所有的土地，与此同时把其全部原生产物进行最为完善的加工，则为了使社会的全部资本都能更好地利用起来，即便是由外资出口原生产物也对于社会有非常大的好处。古埃及、中国以及印度的财富充分说明一个国家即便其绝大多数的出口贸易是由外国人进行的，也可以达到高度的富裕。假如只有属于他们自己的资本才能用于出口其剩余生产物，我国北美以及西印度殖民地的进步将缓慢得多。

所以，按照事物发展的自然进程，每一个成长中的社会的绝大多数资本首先是投向农业，然后才是制造业，而最后才是对外贸易。事物发展的顺序十分自然，在每一个多少拥有一些领土的社会，我相信这一发展顺序在某种程度上是一直被遵守着的，只有某一些土地已经开垦好了之后才可以建立起大的城镇。只有在那一些城镇里已经有了某一些粗糙的制造业之后，人们才可以非常好地思考从事对外贸易。

但是，即使在每一个这样的社会里事物发展的这个自然顺序在某种程度上都肯定产生过，在所有现代的欧洲国家中在非常多方面这个顺序却被完全颠倒了。它们的某一些城镇的对外贸易引进了外国所有精制造业，或者说适合于远销的制造业；与此同时制造业以及对外贸易一起带来了农业的主要改良。他们最初的统治的性质所引入的生活方式以及习俗在那个统治大大地被改变之后所保留下来的那些生活方式以及习俗肯定强迫那些国家采取了这个不自然以及倒退的顺序。

第二章　论罗马帝国崩溃后古代欧洲农业受到的抑制

当日耳曼以及塞西亚民族横行于罗马帝国的西部各省的时候，这样大的一个变革所带来的混乱的状态持续了几个世纪。野蛮人对于当地居民所施行的掠夺以及侵犯中断了城镇和农村间的商贸往来。城镇没人居住，农村土地没有人耕种，在罗马帝国统治之下曾经享受过极其富裕的欧洲西部各省沦入了最贫困以及野蛮的状态。在这些混乱状态持续的时候，那一些民族的酋长以及主要头人获得了或者篡夺了那些国家的大多数土地。其中绝大多数土地都未被开垦，不过不论是开垦了的或者并没有开垦的都有了主人。所有的土地都被占有，并且绝大多数被少数所有者独占。

对于未开垦的土地的最初占有，即使是一个极大的罪恶，但是可能也只是短暂性的。通过继承或者转让，土地非常快就可能被重新分割成非常多小块。不过长子继承法阻碍了它们通过继承进行分割；然而限定继承法的实行又使土地不得通过转让而分割成非常多小块。

当土地就像动产一样仅仅被视为生活以及享乐的手段的时候，自然继承法就能够把土地像动产一样划分给一个家庭的所有子女，所有子女的生活以及享乐可以认为对于当父亲的都是一样的可贵。所以，罗马人实行了这一自然继承法，罗马人在继承土地方面和我们分配动产一样不分长幼，不分男女。不过，当土地不仅仅被视作是生活的手段，并且是权力以及防卫的手段的时候，它就被认为最好是不被分割地传授给一个人。在那一些混乱的年代，每一个大地主都是一个小的国君，他的佃户即是他的臣民，以及平时他是他们的法官以及在某一些方面的立法者，战争的时候是他们的领袖。依据他自己的处理权，他经常向他的邻居宣战，有的时候甚至向他的国王宣战。所以，一个地主庄园的安全，庄园主可以向居住在里面的人们提供的保护就决定于它的大小。分割它即是毁灭它，就是把其每部分置于让其入侵的邻人压迫以及吞并的威胁之下。所以，长子继承法在地产的继承中并不是立刻产生的，而是随着时间的推移逐渐产生的。为了相同的理由，在君主国的继承当中通常也采用了长子继承法，即使在开始建立这个制度的时候并不总是如此。为君主国的权力，所以也是为了安全不会被分割而减弱，君主国需要整个地传授给子女中的一个。传授给子女中的哪个，这样重要的一个人将是谁，则必须由某一些共同的规则来决定，这一些共同的规则又不可以建立在个人的功劳这个能够使人置疑的特征上，而必须建立在某些不容置疑的简单而明显的区别上。在同一个家庭的众多子女当中，唯一能够没有争议的区别就是性别以及年龄。男性普遍地被认为要比女性更优秀，而当所有其他的方面都是相同的时候，年长的任何一个又都被认为要优于幼小的。这就是长子继承权的源头，也是所谓的直系继承权的来源。

法律经常是在最初产生它们的环境变化了之后很长时期内还继续有效，并且也只有那些环境才可以使它们成为合理以及有效的。在目前欧洲的状态之下，只有1英亩土地的所有者和拥有100000英亩土地的所有者一样安全。但是，长子继承权依然继续受到尊重，并且在所有的制度中它是最适于维持家族骄傲的制度，它或许还要持续好几个世纪。另外一方面，一种只使家庭中一个子女变得富而所有其他的子女变穷的权利是最违反一个大家庭的实际的利益的。

限定继承法就是长子继承法发展的自然的结果。它们是被用来保持一定的直系继承，关于直系继承的想法首先就是由长子继承法引出来的，并且也是为了阻止其后的某一继承人以遗赠或者转让的名义，或者由于其后某一继承人的愚蠢或者不幸，使其原始的地产的任何一部分落入旁系之手。这些法律罗马人是全然没有的。即使某些法国法学家觉得不妨用现代制度的语言以及装束去套在那些古代制度的上面，但是法国的继承人预定法或者嘱托遗赠法都与限定继承法无任何相似之处。

当大的地产是一种封邑的时候，限定继承法或许并不是不合理的。就像某些君主国家所谓的基本法一样，它们经常可以使成千上万人的安全不至于因一人的任性或者奢侈浪费而受到危害。不过在欧洲现今的状态之下，当小的庄园以及大的庄园同样获得他们国家的法律的保护的时候，那就没有什么能够比那些法律更为荒谬的了。那些法律是建立在一种最荒谬的设想上的。那就是每代的后人，他们对于土地并没有平等的权利，与此同时对于土地所属的一切也没有同等的权利；这一代人的财产应当受到也许是500年前，死去的那些人的幻想的限制。但是，限定继承法依然流行于欧洲的绝大多数地区。在那些国家当中，高贵的出身是享受文职或者武职荣誉的必需的资格。限定继承法被认为是维系贵族担任高官以及享受荣誉的特权所必要的，同理那个阶层篡夺了对于其余同胞的一种不公平的优势之后，担心他们的贫穷会让这一优势变得荒谬可笑，所以认为他们还应有另外一优势才合理。确实，英格兰的习惯法听说是厌恶永久所有权的，所以在英格兰他们要比在其他的欧洲君主国家受到更多的限制，即使英格兰并不是完全没有这些所有权。在苏格兰1/5以上，也许是1/3以上的土地现在根据推测都仍然在严格的限定继承法的控制之下。

如此一来，未开垦的大块土地不仅仅被一些特殊的家庭所霸占，并且永远再也没有把那些土地重新分配的可能。但是，很少有一个大土地的所有者是一个大的土地改良者。在产生这样的野蛮制度的混乱的时期，大的土地所有者完全从事于保卫他的自己的领土，或者从事于扩大对于其邻人领土的管辖权。他并没有空闲来关注土地的开垦以及改良。当建立起来了的法律以及秩序给他提供了这种闲暇的时候，他又常常缺乏这种爱好，并且还几乎总是缺乏那种必要的才能。假如他的家庭以及个人的开支和他的收入相等，或者超过其收入，这是常常发生的事，那么他就更加没有资本来用于这一方面了。假如他是一个节俭的人，他通常会发现把他每年的积蓄用于购买新的地产要比改良其旧有的地产还更加有利可图。要想通过改良土地获得利润就像从事所有其他的商业项目一样，要求小心翼翼地节省一分一文，而这对于一个出生在有钱人家的人，即便生性节俭，也是不太可能的。处在这种境地的人自然乐于关注让他的想象感到快乐的装饰品，而不会乐于去关注他极少有机会获得的利润。服饰的高贵，车马的华美，房屋以及家具的高雅才是他所习惯于关切的对象。当他想到土地的改良的时候，这种习惯自然形成的性格也就会接踵而来。他或许会在他房屋的附近用十倍于改良土地价值的费用来装饰四五百亩土地，并且他发现假如他真的用这种方式去改良他的整个庄园，即便他再无其他嗜好，在完成对于其庄园的1/10的改良之前，他也就破产了。在联合王国的两个部分中，现今依然有一些大的庄园自从封建的无政府状态以来一直没有间断地保留在同样一个家庭的手中。把那些大的庄园的现在的情况和其邻近的小庄园的情况相比较，你就会相信，这类庞大的财产是多么不利于改良。

假如对于这样一些大的所有者都无法指望什么改良，那么对于他们下面的那一些占有土地的人就更加无法有什么指望了。在欧洲的古代的状态，土地的占有者都是可以随意退租的佃农。他们都是，或者几乎都是奴隶，但是他们是属于比古希腊以及罗马，甚至今天我们的西印度殖民地的奴隶要温和的一种奴隶，他们一般被认为更多的是直接地依附于土地，而并不是依附于他们的主人。假如征得主人的同意，他们能够结婚，并且主人以后无法拆散他们的婚姻，把男人以及妻子卖给不同的两个人。假如主人残害或者杀害了其中的任何一人，主人或许要受到某种惩处，即使通常都非常轻。但是，他们无法获得财产，假如有，主人能够随意拿走。这种奴隶所能进行的任何耕作以及改良实质上都是他们的主人进行的，用的是主人的钱。种子、牲畜还有家具全都是他的，并且也是为了他的利益，这种奴隶除去他们每日的生活所需外，什么也无法得到。所以，在这种情况下，确切地说是所有者占有土地，他的奴隶耕作土地。这一种奴隶现在仍存在于俄罗斯、波兰、匈牙利、波希米亚、马尔维亚还有德国其他地区。只是在欧洲的西部以及西南各省，这种奴隶制才逐渐地完全废除了。

不过，假如无法指望大的所有者对于土地进行巨大的改良，则当他们利用奴隶作为工人的时候，就更不可能有所指望了。我相信各个世纪以及各个国家的经验都证明由奴隶完成的工作即使看似只花费了维持他们生活的费用，而最终是花费最贵的。一个人不可能拥有财产，无法有别的利益的时候，就只能是尽量地多吃，尽量地少劳动。任何的超过了购买其生活资料的工作除非用武力压榨，是无法挤出来的，由于他不会有任何兴趣。在古意大利，当耕作落入奴隶的管理之下的时候谷物的耕种便退化了不少，它变得对于其主人是如此的无利可图。关于这一点普林尼以及科拉麦拉，在其著作当中都曾有所说明。在亚里士多德的时代，古希腊谷物的耕作也并没有好多少。在柏拉图法律当中所描写的理想的共和国，柏拉图说过，想要养活5000个懒惰的人（假设为了国防所需的战士的数目）还有他们的妻子以及奴仆，将需要一块就像巴比伦平原那么无边无际而又肥沃的领土。

人的傲慢让人喜爱统治，并没有什么事情要比只好低声下气去劝说其下属更加使人感到耻辱的了。所以，但凡是法律许可的地方，凡是工作的性质可以这样做的地方，他常常都是宁愿用奴隶而不用自由人。种植蔗糖以及烟草能够提供使用奴隶耕作的费用；如此看来，种植谷物在现在就无法提供这种费用。在重要农作物是谷物的英属殖民地，绝大多数的工作是由自由人完成的。宾夕法尼亚教友派教徒最近所做的解放所有的黑奴的决议能够使我们相信他们的奴隶的数目不可能非常大。假如他们构成了教友派教徒们的大多数财产，这样一个决议就不会被通过。反之，在我们种植蔗糖的殖民地，所有的工作都是由奴隶完成的，而在我们耕种烟草的殖民地，大多数工作也是由奴隶完成的。在我国西印度任何的一个殖民地蔗糖种植的利润一般情况下都要大大地高于在欧洲或者美洲所有的其他种植的利润。种植烟草的利润即使低于种植蔗糖，但是如前所述：高于种植谷物。这种烟草以及蔗糖都可提供使用奴隶耕种的费用，并且蔗糖能提供的要比烟草还多。所以，在我们种植蔗糖的殖民地，黑人的数目和白人的比例要比在种植烟草的殖民地更多。

紧随着古代的奴隶种植者以后逐渐产生了一种现在法国所谓的对于分佃农的农民。他们在拉丁文中称为Coloni Partiarii。他们在英格兰已经消失非常久了，我不知道他们现在的英文名词是什么。所有者为他们提供种子，牲畜以及农具，简而言之耕种土地所需要的全部资产。平时在扣除判定为维持生活所必需的之外，其余生产物地主以及农民平分；当农民离开农场或者被逐出农场的时候，则资产要归还于地主。

耕种这种佃农所拥有的土地所需全部费用像由奴隶耕作的时候一样，全部由所有者负担。但是，他们两者之间有一个本质的区别。这样的佃农是自由人，能够拥有财产，享有一些比例的土地生产物，为了让他们所得的比例可以同样的大，他们的明显的利益即是让生产量尽可能的大。反之，一个除了糊口无法拥有任何的东西的奴隶考虑到自己的清闲，总是让土地的生产量尽力地不超过维持他生活的所需。或许是部分基于这种的好处，部分则基于君主经常忌妒大的领主，然后渐渐鼓励奴隶反抗地主的权力，最终使得这种奴役变得十分困难，以至于奴隶耕作制度渐渐在欧洲的绝大多数地区消失。但是，这样重大的一个变革所发生的时间以及方式却是现代史中最为模糊的问题之一。罗马的教会自称对于此事有巨大功劳，有一条是肯定的，那就是早在12世纪亚历山大三世时就发布了普遍释放奴隶的教皇训令。但是，这个训令好像只是一个虔诚的告诫，并不是法律，仅仅是要求信徒严格遵守。奴隶制后来几乎普遍地又存在了好几个世纪，一直到后来因为上述两种利益——所有者的利益以及君主的利益——的联合行动才渐渐被废止。被解放了的同时被允许继续拥有土地的奴隶自己并没有资产，只好通过地主贷给他的东西才可以耕作，因而肯定就变成了法国的所谓的对分佃农。

但是，把他们可能从自己的份额的生产物当中节省出来的任何一点儿资产投入进一步改良土地，无论怎样也绝对不可能是这最后一类耕种者的利益。由于地主不投入任何的东西，却要得到任何生产物的一半。什一税，即使仅仅是生产物的1/10，但是仍然被认为对于改良是一个非常巨大的障碍。所以，一个达到1/2的税肯定对于改良形成一个有效的障碍。用所有者提供的资产让土地生产出尽可能多的产物或许是对于分佃农的利益，不过把其自身的任何的资产也混合进去绝对不可能是他的利益。在法国，整个的王国的5/6的地方听说仍然是由这种耕种者在进行耕作，所有者们都抱怨分佃农总是利用一切机会用主人的牲畜进行运输，并不是进行耕作；由于在前一种场合他们获得的利润所有归他们自己，而在后面一种场合他们获得的利润必须和地主分享。这种佃农在苏格兰的某一些地区依然存在。他们被称为钢弓佃农。男爵吉尔伯特以及布莱克斯顿博士说到过的地主的仆从而并不是真正的农民的古代英国的那一些佃农，或许就是这一类。

在这种佃农以后产生的才是真正的农民，即使产生的过程非常缓慢；并且是渐进的。但是他们用自己的资产耕作土地，向地主支付一定的地租；这一些农民有个为期几年的佃期，他们有的时候可能发现为了他们自己的利益应当投入自己部分的资金对于农场进行进一步的改良；由于他们有的时候可能指望在租佃期期满之前延长租佃以获得更加大的利润。但是，即便是这种农民的财产长期以来也是非常不安全，直到现在在欧洲的部分地区依然如此。他们在租佃期满之前被一个新的买主合法地赶出租佃地，在英格兰甚至可以通过一个恢复原状的虚假诉讼而被人赶出租佃地。假如他们被主人用暴力非法地驱逐出去，他们要求赔偿的诉讼规则非常不完善。诉讼的赔偿常常并无法恢复他们的土地，给他们的损害的赔偿费从来就无法达到真正损失的数目。甚至在英格兰，或许是欧洲自耕农最受到尊重的国家也是一直到亨利七世第14年才制定了收回不动产的诉讼，佃农才能够获得损害赔偿费以及财产，但是他的要求不一定在一次巡回审判中能获得全部满足。这个诉讼法被发现是一个十分有效的救济方法，现今地主在为土地的占有权进行起诉的时候还在利用它，相反他非常少利用真正属于他作为地主的那一些诉讼法，即不用地主的名义按照权利令状起诉，而常用佃农的名义按照接收回不动产令起诉。所以，在英格兰，佃农能够享受到和所有者相等的安全。除此之外，在英格兰一年之内纳租价值40先令的终身租佃仅仅是完全保有的地产，拥有选举议会议员的投票权，并且由于大多数的自耕农拥有这类完全保有的地产，还有基于他们所得到的政治上的重视，整个阶层都变为了受到他们的地主尊重的人。我确信在欧洲除了英格兰之外，并没有其他的任何地方有佃农在他并没有租佃的土地上修盖房舍的例子的，并且相信地主的自尊心也让他不会去趁机利用这些设施。这些对于自耕农如此有利的法律以及习俗也许对于现今英格兰的荣耀所做的贡献要比他们所吹嘘的全部商贸规章条款加在一起还大。

据我所知，保障最长期的租佃而不遭受各种继承人的干扰的这个法律是大不列颠特有的。这一法律早在1449年由詹姆斯二世的一个法令被引入了苏格兰。但是，其有益的影响一直受到限定继承法的严重破坏；限制继承法的继承人常常总是不允许租佃期过长，经常是不超过一年。在这个方面议会最近通过的一道法令对于这些桎梏多少放松了一点，但是它们仍然过紧。除此之外，在苏格兰因为租佃土地的人并没有选举议员的投票权，依据这个原因自耕农就不像在英格兰那么受到地主的尊重。

在欧洲的其他部分，在人们发觉保证佃农的租期能对抗继承人以及购买者的侵害之后，他们的租佃期依然被限制在一个极短的时期内，比如在法国是从开始租佃之日起的9年。当然，在法国租佃期近年来延长到了27年，对于鼓励佃农进行最为重大的改良来说，这个时期仍然太过短。

土地的所有者在过去都是欧洲各个地方的立法者。所以有关土地的法律都是为了他们所设想的，为所有者的好处而制定的。他们觉得他们前人所批准的租佃期限不应该妨碍他们在一个长的时期内充分享受其土地的价值，这才是他们拥有的利益。贪婪以及不公总是眼光短浅的，他们无法见到这一规章肯定破坏改良，所以最终伤害了地主的真实的利益。

依据推测农民在古代除去交付地租以外，还需要为地主服非常多劳役。它们既没有在租约之内明文规定，也没有用任何明确的条款规定，仅仅是依据庄主或者男爵的需要。所以，这些劳役几乎完全是随意性的，给佃农增添了许多烦恼。在苏格兰，在租约当中取消了所有没有明文规定的劳役。这一取消在几年之内大大改变了苏格兰自耕农的生活条件。

自耕农所应服的公役和对地主私人应服的劳役一样沉重。修路以及维护公路是一种我相信到现在仍然存在于各处的劳役。在不同的国家仅仅是压迫的程度不同而已，但是公役并不止于这一种。当国王的军队，当皇室或者皇室的官员们经过国家的任何一个地区的时候，自耕农都需要向他们提供马匹、车辆以及粮食，而价格则由食物的征发官规定。我确信大不列颠是欧洲唯一一个取消了食物征收的压迫的君主制国家。在法国以及德国它依然继续存在。

他们所应当缴纳的官税同劳役一样既没有明确规定，又非常沉重。古代的领主非常不愿意给予他们的国王任何金钱上的资助，但是非常乐意让国王向他们的佃农征收所谓的贡税；由于无知而无法预见，这样做最终肯定会非常大地影响到他们自己的收入。现在法国依然存在的贡税就可以作为古代的那些税收中的一个例子。它是对于农民的假定利润所征收的一种税，是由他们依据农民在农场里所有的资产而估算出来的。所以，资产显得尽量的少，结果用于耕作的也是尽可能的少，甚至并没有资产用于土地改良，这就刚好合乎农民的利益。假如在一个法国的农民手中聚集了某些资产，那么贡税就几乎等于是禁止农民把它投入到土地上去。除此之外，这个税还被认为对于缴纳它的人是一种屈辱，降低他的身份，不仅仅低于绅士，甚至低于自由民的身份，由于只有租种别人的土地的人才必须交纳它。所以并没有一个绅士，甚至并没有一个有资产的自由民甘愿受这种耻辱。所以，这个税不仅仅阻碍着农民把积累起来的资产用于土地的改良上，并且还把其他所有的资产都从土地上赶走了。在英格兰早一些时候非常普遍的什一税以及1几5税在它们对于土地的影响方面似乎和贡税具有同样的性质。

在所有的这些阻碍下，无法指望土地耕作者能对于土地进行任何的改良。这一阶层的人即使有法律给他们的自由以及安全感，但总是必须在非常大的不利的条件下进行改良。农民和土地的所有者相比就好像一个借钱做买卖的商人和一个用自己的钱做买卖的商人一样。两者的资产都能够增长，不过前者的资产即便用一样的精心的运作总是增长得要比后一个慢得多，由于贷款的利息要花去大多数的利润。农民以相同的方式耕作的土地只有以一样精心的运作才会有所改良。农民耕作的土地因为生产物的大多数交了地租，其改良的速度也要比土地所有者耕作的土地改良得缓慢。假如农民本人是土地所有者，他就能够把交地租的那一部分用于进一步的土地改良。除此之外，从事物的本质来说，农民的地位低于土地所有者，在欧洲的大多数地区，自耕农都被看作低层人民，甚至低于较好的商人以及技师，并且在欧洲的所有各处低于大商人以及制造业主。所以，不可能有一个有非常大的资产的人为了将自己置身于较低的地位而放弃和上等人在一起。所以，甚至今日在欧洲，极少有什么资金会从其他的行业转向土地的改良以及从事耕作。或许在大不列颠要比在欧洲其他的国家多一些，不过即便是在英国，大一点儿的用于农业耕作的资金一般也均是从农业耕作上所得到的资金。自然，农业耕作这个行为或许是获取资金最慢的一个行业。但是，除了小土地所有者之外，富裕的大土地所有者在各个国家都是土地的主要改良者。这种人在英格兰或许要比其他欧洲君主国家还要更加多一些。在荷兰以及瑞士伯尔尼的共和体制下，听说农民的地位不低于其在英国的地位。

除去所有这些，欧洲的古代政策对于土地的改良以及耕作——无论是土地所有者进行的，抑或是农民进行的——都是不利的。第一，并没有特许证普遍地禁止谷物出口，这一点好像成为一个十分普遍的制度；第二，法律荒谬地禁止大量的收购，囤积以及预购，还有授予集市以及市场的特权对于国内贸易所加的限制，不仅仅是对于谷物贸易的限制，几乎是对于所有各种农产品贸易的限制。前面已然指出过他们怎样禁止谷物出口，鼓励外国谷物的进口从而如何破坏了欧洲土地天然的条件最肥沃还有世界上最大的帝国的所在地的古意大利的耕种，对于这种商品的这类限制加上普遍的禁止出口肯定挫伤了土地没有它那么肥沃，天然条件并没有那样有利的国家的耕种，它的伤害程度之深也就并不是那样容易想象得出来的。

第三章　论罗马帝国崩溃后城市的兴起与进步

罗马帝国衰落之后，城市居民的处境并不会比乡村居民好。当然，他们被看作是一种和古代希腊以及意大利共和国的最初居民十分不同的人。后者主要由地主构成，他们是最开始分割公共土地的人，认为把他们的房屋建在彼此的附近，环绕以围墙，来进行共同的保卫，比较方便。反之，在罗马帝国衰落之后，地主好像一般住在各自地产的城堡内，住在自己的佃农以及依附者中间。城市主要由商人以及技工居住，他们在那个时候似乎处于一种奴隶或者近似奴隶的地位。我们发觉，向某些欧洲主要城市居民颁布的特许状所赋予的特权，足以表明在此之前他们是什么样的人。这些人民被赋予的特权有：并没有经过领主许可，能够让自己的女儿出嫁；自己死之后，由子女而不是由领主继承自己的财物；能够订立遗嘱，处置自己的遗产。由此可见，在赋予这些特权之前，他们完全或者将近和乡村土地占用者一样，处在奴隶的境地。

确实，他们好像是一种十分贫穷、低贱的人民，他们常常带着货物，从一个地方到另外一个地方，从一个集市到另外一个集市，四处求售，就好像现今沿街叫卖的小贩一样。在那个时候欧洲所有的国家，税捐是向旅行者的人身以及货物征收的，当他们经过某一些庄园的时候，当他们通过某一些桥梁的时候，当他们在集市上带着货物从一个地方走到另外一个地方的时候，当他们在集市上设立摊点的时候。这一些税收在英格兰称作过境税、过桥税、落地税以及摊贩税。有的时候由国王，有的时候由大领主——他在某一些场合好像有权这样做——特许某一些商人、特别是住在他们自己领地以内的商人免纳所有这些税捐。这一些商人因此称作自由商人，即使在其他方面还是处于奴隶地位或者接近奴隶的地位。他们常常向自己的保护人每年缴纳一次人头税，作为回报。在那个时候，没有金钱上的考虑是不会给予保护的，这种人头税或许可以看作是对于保护者因他们免纳其他各税所遭受损失的补偿。在开头，这种人头税以及这种豁免二者似乎完全只限于个人，仅仅影响到具体的个人，当他们在生的时候，或者凭他们的保护者的好恶。从几个英格兰城市的土地勘察记载所公布的十分不完全的记载来看，有的时候常常提到某一市民，为了这种保护向国王或者向某一些其他大领主所缴纳的税收是多少；有的时候仅仅载所有这一些税收的总数。

不过不管城市居民的最初处境是怎样低贱，他们看来显然要比乡村土地占用者获得自由以及独立早得多。国王收入中有部分是这种城市人头税，常常由国王定出税额，在一定年限之内包给他人代为征收，有的时候是包给各郡的司法行政官，有的时候是包给其他的人。市民们经常自己获得足够的信用，被允许承包本市这种税收，对于全部税收共同地、分别地负责。用这种包税方式，我相信对于欧洲各国君主的一般经济是最为合适的，他们经常将整个庄园交给全体的佃农包办，后者共同地、分别地对于全部税收负责；但是作为回报，允许他们按自己的方式去收集，并且经由自己的官员之手交入国王的国库，如此就完全免受国王官吏的羞辱；这种情况在那个时候被认为是非常重要的。

在开端，城市税收或许是包给市民代征，就像包给其他的承包人一样，仅限于一定的期限。但是，随着时间的推移，好像形成了一种普通的做法，永久地包给市民代征，税额嗣后永远不改变。纳税就这样变为了永久的，作为回报的豁免当然也就成为永久的。所以，这种豁免已经不再是个人的，之后无法看作是给予个别人，而是给予某个城市的一切市民，所以，城市称作“自由市”，市民称为“自由市民”或者“自由商人”。

城市市民除去享有这种权利以外，还被普遍赋予上述的各种特权，也就是嫁女权、子女承继权以及遗嘱处理财产权。之前这种特权是否常常和贸易自由一道赐给作为个人的某一些市民，我不了解。我想或许是这样，即使我提不出什么直接的证据。不过，无论情况如何，贱民地位以及奴隶地位的主要特征既已经这样从他们身上涤除，从我们现在“自由”一词的含义来说，他们这个时候最起码是变得真正的自由了。

还不仅仅这样，他们在这个时候一般构成了一个社团或者市区，有权选举自己的市长以及市议会，有权为自己的治理制定法规，有权建立城垣实施自卫，有权命令自己的全体的居民接受一种军事训练，让他们负担警戒以及防守的义务，这就是说，在古代所理解的，不论黑夜以及白天，都要保卫以及防守这一些城垣，防止一切的进攻以及偷袭。在英格兰，他们一般能够免于向州郡法庭提出诉讼，他们之间所有的诉讼除公诉之外，均可以由自己的市长裁决。在其他的国家，常常赋予市长们以更大得多以及更广泛得多的司法权。

对于容许其包征自己税收的城市，或许必须给予它们以某种强制性的司法权，使之可以迫使自己的公民纳税。在那样混乱的年代，假如让它们到任何其他法庭去寻找这种裁判，或许是非常不方便的。不过这看起来好像是令人吃惊的：欧洲所有各国的君主，为何要通过这种方式，用一部分税收——它在所有的各种税收中，伴随着事物的自然发展而增加，既不用自己费钱，也不用自己费心——去交换一种固定的永远不可能增加的租税；除此之外，为何他们要通过这种方式，就在自己领土的中心，建立一种独立的共和国。

为了明白这一点，需要记住：在那个时候，欧洲并没有一国的君主有力量在他的整个国土当中保护他的臣民的弱小的部分，使之不受到大领主的压迫。那一些法律无法保护、自己又并没有强大到足够捍卫自己的人们，就仅仅有两种出路，要么去请求某一个大领主的保护，为了获得这种保护，他只好变成他的奴隶或者农奴；要么成立相互的保卫的同盟，以便彼此共同的保护。城市的居民当作单独的个人来看，是没有力量捍卫自己的；不过和邻人们建立互为同盟以后，他们就可以进行不容轻视的抵抗。领主们鄙视市民，将他们不仅仅看作是另外一个阶级的人，并且看作是被释放奴隶的一部分，几乎与自己是不同的族类。市民的财富总是激起领主们的嫉妒以及愤怒，一有机会就掠夺，毫无怜惜之心以及懊悔之意。市民自然是憎恨以及畏惧领主。国王也憎恨以及畏惧领主；他即使也鄙视市民，却并没有理由要憎恨以及畏惧他们。所以，共同的利益促进市民支持国王，也促进国王支持市民，共同反对领主。市民们就是国王的敌人的敌人，尽力使得这一些敌人的敌人安全以及独立，是符合国王的利益的。国王让市民们能够有自己的市长，为了实行自治有制定法规的特权，可以建立城垣以实行自卫，能让所有的居民接受一种军事训练，这样一来，他在自己的权力范围之内，就赋予了市民来保证安全以及独立于贵族的一切手段。不建立这种非常正规的政府，就没有这种强迫居民按某种计划或者制度行事的权力，任何的自愿的互卫联盟都无法使他们得到永久的安全，也无法使他们给予国王以任何的重大的支持。赋予他们以永久的包征本市赋税的权利，国王就从自己想要让它成为自己的朋友，假如可以这样说的话，使之变成自己的同盟军的人心中驱除了所有妒忌以及猜疑的基础，不怕他在以后会压迫他们，或者是提高他们城市的租税，或者是将其包给其他人去征收。

所以，与他们的领主最为不和的君主，似乎也是在给予城市这种特权方面最慷慨的君主。比如，英格兰的约翰国王对于他的城市好像是毫不吝惜的恩人。法国的腓力一世对于他的领主丧失了所有的权威。依据丹尼尔神父说，到他统治的后期，他的儿子路易，之后称为肥路易，曾经和国内各主教商量，什么是约束大领主暴力的最为适当办法。主教们有两个建议。一是在国王领土之内的每一个大城市设立市长以及市议会，以建立一种崭新的管辖体系。二是组织一个新的民兵，让各城市的居民在各自的市长统帅之下，在恰当的场合开出去支援国王。依据法国考古学家的意见，法国城市的市长以及议会制度应从这个时期算起。正是在苏阿要比亚王室各国王统治衰落的时候，德国大多数的自由市首次被赐予他们的各种各样的特权，著名的汉萨同盟第一次变得难以克服。

在那个时候，城市民兵好像不弱于乡村民兵，因为他们在紧急的时候可以较为迅速地集合，常常在和邻近领主的争执中占据优势，在意大利以及瑞士这样的国家，城市距离政府的主要中心较为遥远，因为本国的天然力量，还有其他原因，城市一般变成了独立的共和国，在本地区战胜了所有贵族，强迫他们拆除自己在村庄的城堡，像其他的平民一样，住在城市。这就是伯尔尼还有瑞士其他几个城市的简史。假如你把威尼斯——这个城市的历史略微有不同。除此之外，所有的意大利各个重要的共和国的历史也是如此，在12世纪到16世纪初，其数目巨大，时起时落。

像法兰西或者英格兰这样的国家，国王的权威即使常常非常低，却又没有完全被摧毁，因此城市并没有机会变得完全地独立，但是，它们已经变得这样大，所以除去上述城市的包税以外，未经它们自己同意，无法向它们课税。所以，请求它们派遣了代表，去首都的国会，以及僧侣和贵族一道，在紧急的场所，给予国王以某一种特别的援助，城市一般是十分拥护国王权力的，因此城市的代表有的时候在这些会议中被国王利用来对抗大贵族的权威。这就是欧洲各大君主国议会当中的城市代表权的起源。

按照这种方式，在城市建立了秩序良好政府，随之是个人的自由以及安全，这个时候乡村的地占用者还处在各种暴政的压迫之下。处在这种没有自由状态之下的人们，自然以获得必要的生活资料为满足，由于得到更多的东西，只会诱使他们的压迫者更为横暴。相反，当人们的确能享受自己的劳动果实的时候，他们当然会用来改善自己的状况，不仅仅要获得生活必需品，并且要获得生活便利品以及娱乐品。所以，以获取比必要生活资料更加多的东西为目的产业，在城市早在乡村土地占用人普遍都那样去做之前就建立起来了。假如受到奴隶制奴役的贫苦耕者手中积累了一点资财，他们会小心翼翼地对于他的主人隐瞒起来，不然它就会落到主人手中；并利用第一个机会逃到城市中去；那个时候的法律是偏袒城市居民的，是非常想削弱领主对于乡村居民的权力的，所以假如逃到城市的人能隐藏一年，不被他的领主捕获，他就永远地自由了。所以，在乡村勤劳居民手中积累的资产自然会向城市寻求保护，是可以确保资财操在获取人手中的唯一的避难所。

当然，城市居民最后总是需要从乡村取得自己的生活资料还有劳动的全部原料以及工具。不过，位于海滨或者通航河道两岸的城市，却不一定要限于从附近乡村获得这些东西。它的活动领域要更加宽广，可以通过用自己勤劳的制造品，或者是扮演不同国家间的贩运人的角色，去从世界上最为遥远的角落取得它们。通过这样的方式，一个城市能够变得十分富裕以及繁荣，即使它邻近的乡村以及它与之通商的所有国家还处于贫穷困苦的境地，每一个这样的国家，分开来看，或许只能提供一小部分生活资料或者就业机会，不过把它们合在一起，就能提供大量的生活资料以及大量的就业机会。但是，在那个时候狭隘的商业圈子里，也有一些富裕以及繁荣的国家。比如希腊帝国，当其存在的时候；还有撒拉逊帝国，当亚巴西德诸王统治的时候。在被土耳其人征服以前的埃及，巴伯里海岸的某一些地区，所有在摩尔人统治下的西班牙各省，也是这样。

意大利的城市在欧洲好像是首先因为商业而达到很大程度的富裕。意大利处于那个时候世界进步以及文明地区的中心。十字军即使大大耗费了资财，摧毁了他们所遇到的人民，肯定阻碍了欧洲大多数地区的进步，却是非常有利于某一些意大利城市的发展。为征服圣地而从各个地方开来的大批军队，对于威尼斯、热那亚以及比萨的航运业是十分大的鼓励，有的时候把他们运到那里，总是为他们供应食物。这些城市是这种军队的（假如可以这样说的话）军需官；降临在欧洲各国头上的最具有毁灭性的狂乱，却是这些共和国富裕的源泉。

商业城市的居民进口较为富裕国家的改良的制成品以及昂贵的奢侈品，为满足大地主的虚荣心提供某一种粮食，后者渴望用本国的大量的天然产物去购买。所以，那个时候欧洲非常大一部分地区的商业，主要就是用他们自己的天然的产物去交换较为文明国家的制成品。如此一来，英格兰的羊毛习惯于用来交换法兰西的葡萄酒以及弗兰德的精制呢绒；同理，波兰的谷物在这个时候用来交换法兰西的葡萄酒以及白兰地，还有法兰西和意大利的绸缎以及丝绒。

对于较为精美以及较为进步的制成品的嗜好，就这样由对外贸易引进了尚未建立这样的制造业的国家。不过当这种嗜好变得这样普遍以至于产生了巨大需求的时候，商人为节省运费，当然力图在本国建立一些种类相同的制造业。这好像就是罗马帝国衰落之后欧洲西部各省建立第一批向远方销售的制造业的起源。

需要指出，没有某一种制造业，任何的一个大国都不会存在。当说到这样的一个国家并没有制造业的时候，应该理解为它并没有较为精美以及较为进步的制造业，或者适于在远方销售的制造业。在每一个大国，大多数居民的衣着以及家具都是本国的产品。这在普通所说的没有制造业的穷国，比起那一些所谓制造业发达的富国来，甚而是更为普遍的情况。你一般可以发现，富国最底层人民的衣服以及家具，相比穷国，有更大的一部分是外国产品。

适合于供在远方销售的制造业，好像是用两种不同的方式引进各个国家的。

有的时候，它们是由某一些商人以及企业家资本的一次大量投入（假如我们可以这样说的话）按照上述方式引进的，这一些人模仿某一些同一种外国制造业来建立它们。所以，这一些制造业是对于外商业的产物，比如13世纪在卢卡繁荣起来的绸缎、丝绒以及织锦制造业。在马基雅弗利的英雄之一卡斯特罗西奥·卡斯特拉卡尼的暴政之下，他们被从那儿放逐。1310年有900个家庭被驱逐出卢卡，其中的31家退居威尼斯，提出要在那儿引进丝织业。他们的请求被准许了，赋予了他们非常多特权，他们开始用300个工人从事这样的制造业。过去在弗兰德繁荣的精细呢绒制造业的情况好像也是如此，它于伊丽莎白统治的初期被引进英格兰；现在里昂以及斯皮塔菲尔的丝织业也是这样。这样引进的制造业一般使用外国原料，模拟外国制造业。当威尼斯的制造业首次建立的时候，原料全都是从西西里以及黎凡特运来。卢卡的较为古老的制造业也同样使用外国原料。16世纪之前，栽桑养蚕在意大利北部并不多见。一直到查理九世在位的时候，这种技艺才引入法兰西。弗兰德的制造业主要使用西班牙的以及英吉利的羊毛。西班牙羊毛即使并不是英格兰首批毛织业的原料，却是第一批适于在远方销售的英格兰毛织业的原料。现在里昂制造业一半以上的原料是外国丝绸，当其首先建立的时候，全部或者将近全部都是这样。斯皮塔菲尔制造业的原料，并没有一部分能够是英格兰产物。这种制造业一般是由少数人的计划以及设计引进的，它的中心有的时候位于沿海城市，有的时候位于内地市镇，依照他们的利益、判断以及幻想而定。

在其他的时候，供在远方销售的制造业是由即便在最穷最原始的国家也肯定在所有的时候都在进行的较为粗糙的家庭制造业的逐渐改进而自然地成长的，好像是自发产生的一样。这种制造业一般使用本国原料，它们好像常常是在内陆国家、在离海岸非常远的时候甚至距离水运非常远的国家首先获得改良以及完善的。一个内陆国当然是土地肥沃，容易耕种，生产的食物大大地超过维持耕者的需要，因为陆地运输的费用以及河道运输的不便，经常难于将这种剩余产品送到国外。所以，食物产量的丰富让它的价格低廉，鼓励大量的工人在附近定居，他们发现自己的劳动让他们在那里能得到要比别处更多的生活必需品以及便利品。他们从事本地所生产制造业原料的加工，以自己的制成品或者制成品的价格交换更多的原料以及食物。他们因为节省了运往水边或者某个遥远市场的费用，给予天然产物剩余部分以新的价值，他们给予耕者以某一些有用的或者他们喜欢的东西作为交换，其条件要比耕者之前所能获得更为宽松。耕者从自己的剩余产品获得较高的价钱，能更为低廉地购入自己需要的其他便利品。这样他们就受到鼓励并且有能力去进一步改良土地，更好地进行耕作，以增加这样的剩余产品；因为土地的肥沃产生了制造业，而制造业的进步又反作用于土地，进一步增加了其肥沃程度。制造业首先供应附近的地区，之后当其工作获得改进以及完善的时候，就供应较为遥远的市场。因为，即使天然产物甚至粗糙的制成品不经历最大的困难就无法维持长途陆运的费用，改良的以及进步的制造品却非常容易做到。在它的小小的体积当中常常包含了大量天然产物的价格。比如，一匹精制呢绒重量仅仅有80磅，却不仅仅包含80磅重羊毛的价格，并且有的时候还包含900磅重谷物的价格，后者是不同工人还有直接雇主的维持费。非常难按照原来形状运往国外的谷物，用这种方式事实上以完全制成品的形式运往国外，并且可以非常容易送往世界上最为遥远的角落。里兹、哈利法克斯、设菲尔德、伯明翰、伍尔弗汉普顿的制造业，就是按照这种方式自然成长，好像是自发产生的。这种制造业就是农业的产物。在现代欧洲的历史当中，它们扩大以及改进后作为对外商业产物的制造业。英格兰用西班牙羊毛为原料的精制呢绒制造业的著名，早于以上各地现今非常繁荣的适于在外国销售的制造业100多年。后述各种制造业的扩大以及改进，只是因为农业的扩大以及改进的结果才能产生。而农业的扩大以及改进又是对于外商业及其直接引进的制造业的最后的以及最大的结果，这一点我将会进一步予以说明。

第四章　城镇商业如何促进了农村的发展

工商业城市的增加以及富裕，依照三种途径对于其所在乡村的改良以及耕种做出了贡献。

第一，城市为乡村的天然的产物提供了一个巨大的以及方便的市场，从而鼓励了乡村的耕种进一步改良。这个好处甚至并不限于城市所在的乡村，而是或多或少推广到以及它有任何交易的所有乡村。对于所有这些乡村来说，城市为它们的天然产物或者制成品的某一些部分提供了市场，从而对于它们的勤劳以及改良给予了一些鼓励。城市所处的乡村，因为接近城市，自然从这个市场得到了最大的好处。天然产物的运费要比较小，商人可以对于种植人支付较高的价格，又可以像来自较远乡村的产物一样低廉地售给消费者。

第二，城市居民得到的财富常常用来在乡村购置可以供出售的土地，其中大多数是荒地。商人们一般都有变成乡绅的强烈欲望，当他们的愿望实现的时候，他们经常是最好的改良家。一个商人习惯于把他的金钱主要用在有利可图的计划上，而一个普通的乡绅却习惯于将钱主要用在花销上。一个经常看到自己的钱用出去又收回来，同时带着利润；另外一个，当他一旦把钱用出的时候，很少有希望再次看到它。这种不同的习惯当然会影响他们在每种事务中的脾气以及性情。一个商人常常是一个勇敢的经营者，而一个乡绅则常常是一个怯懦的经营者。一个不怕在土地改良中一次支出一大笔资本，当他看到有希望比例支出来提高土地价值的时候。而另外一个，当他稍微有资本的时候（情况并不总是如此），极少敢于这样去使用它。假如他也从事改良，那一般不是用一笔资本，而是用他从自己的每年收入当中所能够节省下来的部分。但凡有幸居住在一个位于未经改良的乡村的商业城市的人，一定会经常观察到，商人按照这种方式的运作，比起一般乡绅来，要更加活跃。除此之外，长期经营商业在一个商人身上自然而然形成的讲秩序、重节约、谨慎小心的习惯，让他更适合于执行任何的改良计划，得到利润以及成功。

第三，商业以及制造业逐渐引进了秩序以及良好的政府，随之在乡村居民当中引进了个人的自由以及安全，这一些人之前生活在几乎是和邻人不断作战的状态中，处于对于他们上级的奴役依附的状态下。这一点即使非常少被人注意到，却是城市所有影响当中最重要的一种。就我所知，休谟先生是唯一的注意到了这点的作家。

在一个既没有对于外商业又没有任何较为精密的制造业的国家，大地主土地上多于维持耕者需要的大多数产物并没有什么可以交换的，他就将其全部用在乡村式的家庭款待宾客之上：假如这种剩余产物足以维持100或者1000人，他除了用来维持100或者1000人之外，并没有其他的使用办法。所以，他所有的时间都被一大群侍从以及依附者环绕着，这些人并没有什么等价物能够回报他的维持，不过既然靠他的恩惠来过活，就需要服从他，就好像士兵必须服从支付饷银的君王一样。在欧洲的商业以及制造业推广之前，富人以及贵人们的款待宾客，从国王一直到最小的贵族，都超过了现在我们所能想象的规模。威斯敏斯特大厅是威廉·卢弗的餐厅，对于他的同伴来说，常常或许不是太大。听说托马斯·贝克有一次壮举：他把清洁的干草以及灯芯草铺在大厅的地板上，以便使无法找到座位而需要坐在地板上进餐的武士们以及先生们不致弄脏他们华丽的衣服。听说沃里克大公爵某一天在他的各个庄园中宴请了3万人；这个数字即使不免有一些夸大，但是一定数目非常大，才可以产生这种夸大。几年前，在苏格兰高地的许多不同地区，也实行差不多类似的款待。在一切没有商业以及制造业的国家，这种事情好像是非常普通的。波科克博士说，他曾看到一个阿拉伯酋长在他出售牲畜的城市街道上进餐，宴请所有过街的人，就连普通的乞丐在内，来和他坐在一起，共享美餐。

土地占用者在各个方面都是依附于大地主的，就好像他的侍从一样。即便是那一些并不是处在奴隶状态的人，也是能够随意令其退租的佃农，他所缴的地租在任何一方面都不等于土地为他提供的生活资料。几年之前，在苏格兰高地对于能够维持一家人的土地普通支付的地租，是一克朗、半克朗、一头羊或者一头小羊。在某些地方，今天的情形还是如此；货币在那里所能够购买的商品数量也不比在别处更大。在一个大地产上的剩余产品需要在本地产上消费掉的国家，对于地主来说常常较为方便的是，其中的一部分要在离他家比较远的地方消费，只要消费者是依附于他的人，和他的侍从或者家仆一样。他因此能够不致遭受伴侣太多或者家庭太大的难堪。一个能够随意令其退租的佃农，占用的土地可以维持他的一家，所付的不多于一种免役租，他的依附于地主就好像任何的仆人或者侍从一样，需要毫无保留地服从他。这种地主，就好像他在自己屋内养活他的仆人以及侍从一样，也在佃农自己的屋内来养活他们。两者的生活资料都出自于他的恩赐，其继续与否完全随他的高兴与否为转移。

古代贵族的权势，就是建立在大地主在这样的情况下对于他的佃农以及侍从所肯定具有的权威上。他们肯定成为所有住在他们地产上的人的平时审判官以及战时的统领。他们能够在各自的领地维持秩序以及执行法律，因为他们每一个都能在那里调动所有的居民的全部力量去反对任何的不公正行为。并没有其他的人有足够的威信能做到这一点。尤其是国王更没有这种权威。在过去，国王只不过是他国家里的一个最大的地主；为防卫共同的敌人，其他的大地主给予他一定的尊重。为了在一个大地主的土地上强迫偿还一项小额债务——那儿所有的居民都是武装起来并且习惯于彼此扶持的——国王假如试图凭自己的权威去达到目的，那他所需要花费的力气就像试着消灭一场内战一样。所以，他只好在国内大多数地区放弃司法行政权，让可以执行法律的人去行使；为了同样的原因，他将乡村民兵的指挥权转让给民兵会服从的人去行使。

假设这种地方司法权起源于封建法律，那就是错误的。不仅仅最高的民事以及刑事司法权，并且招募军队、铸造货币，甚至为治理自己的人民而制定法规的权力，都是大地主在欧洲明白有封建法律这个名称之前的几个世纪就本来拥有的权利。英格兰的撒克逊贵族们的权威以及司法权，在被征服之前就和被征服以后任何的诺曼贵族的权威以及司法权一样大。不过，直到征服之后，封建法律并未被看作是变为了英格兰的不成文法。法兰西大贵族本身具有的最广泛的权威以及司法权早在封建法律之前就引进了该国，这是一个不容置疑的事实。那种权威以及那些司法权，全都肯定是从上述财产状况以及风俗习惯产生的。不需要追溯法兰西或者英格兰君主国的遥远古迹，我们从晚得多的时候就可以找到许多证据，证明这种结果肯定总是从这种原因产生的。30年前，洛基尔的卡梅隆先生，苏格兰洛赫巴的一个绅士，既不是一位贵族领主，甚至也不是一个大佃农，而仅仅是亚盖尔公爵的一个家臣，既无正式的委任状，也没有治安推事的身份，却习惯于对于他自己的人民行使最高刑法裁判权。听说他执法非常公正，即使没有任何的司法仪式；非常可能该地区当时的情况要求他担负这种权威，来维持公共治安。这位绅士的地租每一年不超过500镑，但却在1745年带领他自己的800人民和他一起参加了起义。

封建法律的推行能够被看作是一种缩小大地主贵族权力的企图，远远不是要去把它扩大。它建立了一种正统的隶属关系，并且伴随有一长串的职责以及义务，从国王到最小的地主。当地主未成年的时候，地租，连同他的土地管理权，都落入他的直接上级手中，所以，所有大地主未成年的时候，他们的地租以及土地管理权也落入国王手中，上级以及国王有责任去维持和教育这一些年轻人，从作为监护人的权力出发，有权为他办理婚事，但是要采用适合于其身份的方式。不过，尽管这种制度肯定会增强国王的权力及削弱大地主的权力，但不足以在全国居民中建立秩序以及良好政府；由于它无法彻底改变混乱从而产生的财产状况以及风俗习惯。政府的权力依然和过去一样，头部太弱，下级成员太强，而下级成员力量强大就是头部软弱的原因。在采用封建隶属关系以后，国王依然和从前一样，不可以约束大贵族的暴力行为。他们当然继续按照自己的意思进行战争，几乎不断地彼此作战，也极为经常地对于国王作战，全国原野依然是一幅暴力、抢劫以及混乱的场面。

不过，封建制度的所有强制力量绝对无法做到的事情，对外商业以及制造业的无声无息地运作，却逐渐地做到了，它们为大地主提供了一些东西，而他们可以用自己土地上的全部的剩余产物来交换，这一些东西他们能够自己消费，不必去与佃农和侍从分享。所有的归于自己，并没有什么留给别人，这在世界的一切时代似乎都是人类主子们的可鄙的格言。所以，当他们可以找到一种能自行消费自己地租的所有的价值的方法，他们就再也不愿以任何其他的人分享了。或许是为了一对钻石纽扣，或者是一些同样没有价值的无用的东西，他们用来交换的是1000人一年的生活资料或者它的价格，随之也就是这样的生活资料所能给予他的全部势力以及权威。但是，纽扣全部都是他们自己的，并没有其他的人可以分享；而依照古老的花销方法，他们最起码得和1000个人分享。对于决定取舍的裁判官来说，这种区别是非常明确的；如此，为了满足最为幼稚、最无价值以及最卑鄙的虚荣心，他们逐渐地用他们的全部权力以及权威来进行交易。

在一个既没有对外商业又没有较为精密的制造业的国家，一个每一年收入1万镑的人，能够维持1000个家庭——他们全都肯定是服从他的命令的——此外，并没有其他的办法去使用他的收入。在现在的欧洲，一个每一年收入1万镑的人，没必要直接维持20个人，或者对于10个以上的仆人去发号施令（他们是不值得去号令的），就可以花销他的全部的收入，他常常也是这样做的。间接地，他所维持的人数或许同用古老的花销方法所能做到的一样多，甚至更多。

因为，他们自己的全部收入所交换的贵重产品数量即使非常小，采集以及制造它所使用的工人数目却肯定是非常大。它的昂贵的价格一般是因为这些人的劳动工资还有他们的直接雇主的利润造成的。通过支付这种价格，他就间接地支付了所有这一些工资以及利润；也就间接地维持了所有这些工人以及他们的雇主。可是，他一般只对每个人的每年维持费贡献了一个非常小的部分，对于极少数人或许是十分之一，对于许多人不到百分之一，对于有一些人不到十分之一，甚至不到万分之一。因此，即使他对于他们所有的人的维持费做出了贡献，他们却全都或多或少地不依赖于他，因为没有他，他们一般也全能维持。

当大地主使用地租来维持他们的佃农以及侍从的时候，他们每一个人所维持的全都是他自己所有的佃农以及侍从。但当他们使用地租来维持商人以及工匠的时候，他们全体所维持的或许是以及从前一样多的人，又由于乡村或者款待客人肯定造成的浪费，现在所维持的人数或许要比之前更多。可是，分开来看，他们每一个人对于这更多人数中每一个人的维持费仅仅贡献了非常小的一份。每一个商人或者工匠的生活资料，并不是从一个，而是从一百个或者一千个顾客的眷顾中得来的。所以，他们即使在某种程度上仰仗的全体，却并不绝对于依赖他们之中的任何的一个。

大地主的个人开支就这样渐渐增长，他们的侍从人数会逐渐减少，一直到最后完全消失。相同的原因导致他们遣散没必要的佃农。农场扩大了，土地占用者的人数减到了按照那个时候的不完善的耕种以及改良状态为耕种土地所必要的程度，即使佃农们对此不免抱怨。因为取消了不必要的人口，从农民身上榨取了土地的所有的价值，地主得到了较大数量的剩余产物或者较大数量剩余产物的价格（两者是一回事），而商人以及工厂主不久就为他提供了一种方法，像他对于其余的产品一样把所有的剩余产品都用在自己身上。相同的原因继续起作用，使他渴望将地租提高到其土地的实际的改良状况所能够允许的水平以上。他的佃户只有依照一个条件才可以同意他这样做，那就是要保证他们的占用，其年限要能够使他们回收用在进一步改良土地上的资本，并且获得利润。地主在开支方面的虚荣心让他乐意接受这种条件，这就是长期租约的来源。

即便是一个能够随意令其退租的佃农（他支付土地的所有的价值），也并不是完全依赖于地主的。他们从彼此得到的金钱上的利益是相互的平等的，这样一个佃农不会在为地主服务当中不顾及自己的生命以及财产。不过假如他有一个年限非常长的租约，他就是完完全全独立的；除去在租约中明文规定或者由国家的不成文法以及成文法所规定的以外，地主不可以期望从他获得哪怕是最微小的服务。

佃农变得如此独立，侍从们已然遣散，大地主就再也不可以干扰司法的正常进行；再也不可以扰乱国家的治安了。既已经出售了他们的与生俱来的权利——并不是就像伊骚那样，在饥饿以及必需的时候，为了一碗稀粥；而是在资产丰富的放荡中，为了仅仅适于做儿童玩具而不值得人们认真追逐的一些美观而无价值的小玩意——他们就变成像城市中的殷实市民或者商人一样，一个无足轻重的人。在乡村也与在城市一样，建立起了正规的政府，并没有人有足够的力量去打扰政府在乡村的运作，就好像并没有人能打扰它在城市的运作一样。

下面这一点或许和现在的主题无关，但是我还是想要说一说：十分古老的家族，占有大宗地产从父亲到儿子许多代接连传下来，在商业国家已经非常少见到了。相反，在商业不发达的国度，比如威尔士以及苏格兰高地，这种家庭还是非常普通的。在一个富人只好靠维持尽可能多的人来使用他的收入的国家，他不会入不敷出，他的仁慈心似乎极少会强烈到去试图维持超过其财力限度的人数。不过当能将自己的最大收入用在自己身上的时候，他的支出就经常并没有限度，由于他的虚荣心，对于他自己的爱心，都经常是没有限度的。所以，在商业国，即使有最严格的法律规定去防止财富的消散，财富却极少能长期保留在同样一个家庭手中。相反，在简朴的国家，即使没有任何的法律规定，财富却经常保留在同一家庭手中。

一次对于公共福利最重要的大变革，就这样由两个不相同阶级的人民造成了，他们毫无为公众服务的意图。大地主的唯一的动机，就是满足最为幼稚的虚荣心。商人以及工匠——并不是那样可笑——只是从他们自身的利益着眼去行动，追求自身的小贩原则，在可以赚到一个便士的地方就去赚一个便士。他们对于这种大变革既没有了解也没有预见，只是一个愚昧以及另一个勤勉造成了这样的大变革。

就这样，在欧洲的大多数地区，城市的商业以及制造业并不是乡村改良和耕种的结果，而是其原因。

但是，这种顺序是违背事物的自然进程的，所以肯定是缓慢的以及不确定的。试图将财富极大地依存于其商业以及制造业的那些欧洲国家的缓慢进步，和财富完全以农业作为基础的北美殖民地的迅速发展比较一下，在欧洲的大多数地区，居民人数在大概将近500年间并没有增加一倍。在我们国家的几个北美殖民地，居民人数在20年或者25年间就增加了一倍。在欧洲，长子继承法还有各种永久的所有权阻止了大地产的分割，从而妨碍了小地主的增多。可是，一个小地主熟悉他的小片面积的每一个部分；对于他怀抱着财产、特别是小财产自然激起的感情，所以他不但对于耕种它并且对于装点它感到快乐，所以他一般是最勤勉、最明智以及最成功的改良家。除此之外，这种种规定使得那样多的土地无法买卖，以致用来购买土地的资本总是多过出售的土地，所以土地总是按照垄断价格出售的。地租绝对无法偿付购地款项的利息，除此之外还有维修费以及其他偶然开支的负担，是在购款利息之外的。在欧洲各个地方，购置土地是使用小额资本的最无利可图的方法。当然，一个中等状况的人，不再从事商业，为了非常安全，有的时候选择将自己的小额资本用在土地上。一个从事专门职业的人，他的收入来自其他的源泉，也常常喜欢把自己的储蓄用同样的方式保全起来。不过一个青年人，不去从事商业或者专门职业，却将他的两三千镑资本用来购买以及耕种一小块土地，他当然可以期望生活得非常幸福非常独立，可是必定会与大财产大名望的所有希望绝缘，而假如将他的资财用于不同的地方，他本来与他人一样，是可以获得这种财产或者名望的。这样一个人，即使他不希望成为一个地主，却经常不屑于成为一个农民。所以，市场上出售的土地数量非常小，价格高昂，阻挡了大量的资本用在土地的耕种以及改良上，要是不这样，这种资本本来应当用在这个方面的。反之在北美洲，五六十镑资本经常就足以开始从事种植。购置以及改良未耕地在那里是对于最小的资本以及最大的资本同样最为有利的使用方法，是得到在该国可能获取的一切财产以及名望的最直接的途径。当然，这种土地在北美几乎可以不费分文地取得，或者按大大低于自然产物价值的价格获得；而在欧洲这是不可能的事，在所有的土地长期已经私有的任何的国家也诚然是不可能的事情。但是，假如地产在子女众多的所有人死后在子女当中平均分配，则这种地主一般都会出售。那样更多的土地进入市场，它就再也不会按照垄断价格出售。土地的自由地租大概可以支付购地款项的利息，用在购买土地上的小额资本也就与用在其他方面一样有利。

英格兰因为土壤天然肥沃，海岸的幅员比例在全国非常大，许多通航河道纵横交错，为某些最内陆的地区提供了航运的便利，或许同任何一个欧洲大国一样，大自然使之成为对外商业、以供远方销售的制造业还有这些所能带来的所有改良的中心。从伊丽莎白在位开始，英格兰的立法也特别注重商业以及制造业的利益，事实上，欧洲并没有一个国家的法律，要比英格兰的法律更加有利于这种产业。所以，在整个时期内，商业以及制造业继续不断地发展。乡村的耕种以及改良无疑地也在逐渐发展，不过比较商业以及制造业的迅速发展看，好像跟随得非常慢，而且落后一段距离。大多数乡村土地在伊丽莎白在位之前一定已经获得耕种，现在还有非常大一部分仍然并没有开垦，并且绝大多数的耕种均远远没有达到应有的程度。但是，英格兰的法律不仅仅因为保护商业而间接地有利于农业，并且对于农业还有几种直接的奖励。除去在歉收年份，谷物不仅仅能够自由输出，并且还有出口奖金。在收获一般的年岁，对于外国谷物进口课征相当于禁止的税。活牲畜的进口，除去来自爱尔兰的以外，在所有的时候均被禁止，并且直到最近才允许从爱尔兰进口。所以，耕种土地的人对于两项最大的以及最重要的土地产物，面包和鲜肉，拥有垄断权，国人无法过问。这些鼓励最起码足以表明立法机关重视农业的良好意愿，即使在事实上完全是空想，这一点我将会力图在后面予以说明。但是比所有这一切更加重要的是，英格兰的自耕农拥有的安全、独立以及受尊敬，是法律所能够做到的。所以，但凡存在长子继承权、缴纳教会什一税、在某一些场合依然允许永久所有制（即使和法律精神相违背）的国家，并没有一个能比英格兰给予农业更多的鼓励。不过尽管如此，它的耕种状况依然是这样。假如法律并没有在商业进步的间接影响之外给予农业以直接的鼓励，假如让自耕农处于在欧洲其他的国家相同的状况，农业的情况又会如何呢？从伊丽莎自即位至今已经过去两百多年了，这个时期已经是人类繁荣过程通常所能够持续的最长的时期。

法兰西在英格兰是以商业国著称；之前的将近一个世纪，在对外商业中就占非常大的份额。法国的航海业在查理第八远征那不勒斯之前，根据那个时候的观念就已经非常大。但是法国的耕种以及改良，整体说来，比不上英格兰。法国的法律从未赋予农业以相同的直接鼓励。

西班牙以及葡萄牙对于欧洲其他地区的国外商业份额非常大，即使是用外国船只进行的。对于它们的殖民地的贸易是用本国船只进行的，其贸易的量还要更大，因为这些殖民地非常富有，面积广阔。但是这两国从未建立非常大的供在远方销售的制造业，两国大多数地区依然没有开垦。葡萄牙的对外商业要比欧洲任何大国（除了意大利之外）有更长久的历史。

意大利是欧洲的唯一的大国，由于对于外贸易以及供在远方销售的制造业，国土似乎每一部分都获得了耕种以及改良，根据奎西阿丁说，在查理八世入侵之前，意大利的山岭地区以及不毛之地，也和平原的最肥沃的土地一样，获得了耕种。国家的有利位置，以及那个时候存在其中的许多独立小国，或许稍稍有助于这种一般的耕种。不过即使这位明智而审慎的现代历史学家有这种说法，很可能意大利在那个时候并不比英格兰在现今耕种得好。

但是，任何的一国通过商业以及制造业获得的资本，在其一部分保存、体现其土地耕种改良之前，还是十分不可靠、不确定的财富。常言说得好，一个商人不一定要是任何一个国家的公民。他在哪儿经商，对于他来说在很大程度上是无关紧要的，一件十分细小的不快之事，就能够使他把资本从一国调往另一国，随着迁移的是资本所支持的全部的产业。在资本扩散到一国地面上，或者是用于建筑物，或者是用于持久的土地改良——之前，并没有一部分能够说是属于任何一国。汉萨同盟的绝大多数城市听说拥有的巨大财富，除了在13以及14世纪的幽暗的历史书当中，再也没有留下任何痕迹。究竟有些城市位于何处，它们的拉丁文名称到底属于欧洲的哪一些城市，甚至也无法肯定了。不过即使意大利在15世纪末以及16世纪初所遭遇的不幸大大减少了伦巴底以及托斯卡纳各城市的商业以及制造业，这些地区依然属于欧洲人口最多以及耕种得最好的地方。弗兰德的内战，还有后来的西班牙统治，赶跑了安特卫普、根特以及布鲁白的大商业，但是弗兰德依然是欧洲最富、耕种得最好以及人口最多的省份之一。战争以及政治所造成的普通大变革，非常容易使仅凭商业产生的财富来源枯竭。而由于较为坚实的土地改良所造成的财富，除了由敌对的野蛮民族在持续一两个世纪中的蹂躏所造成的那种较为激烈的震动，比如罗马帝国衰落前后在欧洲西部各省所发生的震动之外，它是不会被摧毁的。